차 근 차 근
SGIS플러스
활용 실습

차 근 차 근

SGIS플러스
활용 실습
-고급편

ⓒ 조민수, 2024

초판 1쇄 발행 2024년 7월 1일

지은이	조민수
기획	김춘지
펴낸이	이기봉
편집	좋은땅 편집팀
펴낸곳	도서출판 좋은땅
주소	서울특별시 마포구 양화로12길 26 지월드빌딩 (서교동 395-7)
전화	02)374-8616~7
팩스	02)374-8614
이메일	gworldbook@naver.com
홈페이지	www.g-world.co.kr

ISBN 979-11-388-3306-6 (93000)

고급편

차근차근
SGIS플러스 활용 실습

조민수 지음 | **김춘지** 기획

좋은땅

서문

2023년 2월 22일, '차근차근 SGIS플러스 활용 실습' 초판 1쇄를 발행하였다. 기상기후 데이터를 많이 다루는 대기과학과와 지리학과 교수님 몇 분께 학생들에게 나눠 주십사 책을 보내드렸는데, 그중에 한 교수님으로부터 고급교재도 만들어 달라는 요청을 받았다. KISTI(한국과학기술정보연구원) 과학데이터교육센터에서 1년에 두 번 강의하면서 고급기능 12개를 소개하는 강의교재를 만들었기 때문에, 고급교재도 쉽게 만들 수 있을 것으로 생각했다. 그런데 실제로는 시작해서 완성하기까지 1년이 걸렸다.

1년이라는 시간이 흘러가는 사이에, SGIS플러스 대화형 통계지도에서 체험할 수 있는 튜토리얼 내용과 구성이 바뀌었다. 새로운 튜토리얼은 내용도 많아졌고, 관심 있는 주제로 직접 접근이 가능하도록 구성되어 있어서 편리하다. 이 책에서는 이전 버전의 튜토리얼도 포함해서 SGIS플러스 대화형 통계지도의 튜토리얼 내용과 구성을 설명하였다.

2015년~2017년, KISTI 융합연구본부 재난대응HPC연구센터장 시절에 자연재해 중에서도 풍수해로 발생하는 재난대응 의사결정 지원 시스템을 개발하는 과정에서 지리정보시스템을 이용하여 기상청이 예보한 태풍 진로를 표시하고, 태풍의 영향권에 있는 건물의 침수위험 분석지도를 만드는 일을 시도한 적이 있다. 그 당시에는 ArcGIS를 이용하여 시험했는데, 태풍의 진로를 표시하는 과정이 복잡했고, 라이선스 사용료 문제가 있어서 제외했다.

오늘은 SGIS플러스 분석지도에 자연재해 통계지도가 포함되어 정식 서비스되는 첫날이다. 통계청에 의하면 자연재해 통계지도는 태풍, 홍수, 산사태 등의 자연재해 영역과 공간통계정보를 융합하여 자연재해 영향 범위 안에 있는 인구, 사업체 등의 통계정보를 제공하는 서비스다. 내가 약 10여 년 전에 시도했던 일인데, 이제는 SGIS플러스를 통해서 서비스를 이용할 수 있게 되었다.

GIS는 데이터와 지도를 연결하여 '그곳의 상황은 어떤지(what things are like there)'와 '그것이 어디에 있는지(where things are)'를 함께 제공한다. 통계정보를 제공하는 SGIS플러스를 이용하면, 설명 정보와 위치 데이터뿐만 아니라 '태풍의 영향을 받는 지역의 인구는 몇 명인지?', '홍수로 인해 침수 피해가 발생한 사업체 수는?' 같은 질문에 대해 지도 위에 시각화하여 답할 수 있다. 이 책이 SGIS플러스를 이용하는 방법을 쉽게 배우는 데 도움이 되기를 기대한다.

2024년 4월 25일 SGIS 자연재해 통계지도 서비스 개통일에

파트 1

1

SGIS플러스 개요

1. SGIS플러스 개요

SGIS플러스는 2015년 9월 15일에 통계청에서 개방·공유·협업할 수 있게 **통계지리정보서비스**(statistical geographic information service, SGIS)를 새롭게 단장해 공개한 오픈 플랫폼이다. SGIS는 **지리정보시스템**(geographic information system, GIS)의 기본 특징에 **통계 정보**(statistical information)와 **지리 정보**(geographic information)를 통합해서 제공한다.

GIS의 특징은 모든 데이터를 지도와 연결하여 '그곳이 상황은 어떤지(what things are like there)' 데이터의 내용을 소개하는 **설명 정보**(descriptive information)와 '그것이 어디에 있는지(where things are)' 데이터가 있는 장소를 나타내는 **위치 데이터**(location data)를 통합해서 제공한다.

2024년 4월 기준, **SGIS플러스** 웹 사이트 접속주소와 시작 페이지 화면은 <그림 I-1>과 같다.

<그림 I-1> SGIS플러스 웹 사이트 시작 페이지

SGIS플러스 개념도는 <그림 I-2>에 보인 방법으로 확인할 수 있다.

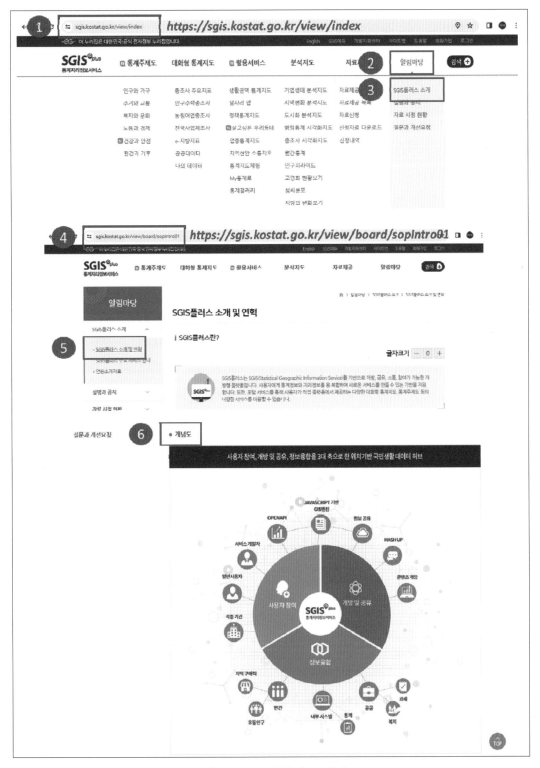

<그림 I-2> SGIS플러스 개념도

SGIS플러스는 <그림 I-3>과 같이 (1) 공공·민간으로부터 정보 수집시스템, (2) 경계DB, 센서스DB, 연계DB 기반의 융합/가공/분석시스템, (3) 서비스 제공시스템, (4) 게이트웨이(G/W)시스템, (5) 개발자 지원, (6) 지도 제공, ('7) 웹 포털로 구성되어 있다.

- 수집시스템: 정보연계, 정보수집, 정제/저장, 연계대상 관리

- 융합/가공/분석시스템: 좌표매핑, 좌표변환, 통계분석, 정보융합, Big Data 처리, 정보변환, 정보전송, 정책관리

- 서비스 제공시스템: 경계 API, POI API, 주소 API, 검색 API, 통계 API, 연관검색, 형태소 분석, 공간검색

- 게이트웨이(G/W)시스템: 인증키 발급, 인증키 승인, 인증, API 통계

- 개발자 지원: 샘플코드, 인증키신청, API문서, JIT

- 지도 제공: 타일맵

- 웹 포털: 통계주제도, 대화형 통계지도, 분석지도, 모바일 서비스, 개발지원센터, 자료제공, 생활권역 통계지도, My 통계로, 일자리 맵, 정책통계지도, 살고싶은 우리동네, 업종 통계지도

<그림 I-3> SGIS플러스 구성도

SGIS플러스는 2006년 12월에 대전광역시 대상으로 서비스를 개통하였고, <표 I-1>의 내용과 같이 발전해 왔다.

2023년	기업생태 분석지도, 지역변화 분석지도 서비스 개시
2022년	도시화 분석지도, 행정통계 시각화 지도 서비스 개시 등
2021년	생활권역 통계지도, 총조사 시각화 지도 서비스 개시
2020년	My통계로, e-지방지표 서비스 개시
2019년	일자리맵 서비스 개시, 지도위치·통계 검색기능 개선
2018년	분석지도 UI개편, 통계주제도 신규지표 서비스 개시 SGIS 스마트플랫폼 1단계 구축
2017년	정책통계지도, 기술업종 통계지도, 통계갤러리, 그리드서비스 개시
2016년	살고싶은 우리동네, 지역현안 소통지도, 모바일서비스 등 개시
2015년	SGIS 오픈플랫폼 전국 서비스 실시(대화형 통계지도, 통계주제도 등)
2014년	SGIS 오픈플랫폼 1단계 구축
2013년	SGIS 오픈플랫폼 정보화전략계획(ISP) 수립
2012년	SGIS 화면·기능 개선, OPEN API 개선
2011년	통계지도 시계열 서비스, S-통계 네비게이터 등 개시
2009년	통계지리정보서비스(SGIS) 전국 서비스 실시
2008년	전국 자료 구축 및 시스템 확충
2007년	특·광역시 대상 서비스 실시(12월)
2006년	대전광역시 대상 시범서비스 실시(12월)

<표 I-1> SGIS플러스 연혁

SGIS플러스 주요 서비스는 <그림 I-4>에 보인 방법으로 확인할 수 있다.

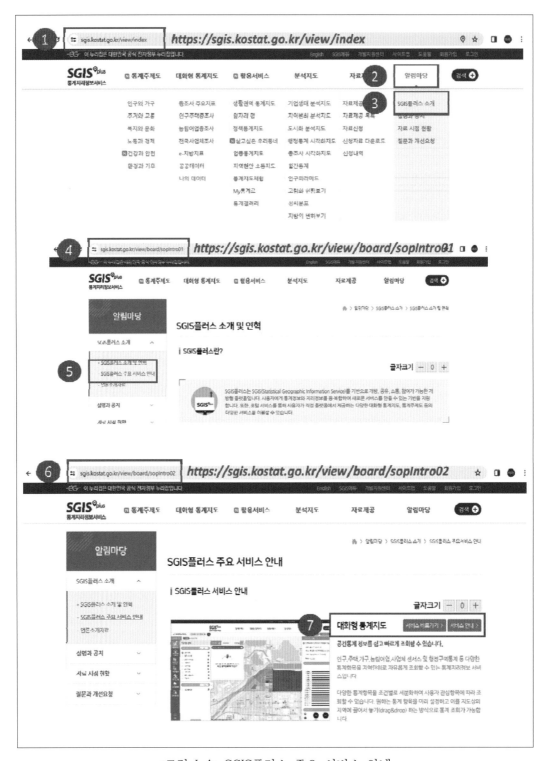

<그림 I-4> SGIS플러스 주요 서비스 안내

2024년 4월 기준, **SGIS플러스** 주요 서비스 13종의 내용은 다음과 같다.

서비스 종류	서비스 내용
대화형 통계지도	인구, 주택, 가구, 농림어업, 사업체 센서스 및 행정구역통계 등 다양한 통계정보를 지역단위로 자유롭게 조회할 수 있는 통계지리정보 서비스
업종 통계지도	생활업종 통계지도는 음식점(11종), 소매업(17종), 생활서비스(13종), 숙박업(4종), 여가생활(6종), 교육(11종), 의료(5종), 공공(4종) 등 국민생활과 밀접한 주요 생활업종에 대한 다양한 통계정보를 조회할 수 있는 서비스
통계 주제도	통계와 관련하여 주요주제에 따른 관심사별 통계정보를 손쉽게 확인할 수 있는 서비스
개발 지원센터	Open API(Application Programming Interface) 제공 서비스 ※ *OpenAPI는 통계지리정보서비스에 정의되어있는 함수들의 집합으로 외부 개발자들이 서비스를 개발하는데 활용할 수 있도록 제공되는 인터페이스*
모바일 홈페이지	내 주변 통계와 홈페이지에서 제공하던 통계주제도, 대화형 통계지도, 지역현안 소통지도를 모바일 환경에서 제공
지역현안 소통지도	지역사회 구성원이 직접 참여하여 지역사회의 이슈를 찾아내고 소통을 위한 공간을 마련하는 서비스
살고싶은 우리동네	살고싶은 우리동네는 통계에 기반하여 사용자 조건에 맞는 주거지역을 추천해 주는 서비스
통계 지도체험	이용자가 필요에 따라 지도상의 행정경계 위에 시각적, 공간적으로 통계값을 표현해 볼 수 있는 서비스
생활권역 통계지도	사용자가 선택한 특정시설(지점)을 기준으로 단위 시간 내 도달 가능한 생활권역(생활반경, 영역)을 시각적으로 제시하고, 해당 영역 내의 통계값을 제공하는 서비스
총조사 시각화지도	통계청에서 실시하는 총조사(인구주택총조사, 농림어업총조사) 결과를 지도와 차트 등으로 시각화하여, 통계결과를 한눈에 확인할 수 있는 대시보드형 서비스
행정통계 시각화지도	통계청에서 공표하는 다양한 행정통계 데이터를 이용자가 이해하기 쉽게 지도와 차트로 시각화하여 제공하는 서비스
도시화 분석지도	'UN 도시분류' 기준을 적용한 인구변화에 따른 도시화 권역의 변화 모습과 격자 통계정보 및 분석 지표를 제공하는 서비스
지역변화 분석지도	KOSIS 및 SGIS 각종 콘텐츠에서 제공하는 다양한 통계정보, 통계지리정보를 사용자가 선택한 시군구 단위로 직관성 있게 제공하는 서비스

<표 I-2> SGIS플러스 주요 서비스(13종)

2024년 4월 기준, **SGIS플러스** 주요 서비스 중 대화형 통계지도에서 '고급기능소개'를 통해 제공하는 총 20종의 설명 제목과 주요 기능은 다음과 같다.

번호	설명 제목	주요 기능
1	다중뷰모드	지도를 여러 개 사용해서 통계를 비교
2	지도 겹쳐보기	다중뷰모드에서 선택한 두 개 지도를 겹쳐보기
3	사업체 및 시설 위치보기	선택한 업종의 사업체 및 시설 위치보기
4	2레벨 보기	시도 레벨에서 읍면동별 통계 보기
5	지역다중선택	여러 개의 통계구역을 한 번에 묶어 통계 보기
6	위성지도	기본지도를 위성지도로 변경
7	시계열 보기	과거 자료와 비교
8	공공데이터	위치와 연계할 수 있는 공공데이터 제공
9	나의 데이터 (데이터 업로드)	미리 업로드한 나의 데이터 메뉴 보기
10	사업체 전개도	전국사업체조사 때 조사된 건물 내 사업체 조회
11	공유하기, 즐겨찾기	카카오스토리, 페이스북, 트위터를 이용한 공유
12	보고서 보기	통계검색결과를 보고서 형태로 제공
13	통계표출 버튼	통계값이 색채지도 위에 하얀 글자로 표시
14	범례 구간 설정	(기본) 균등범례 방식 변경
15	범례 색상과 타입설정	(기본) 빨간색 계열의 색채지도와 타입 변경
16	SGIS와 공표 데이터가 다른 이유	최신 경계 사용에 따른 차이 설명
17	e-지방지표란	KOSIS를 통해 공표된 지역통계 색채지도
18	결합조건검색	동일한 위치정보를 가진 데이터를 결합 검색
19	범례 역순	값이 클수록 진한 색상을 연한 색상으로 변경
20	그리드 서비스 이용안내	일정한 크기 사각형 셀별 집계된 데이터 제공

<표 I-3> SGIS플러스 대화형 통계지도 고급기능소개(20종)

SGIS플러스에서 사용되는 주요 용어에 대한 설명은 <그림 I-5>에 보인 것과 같은 방법으로 확인할 수 있다.

① 'SGIS플러스' 웹 사이트 시작 페이지 접속

→ ② (SGIS플러스 시작 페이지) 상단 메뉴바에서 **'알림마당'** 클릭

→ ③ (알림마당) 서브 메뉴에서 **'설명과 공지'** 클릭

→ ④ 설명과 공지 페이지로 이동

→ ⑤ (설명과 공지) 서브 메뉴에서 **'주요 용어 설명'** 클릭

→ ⑥ 주요 용어 설명 **'001 지리정보시스템'** 내용 확인

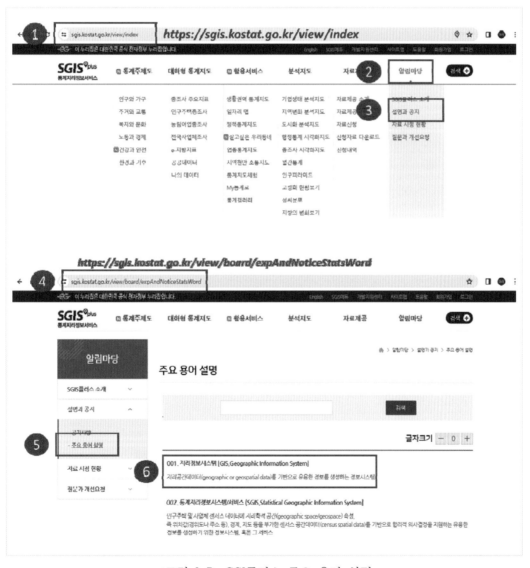

<그림 I-5> SGI플러스 주요 용어 설명

<그림 I-6>의 주요 용어 설명 검색 창에 원하는 용어를 입력해 검색하면 해당 용어에 대한 설명을 확인할 수 있다. 예를 들면,

① 검색 창에 '**통계지리정보시스템**' 입력 후 검색 클릭
→ ② '**통계지리정보시스템/서비스**'에 대한 설명 확인
→ ③ 검색 창에 '**지오코딩**' 입력 후 검색 클릭
→ ④ '**지오코딩**'에 대한 설명 확인

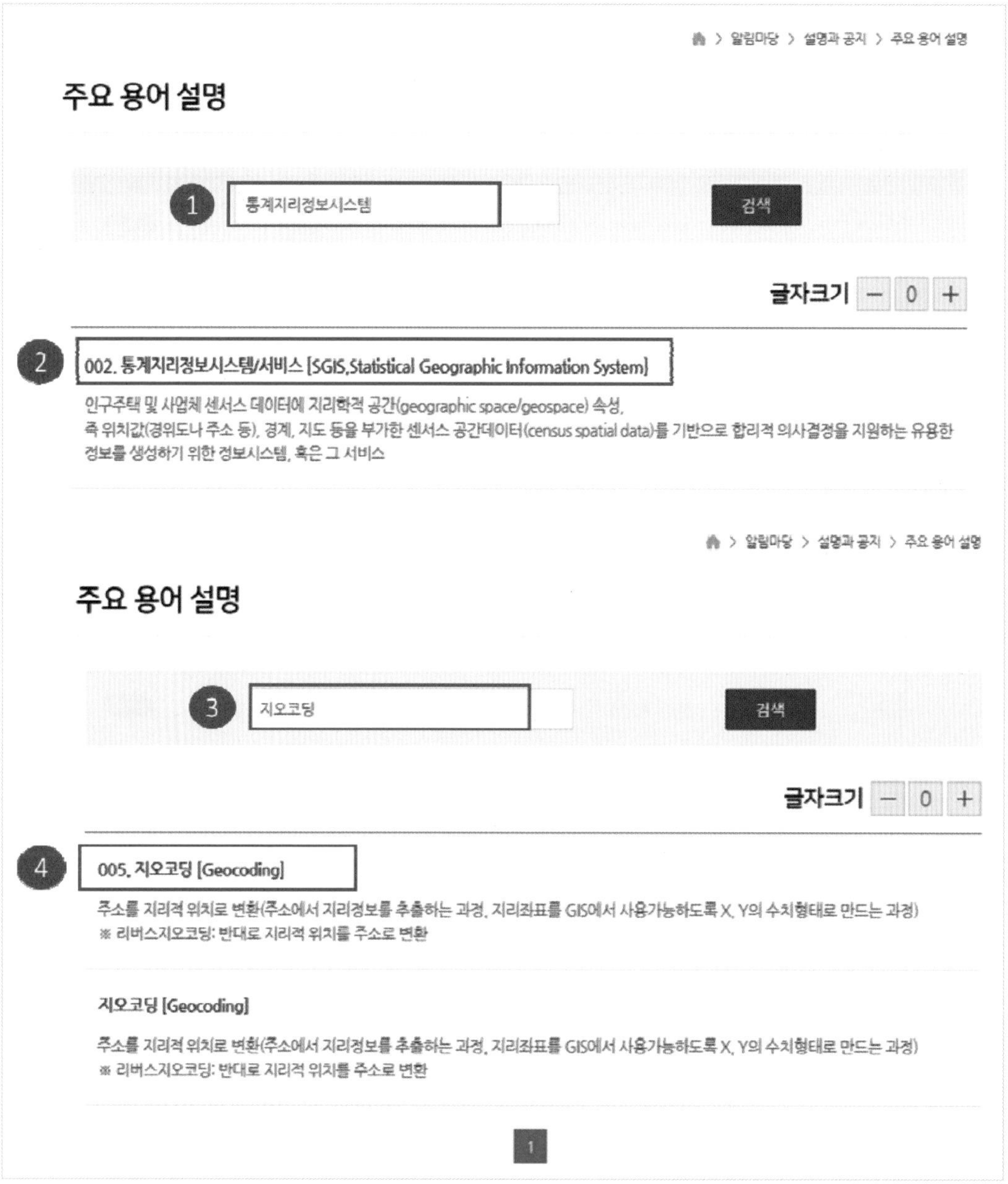

<그림 I-6> SGIS플러스 주요 용어 설명 검색

SGIS플러스 서비스가 제공하는 자료시점 현황표는 다음의 주소에서 직접 확인할 수 있다.

https://sgis.kostat.go.kr/view/board/expAndNoticeOfferTableList

2024년 4월 기준, **SGIS플러스** 서비스가 제공하는 자료는 총 96건이며, 자료명, 산출자료 시점, 업데이트 주기, 원데이터 출처, 활용 서비스 현황은 <표 I-4>에 정리된 내용과 같다.

번호	자료명	산출자료 시점	업데이트 주기	원데이터 출처	비 고 (활용 서비스)
1	행정구역경계(시도)				
2	행정구역경계(시군구)	2023.06.	연간	통계청	공통 활용
3	행정구역경계(읍면동)				
4	행정구역경계(집계구)				
5	인구주택총조사결과 (등록센서스)	2022.11.	연간		
6	인구주택총조사결과 (표본항목)	2022.11.	연간	통계청	공통 활용
7	전국사업체조사결과	2021.12.	연간		
8	농림어업총조사결과	2020.12.	연간		
9	기업통계등록부	2016. ~2021.	연간	통계청	기업생태 분석지도
10	주택실거래가	2022.01.01. ~ 2022.12.31.	연간	국토교통부	살고싶은 우리동네, 우리동네 생활업종, 기업생태 분석지도
11	공시지가	2022	연간	국토교통부, 공공데이터 포털	살고싶은 우리동네, 우리동네 생활업종, 기업생태 분석지도
12	버스정류장 위치 정보	2023.07.	연간	교통안전공단	대화형 통계지도, 우리동네 생활업종
13	지하철 승하차 현황	2022.01.01. ~ 2022.12.31.	연간	철도 노선별 관리 기관	
14	상권정보	2021	미정	소상공인 시장진흥공단	우리동네 생활업종
15	대기오염도	2021.01. ~ 2021.12.	연간	국립환경 과학원	살고싶은 우리동네, 통계주제도

번호	자료명	산출자료 시점	업데이트 주기	원데이터 출처	비 고 (활용 서비스)
16	화재안전지수(등급)	2021	연간	행정안전부	살고싶은 우리동네
17	교통안전지수(등급)	2021			
18	녹지비율	2023.02.	미정	환경부	
19	학 구 도 (교원 1인당 학생수)	2023.09.	반기	교육통계 연구센터	
20	학교 기본정보	2023	연간	학교알리미	
21	아파트 관리비정보	2022	연간	국토교통부	
22	교통사고	2022	연간	도로교통공단	통계주제도
23	보행자 교통사고	2022		도로교통공단	
24	기초생활수급자	2022.12.		보건복지부	
25	문화재분포현황	2022.12.		문화재청	
26	주민등록인구	2022.12.	연간	행정안전부	살고싶은 우리동네, 통계주제도
27	인구이동통계	2022.12.	연간	통계청	통계주제도
28	시군구별 외국인 주민 현황	2022.12.		행정안전부	
29	자동차 등록대수	2022.12.		국토교통부	
30	의료기관 병상수, 의사수	2022.12.		행정안전부	
31	65세 이상 장기요양 급여자 현황	2022.12.		국민건강관리 공단	
32	등록 장애인수	2022.12.		보건복지부	
33	평생교육기관	2022.12.		한국교육 개발원	
34	공공도서관 분포현황	2022.12.		문화체육 관광부	
35	교원 1인당 학생수	2023.12.		한국교육 개발원	
36	어린이집/직장 어린이집 현황	2022.12.		보건복지부	

번호	자료명	산출자료 시점	업데이트 주기	원데이터 출처	비 고 (활용 서비스)
37	요양기관수 현황	2022.12.	연간	국민건강보험공단	통계주제도
38	인구 천 명당 사설학원 수	2022.12.		행정안전부	
39	취업자 수	2022.12.		통계청	
40	고용률	2022.12.			
41	실업률	2022.12.			
42	재정자립도 현황	2023.12.	연간	행정안전부	통계주제도
		2021.12.			기술업종 통계지도
43	폐기물 배출량	2021.12.	연간	통계청(e지방)	통계주제도
44	화재사고 발생건수	2022.12.		행정안전부	
45	범죄 발생건수	2022.12.		경찰청	
46	음주율, 흡연율	2022.12.		보건복지부	
47	화학물질 배출량	2021.12.		환경부	
48	119안전센터 1개당 담당주민 수	2022.12.		행정안전부	
49	재배면적 변화	2023		통계청	
50	지진발생 분포지역	2022		기상청	
51	미세먼지 대기오염도	2021.08.		국립환경과학원	
52	일산화탄소 대기오염도	2021.08.			
53	귀농어귀촌인 통계	2022.11.		통계청	
54	소방관서 접근 현황	2023		소방청	
55	생활안전사고 출동건수	2022.12.		소방청	
56	무더위쉼터 현황	2023.06.	연간	행정안전부	통계주제도
57	응급의료시설 현황	2023	연간	응급의료포털	통계주제도

번호	자료명	산출자료 시점	업데이트 주기	원데이터 출처	비 고 (활용 서비스)
58	개인 카드 사용금액 현황	2023.12.	분기	통계청,KCB	통계주제도
59	전통시장현황	2022	연간	소상공인시장 진흥공단	통계주제도
60	경찰관서 접근 현황	2023	연간	경찰청	통계주제도
61	전기차 충전소 현황	2022	연간	한국환경공단	통계주제도
62	고용동향	매월	매월	통계청	분석지도
63	산업활동동향				
64	소비자물가동향				
65	인구동향	매월	매월	통계청	분석지도
		2022.12.	연간		통계주제도
66	어린이집 분포 현황	2022.12.	연간	보건복지부	정책통계지도
67	민방위대피시설 분포 현황	2023.09.	미정	행정안전부	정책통계지도
68	어린이보호구역 분포 현황	2022.12.	연간	경찰청	
69	도서관 운영 현황	2023.09.29	비정기	지자체, 공공데이터포털	정책통계지도
70	도서관별 도서보유 현황				
71	자전거보관소 분포 현황				
72	공공자전거 분포 현황				
73	박물관미술관 분포 현황				
74	도시공원 분포 현황				
75	무인민원발급기 설치 현황				
76	CCTV 분포 현황				

번호	자료명	산출자료 시점	업데이트 주기	원데이터 출처	비 고 (활용 서비스)
77	재해위험지구 분포 현황	2023.06.30	연간	행정안전부 국민재난안전 포털	정책통계지도
78	장래인구추계	2020.07.	1년	통계청	인구피라미드 고령화 현황보기
79	지역 간 고령화 현황	2022.11.	1년	통계청	고령화 현황보기
80	거처의 종류별 가구	2022.11.			
81	국민기초일반수급자	2022		보건복지부	
82	생활비 마련방법	2022.12.		통계청	
83	산업별 종사현황	2020.11.			
84	복지시설 위치	2020.12.			
85	노인 주거/의료/여가 /재가 노인 복지시설	2023.06.	1년	보건복지부	
86	향후 자녀와 동거의향	2023	1년	통계청	
87	인구/가구/사회/주택 /종교/사업체 비율	2022.12.	1, 5, 5년	통계청	지방의 변화보기
88	성씨 및 본관 인구	2015.12.	15년	통계청	성씨분포
89	지자체인허가통계	2023	분기	한국지역정보 개발원	우리동네 생활업종
90	지가변동률	2022	연간	국토교통부	기술업종 통계지도
91	지역별 암 발생 현황	2022.12.	1년	국민건강보험 공단	통계주제도
92	지역별 감염병 발생 현황	2019.12.	1년	질병관리청	통계주제도
93	지역별 기온 및 강수량 현황	2022.12.	1년	기상청	통계주제도
94	공영자전거 운영현황	2022.12.	1년	행정안전부	통계주제도
95	어린이 식생활 안전지수	2021	3년	식품의약품 안전처	통계주제도
96	상업용 부동산 임대 동향	2023	분기	한국부동산원	통계주제도

<표 I-4> SGIS플러스 자료 시점 현황

2

통계지도체험
튜토리얼

2. 통계지도체험 튜토리얼

'통계지도체험 튜토리얼'은 <그림 I-7>과 같이 시작 페이지 하단 또는 상단 메뉴바의 활용서비스에서 **통계지도체험**을 클릭하여 시작할 수 있다.

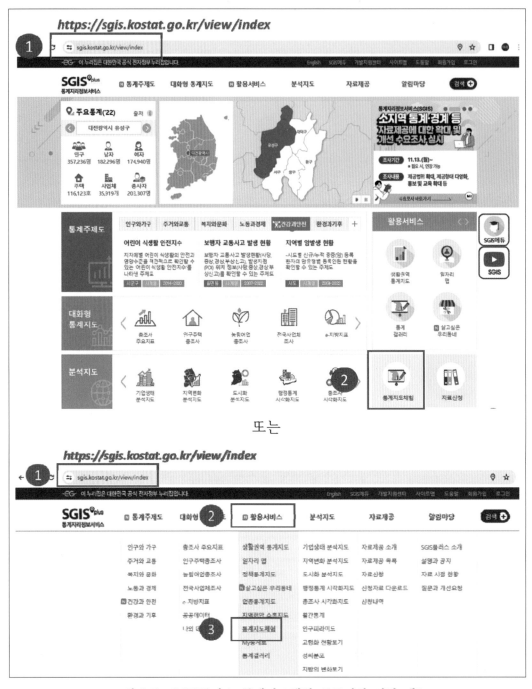

<그림 I-7> SGIS플러스 통계지도체험 튜토리얼 시작 메뉴

통계지도체험 메뉴를 선택하면 <그림 I-8>과 같이 직접 체험할 수 있는 화면이 나타난다. 오른쪽 상단 서브 메뉴바에서 튜토리얼을 클릭하면 튜토리얼을 진행할 것인지 묻는 창이 나타나는데, 확인 버튼을 클릭하면 튜토리얼을 시작할 수 있다. 체험 메뉴이지만, 간단한 통계지도를 작성할 때 유용하게 활용할 수 있다.

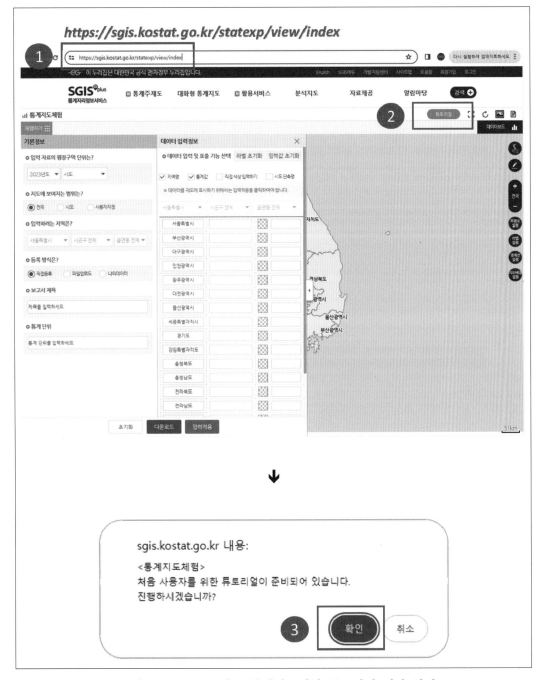

<그림 I-8> SGIS플러스 통계지도체험 튜토리얼 시작 화면

통계지도체험 튜토리얼을 시작하면 '**시도**' → '시군구' → '읍면동' 순서로, 통계지도를 그리기 위한 데이터 준비 단계부터 통계지도가 포함된 보고서를 출력하는 단계까지 전 과정을 체험할 수 있다.

<표 I-5>는 통계지도체험 튜토리얼 전 과정 중에서 '**시도**' 통계지도체험 튜토리얼 과정만을 요약한 것이고, <그림 I-9>는 주요 내용과 관련된 화면을 순서대로 정리한 것이다.

순서	주요 내용
①~②	'**행정구역 단위 선택**'을 클릭한다.
③~④	(행정구역 단위 선택 구분에서) '**시도**'를 선택한다.
⑤~⑥	(보고서 제목에) '**총인구**'를 입력한다.
⑦~⑧	(통계 단위에) '**명**'을 입력한다.
⑨~⑩	(시도마다 데이터) '**값**'을 입력한다.
⑪~⑫	(값이 지도에 반영되도록) '**입력적용**'을 클릭한다.
⑬~⑭	(선택 해제를 위하여) '**지역명**'과 '**통계값**'을 클릭한다.
⑮~⑯	(선택 해제가 반영되도록) '**입력적용**'을 클릭한다.
⑰~⑱	(색상을 직접 입력하기 위하여) '**직접 색상 입력하기**'를 클릭한다.
⑲~⑳	(서울특별시) '**색상버튼**'을 클릭한다.
㉑~㉒	(변경하고자 하는 색상) 보라색 '**색상버튼**'을 클릭한다.
㉓~㉔	(변경한 색상이 지도에 반영되도록) '**입력적용**'을 클릭한다.
㉕~㉖	(시도 마다) '**색상버튼**'을 클릭하여 색상을 변경한다.
㉗~㉘	(변경한 색상이 지도에 반영되도록) '**입력적용**'을 클릭한다.
㉙~㉚	(데이터 통계를 확인하기 위하여) '**데이터보드**'를 클릭한다.
㉛~㉜	(표로 제시된 것을) '**차트**' 버튼을 클릭하여 변경한다.
㉝~㉞	(보고서 작성을 위하여) '**보고서보기**' 버튼을 클릭한다.
㉟~㊱	(보고서 확인 후) '**닫기**' 버튼을 클릭한다.

<표 I-5> 시도 통계지도체험 튜토리얼 과정 요약

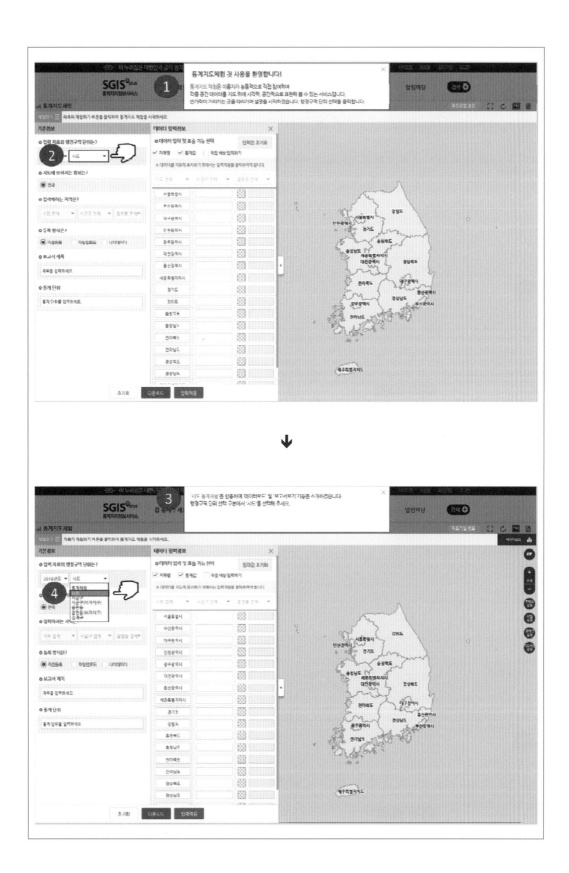

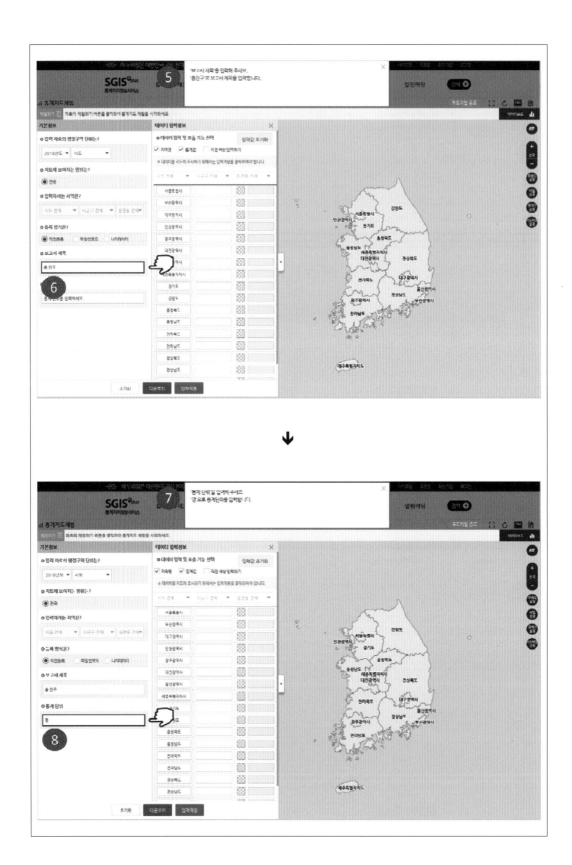

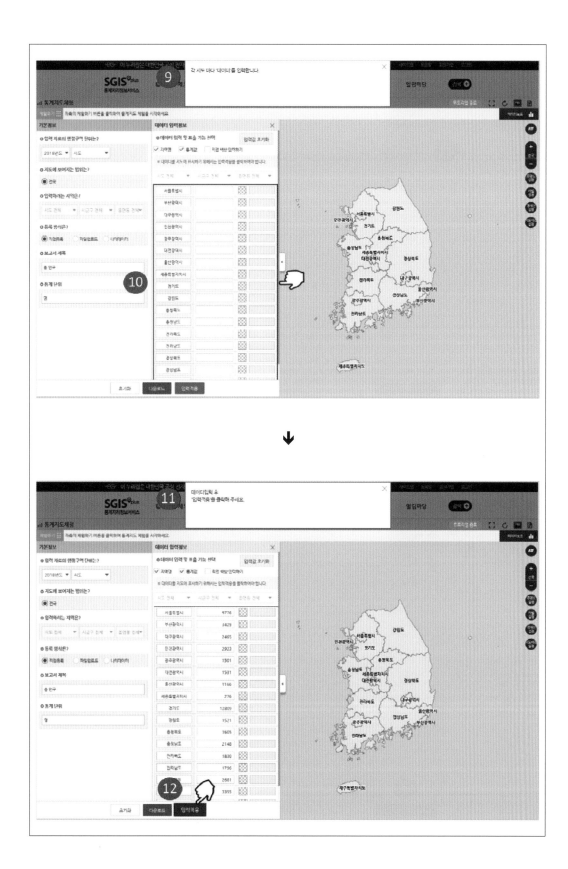

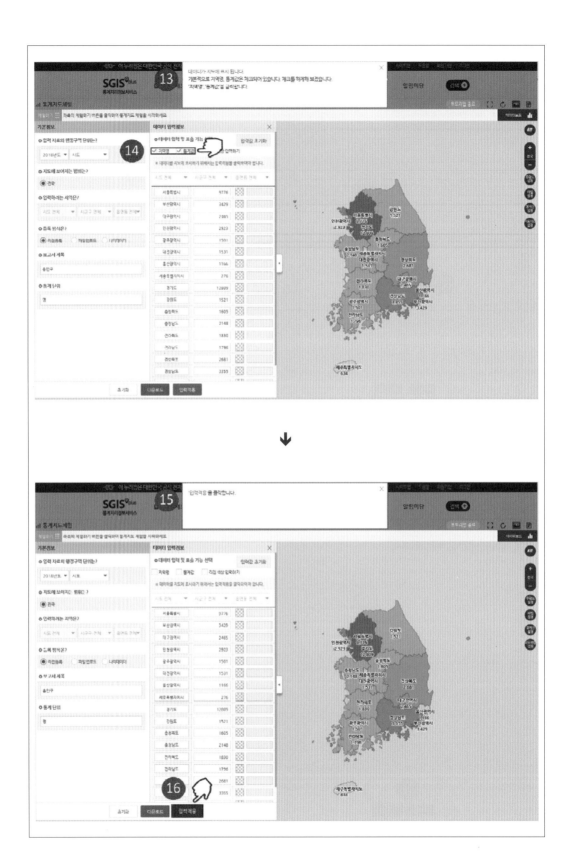

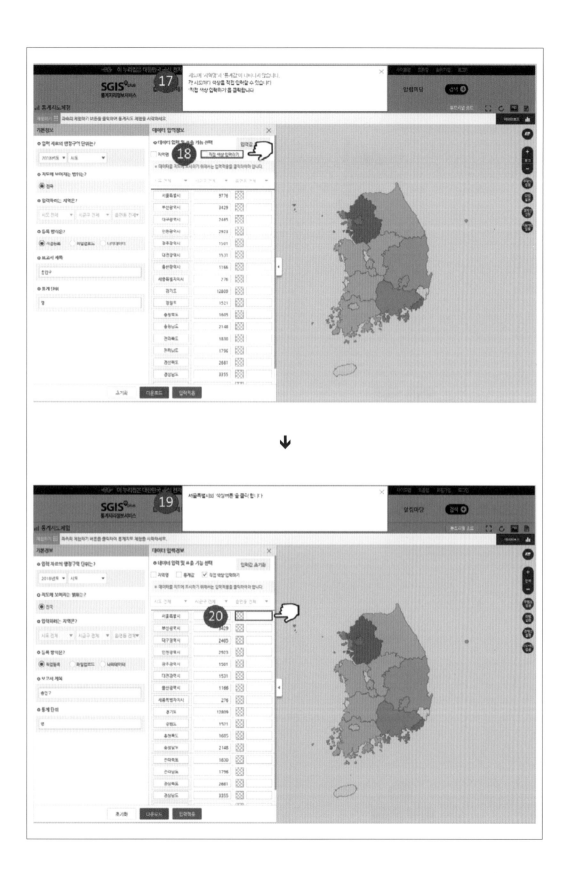

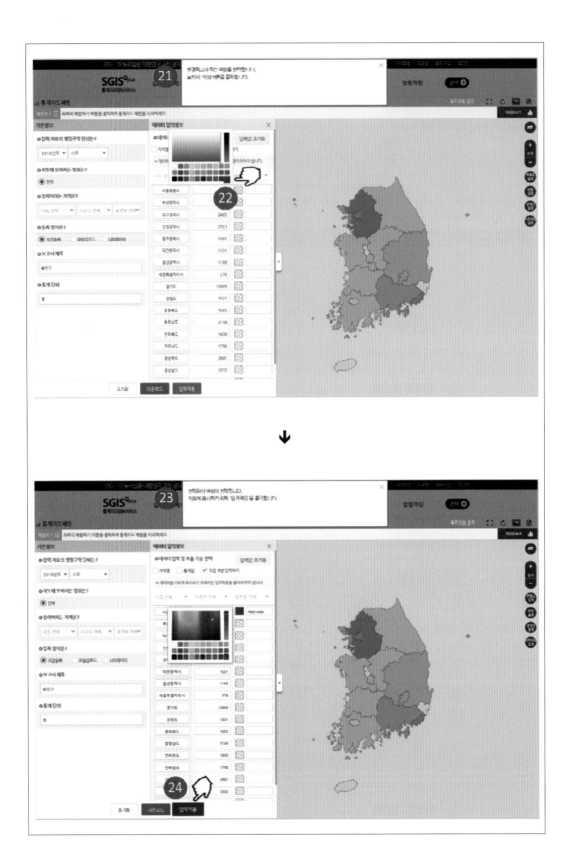

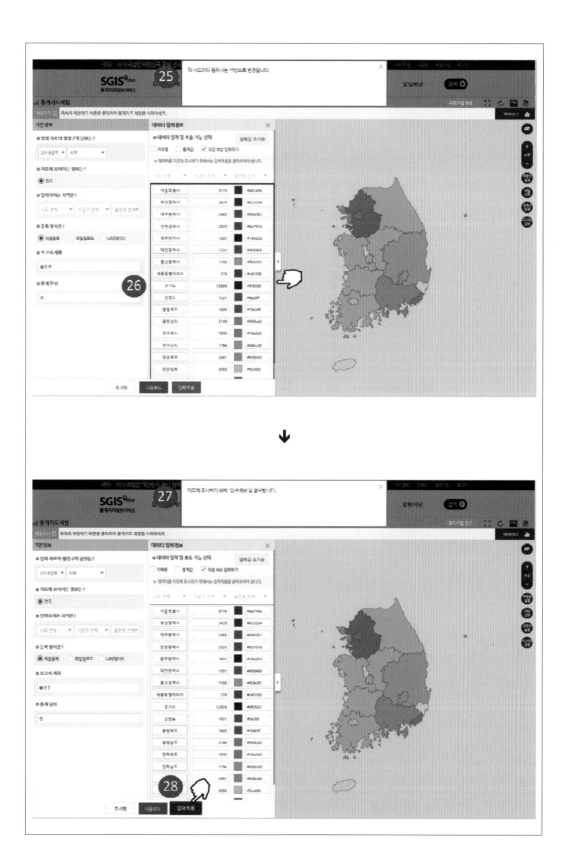

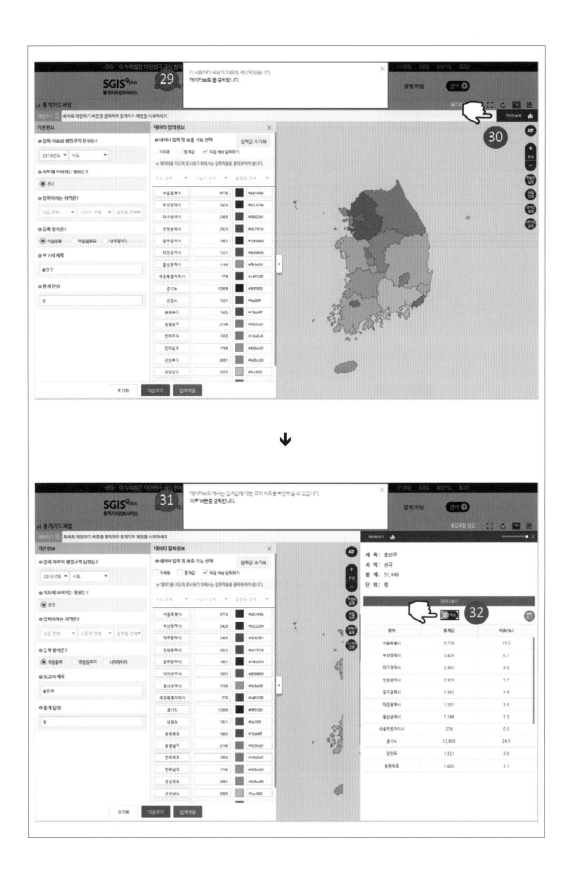

<그림 I-9> 시도 통계지도체험 튜토리얼 과정 상세

<표 I-6>은 '**시군구**' 통계지도체험 튜토리얼 과정을 요약한 것이고, <그림 I-10>은 중요 내용과 관련된 화면을 정리한 것이다. <그림 I-9>의 마지막 단계를 마친 후 '**초기화**' 버튼을 클릭하여 시작한다.

번호	주요 내용
①~②	'**초기화**'를 클릭한다.
③~④	'**행정구역 단위 선택**'을 클릭한다.
⑤~⑥	(행정구역 단위 선택 구분에서) '**시군구**'를 선택한다.
⑦~⑧	(입력하려는 지역으로) '**경기도**'를 선택한다.
⑨~⑩	'**수원시**'를 '**수원시청**'으로 수정한다.
⑪~⑫	(명칭 수정이 반영되도록) '**입력적용**'을 클릭한다.
⑬~⑭	'**지도타입 변경 아이콘**'을 클릭한다.
⑮~⑯	'**위성지도**' 버튼을 클릭한다.
⑰~⑱	'**백지도**' 버튼을 클릭한다.
⑲~⑳	'**투명도 설정**' 버튼을 클릭한다.
㉑~㉒	(동그라미 버튼을 이용하여) '**투명도**'를 조정한다.
㉓~㉔	(투명도가 적용된 것을 확인 후) '**닫기**' 버튼을 클릭한다.
㉕~㉖	'**라벨 설정**' 버튼을 클릭한다.
㉗~㉘	(색상은) '**빨강색**', (폰트는) '**맑음고딕**'으로 지정한다.
㉙~㉚	'**적용**' 버튼을 클릭한다.
㉛~㉜	(라벨 설정이 적용된 것을 확인 후) '**닫기**' 버튼을 클릭한다.
㉝~㉞	'**경계 설정**' 버튼을 클릭한다.
㉟~㊱	(색상은) '**파란색**', (두께는) '**1pt**'로 지정한다.
㊲~㊳	'**적용**' 버튼을 클릭한다.
㊴~㊵	(경계 설정이 적용된 것을 확인 후) '**닫기**' 버튼을 클릭한다.
㊶~㊷	'**지도배경 설정**' 버튼을 클릭한다.
㊸~㊹	(지도배경 색상을) '**흰색**'으로 지정한다.
㊺~㊻	'**적용**' 버튼을 클릭한다.
㊼~㊽	(지도배경 설정이 적용된 것을 확인 후) '**닫기**' 버튼을 클릭한다.

<표 I-6> 시군구 통계지도체험 튜토리얼 과정 요약

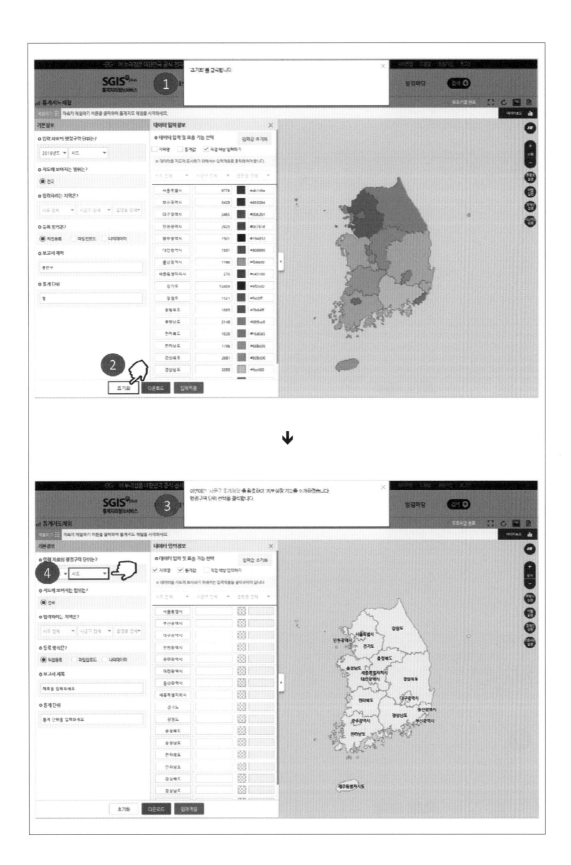

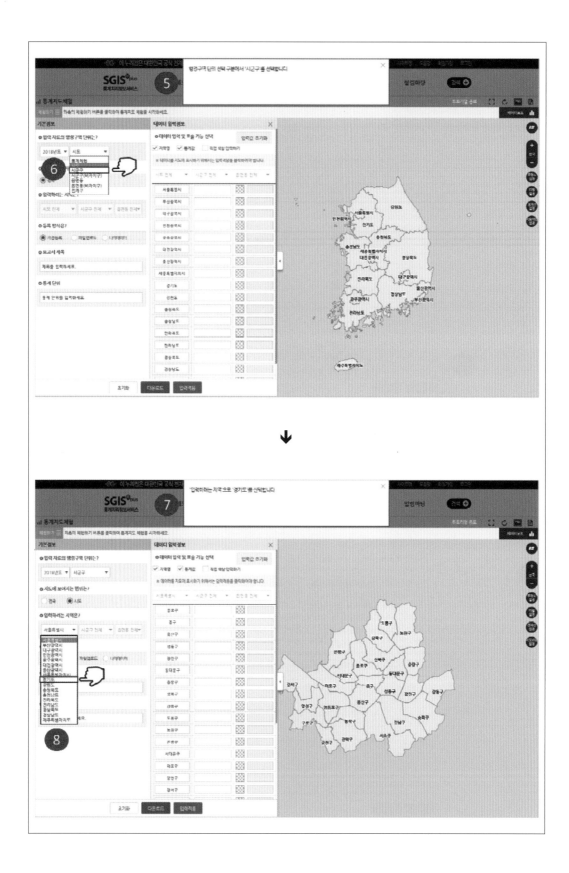

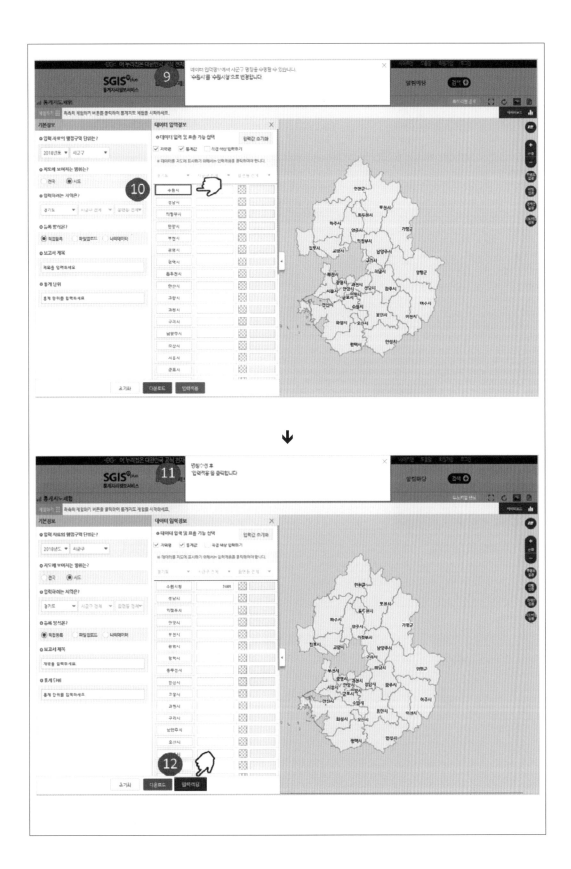

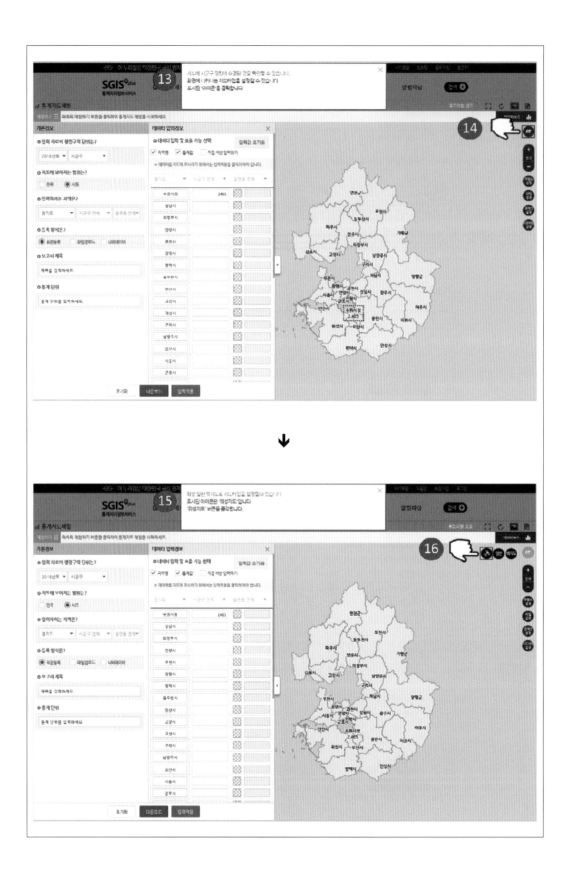

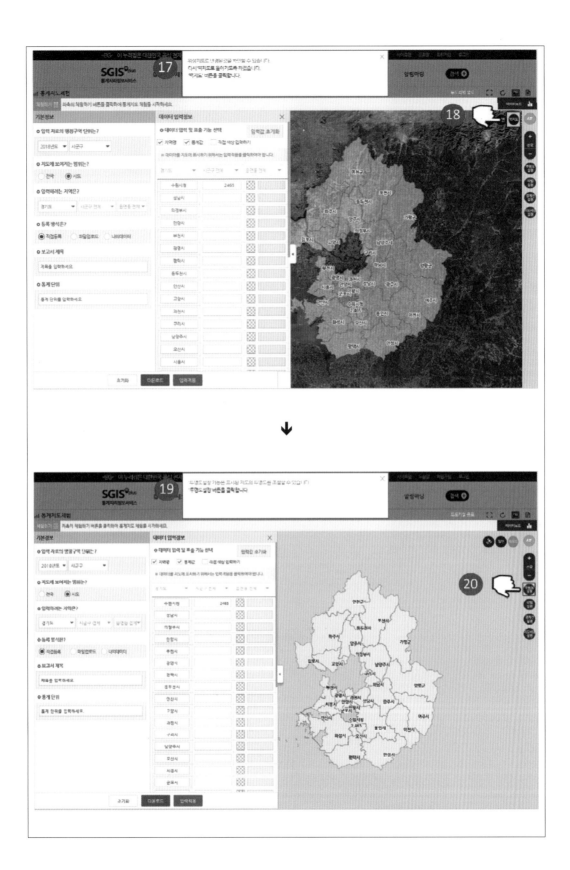

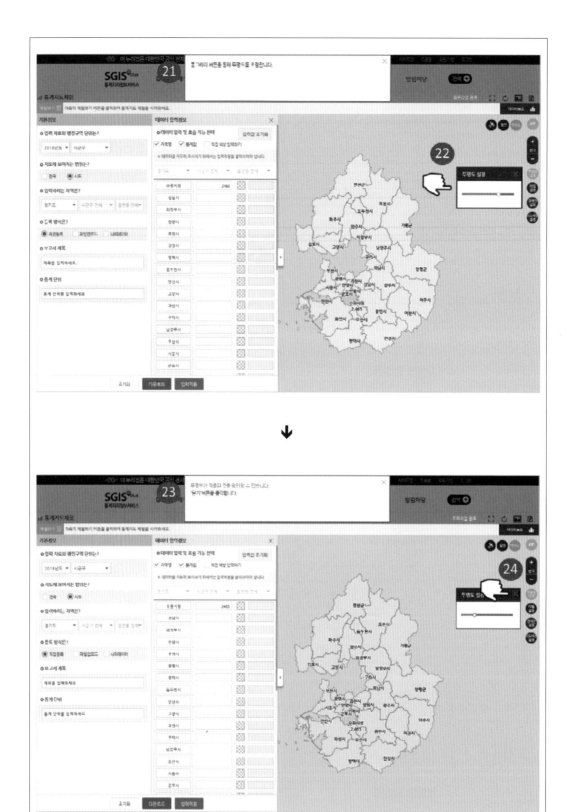

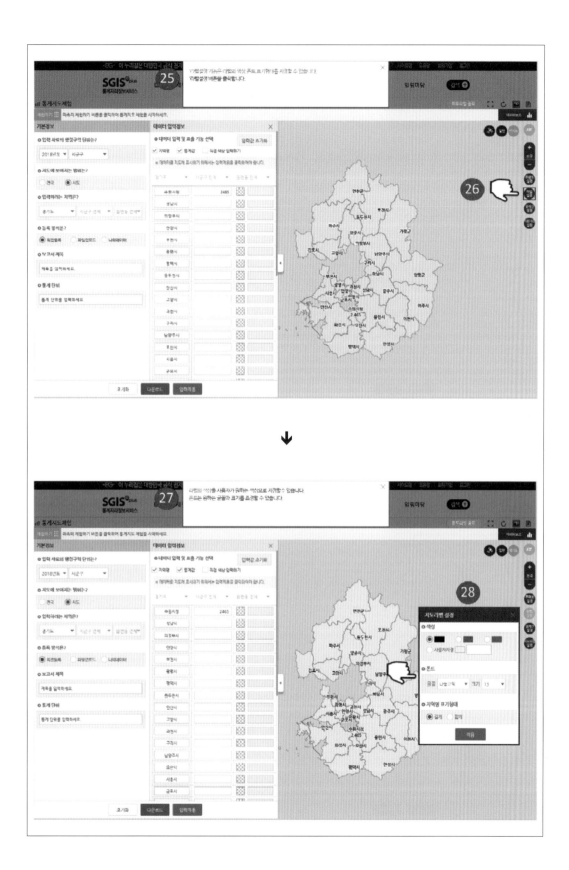

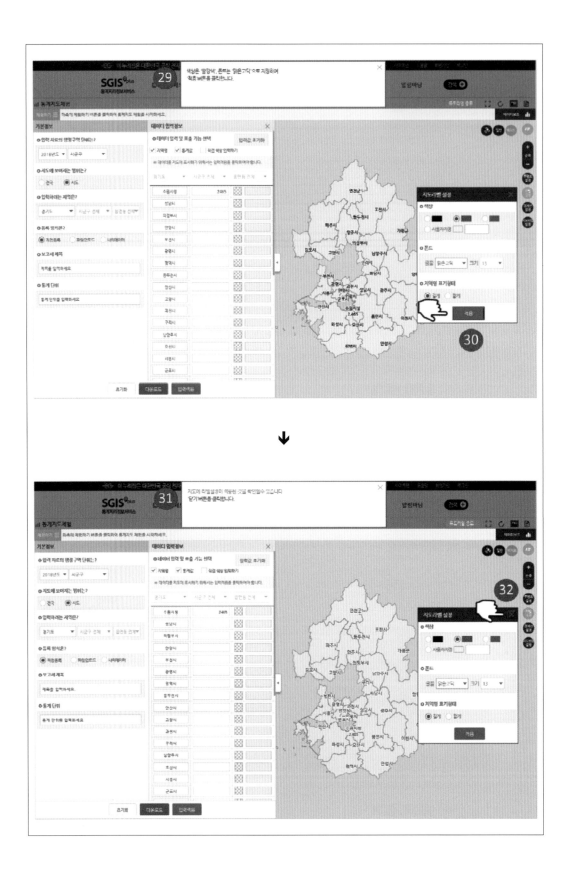

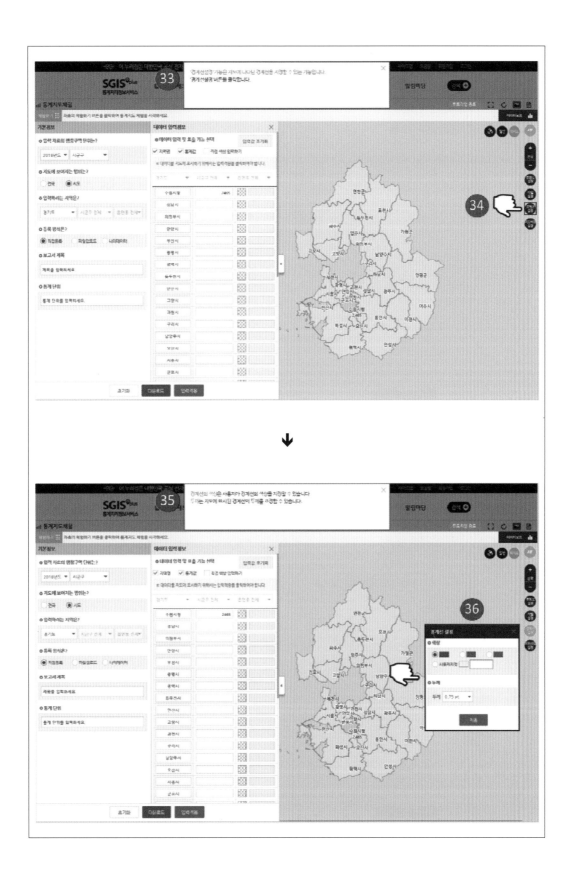

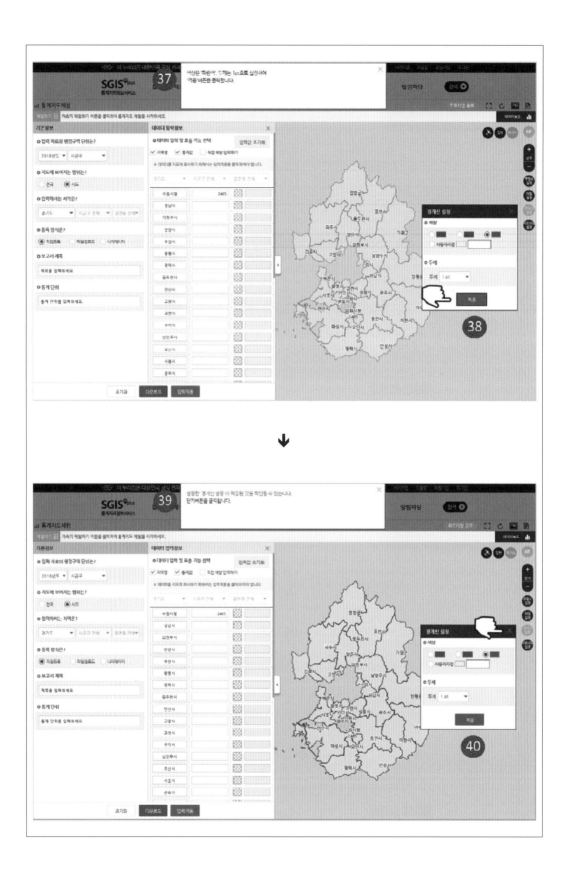

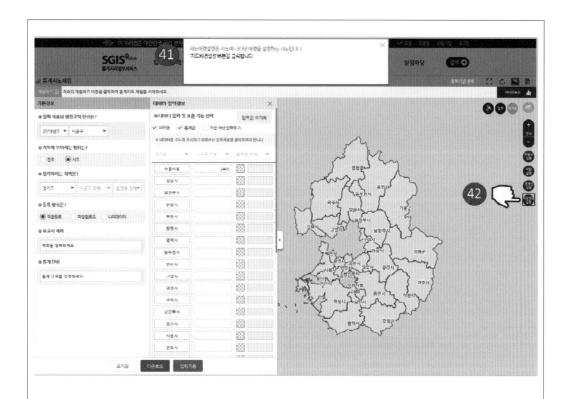

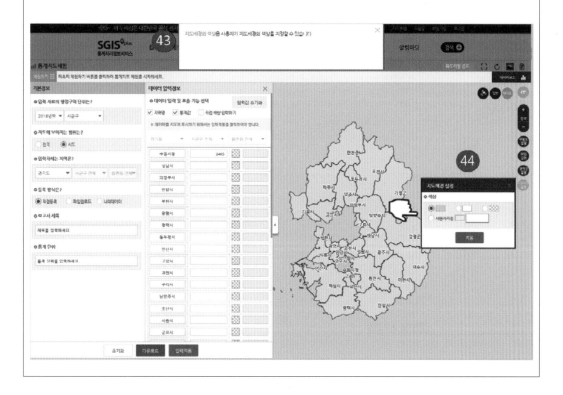

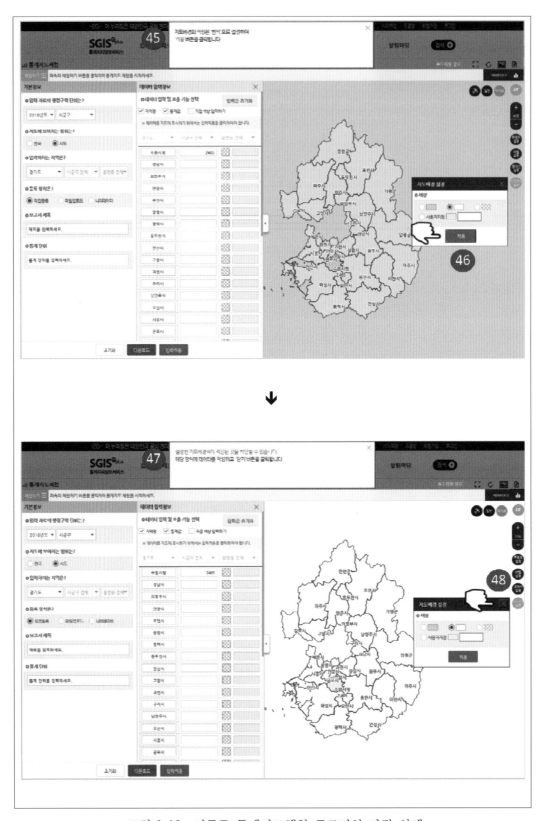

<그림 I-10> 시군구 통계지도체험 튜토리얼 과정 상세

<표 I-7>은 '**읍면동**' 통계지도체험 튜토리얼 과정을 요약한 것이고, <그림 I-11>은 주요 내용과 관련된 화면을 정리한 것이다. <그림 I-10>의 마지막 단계를 마치고 '**초기화**' 버튼을 클릭하여 시작한다.

번호	주요 내용
①~②	'**초기화**'를 클릭한나.
③~④	'**행정구역 단위 선택**'을 클릭한다.
⑤~⑥	(행정구역 단위 선택 구분에서) '**읍면동**'을 선택한다.
⑦~⑧	(지도에 보이는 범위에서) '**시도**'를 클릭한다.
⑨~⑩	(입력하려는 지역에서) '**대전광역시**'를 선택한다.
⑪~⑫	(데이터 입력정보에서) '**동구**' 버튼을 클릭한다.
⑬~⑭	'**서구**'를 선택한다.
⑮~⑯	(데이터 입력정보 안에) '**값**'을 입력한다.
⑰~⑱	(데이터 입력 후) '**입력적용**' 버튼을 클릭한다.
⑲~⑳	(서구에 표시된 것 확인 후) '**다운로드**'를 클릭한다.
㉑~㉒	(자료 다운로드에서) '**엑셀**'을 선택한다.
㉓~㉔	(내용 확인을 위하여) '**열기**' 또는 '**저장**'을 선택한다.
㉕~㉖	(엑셀 파일의 내용을) 확인하고 '**닫기**' 버튼을 클릭한다.
㉗~㉘	(다운로드 창) '**닫기**' 버튼을 클릭한다.

<표 I-7> 읍면동 통계지도체험 튜토리얼 과정 요약

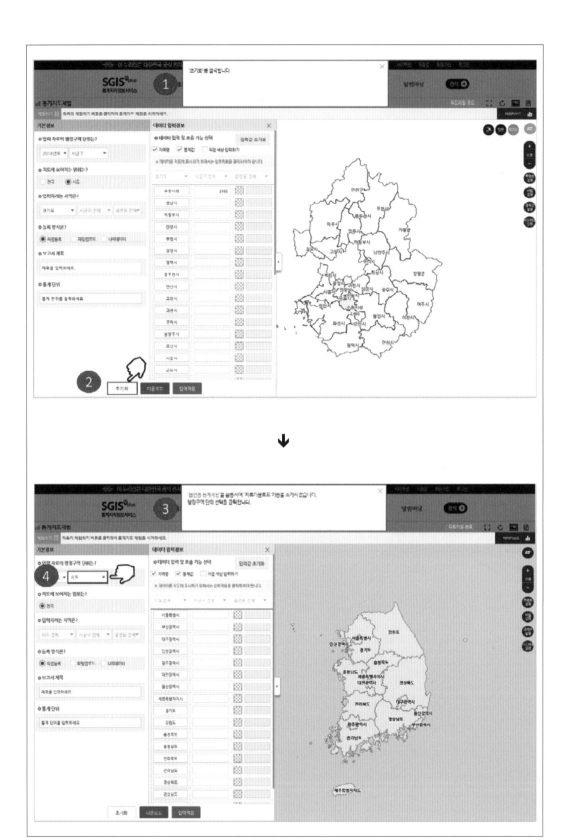

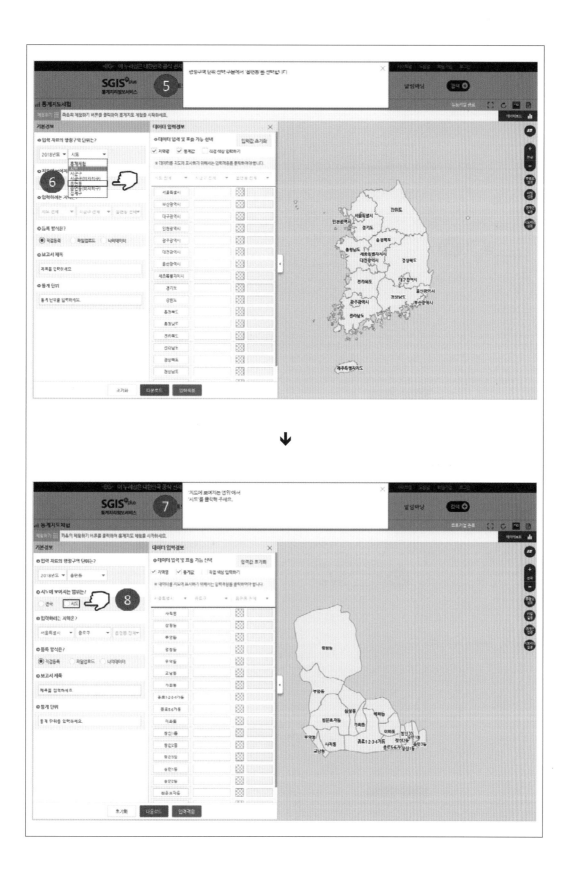

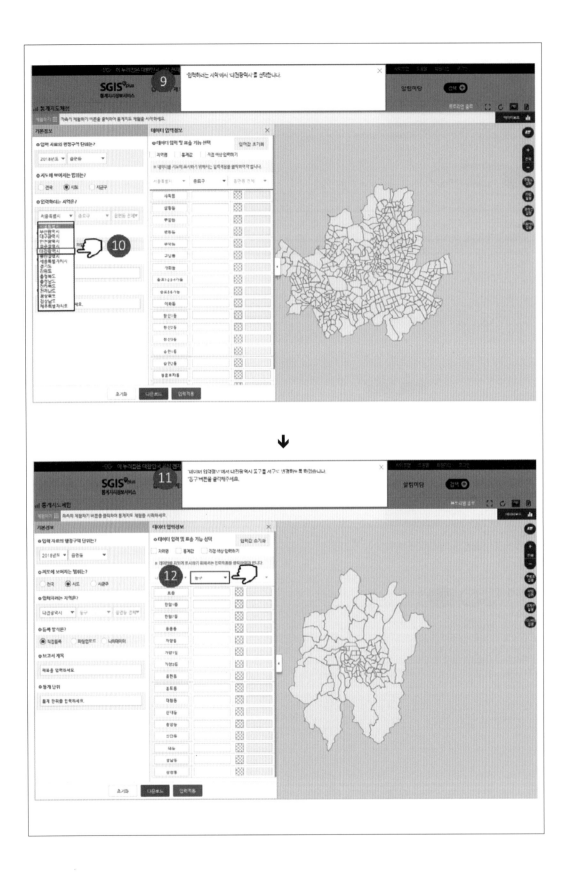

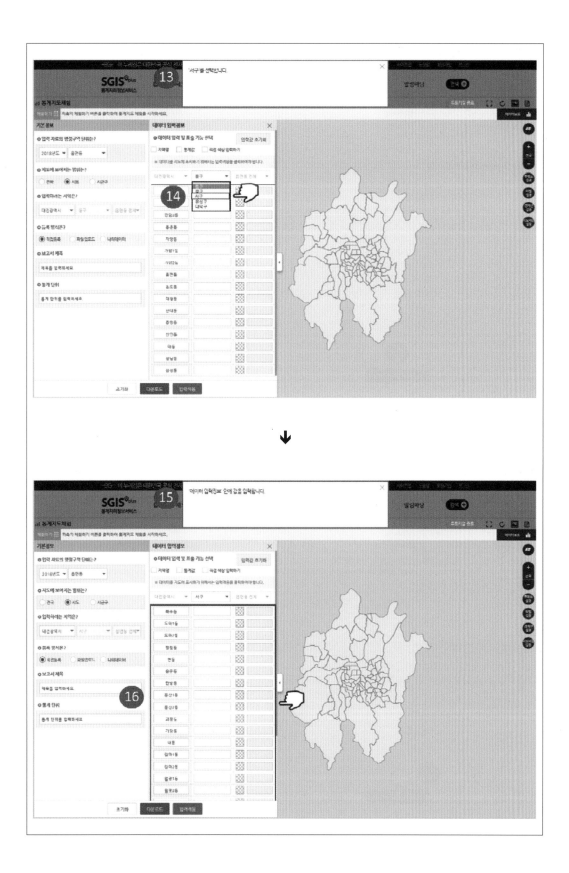

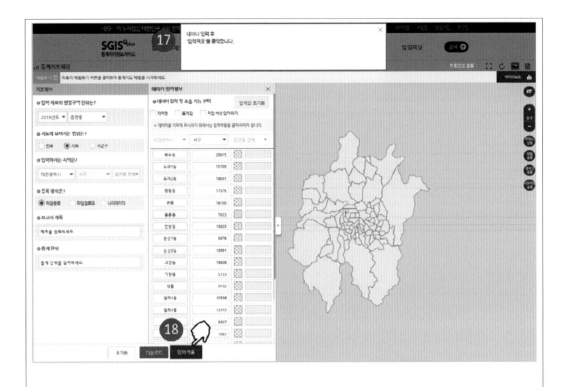

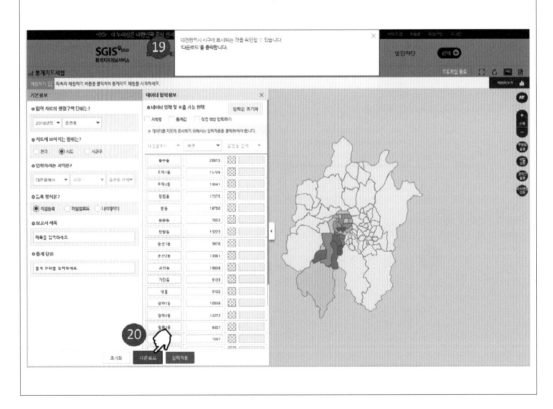

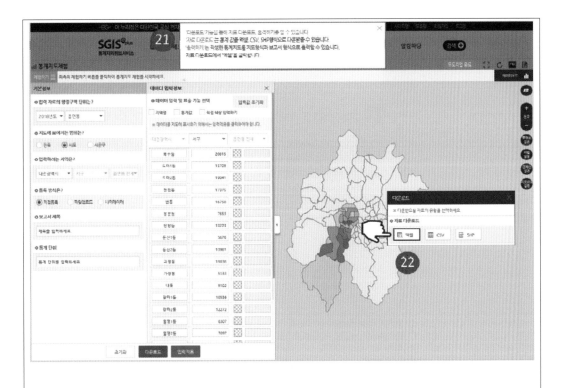

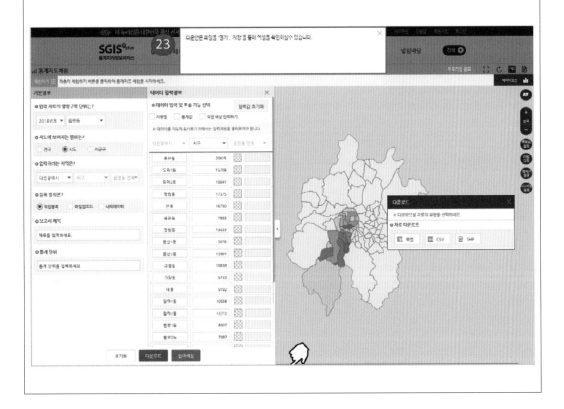

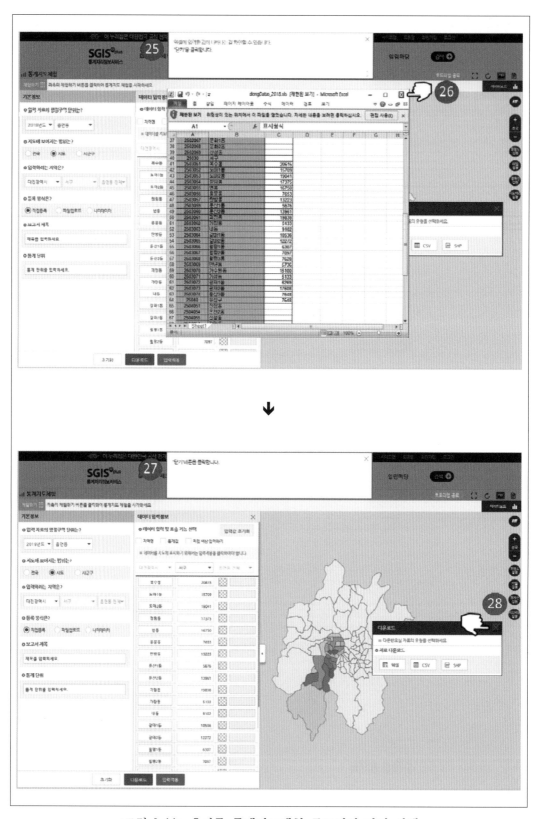

<그림 I-11> 읍면동 통계지도체험 튜토리얼 과정 상세

<표 I-8>은 엑셀 양식 **'파일 업로드'** 통계지도체험 튜토리얼을 요약한 것이고, <그림 I-13>은 <표 I-8>의 주요 내용과 관련된 화면을 순서대로 정리한 것이다. <그림 I-11>의 마지막 단계를 마치고 **'초기화'**를 클릭하여 시작한다.

순서	주요 내용
①~②	**'초기화'**를 클릭한다.
③~④	**'파일 업로드'** 버튼을 클릭한다.
⑤~⑥	**'파일 유형 선택'**을 클릭한다.
⑦~⑧	(파일 유형에서) **'엑셀(Excel)'**을 선택한다.
⑨~⑩	**'양식 다운로드'**를 클릭한다.
⑪~⑫	(내용 확인을 위하여) **'열기'** 또는 **'저장'**을 선택한다.
⑬~⑭	(다운로드한 양식에 데이터) **'값'**을 입력하고 **'저장'**을 클릭한다.
⑮~⑯	(저장한 파일을 찾기 위하여) **'파일 찾기'**를 클릭한다.
⑰~⑱	(데이터 업로드를 위하여) **'데이터 업로드'**를 클릭한다.
⑲~⑳	(데이터가 입력된 것을 확인 후) **'입력적용'**을 클릭한다.

<표 I-8> 엑셀양식 파일 업로드 통계지도체험 튜토리얼 요약

'시도' 통계지도를 작성하는 데에 필요한 엑셀 양식의 내용은 <그림 I-12>와 같다. 통계값을 제외하고, 어떤 것도 수정해서는 안 된다.

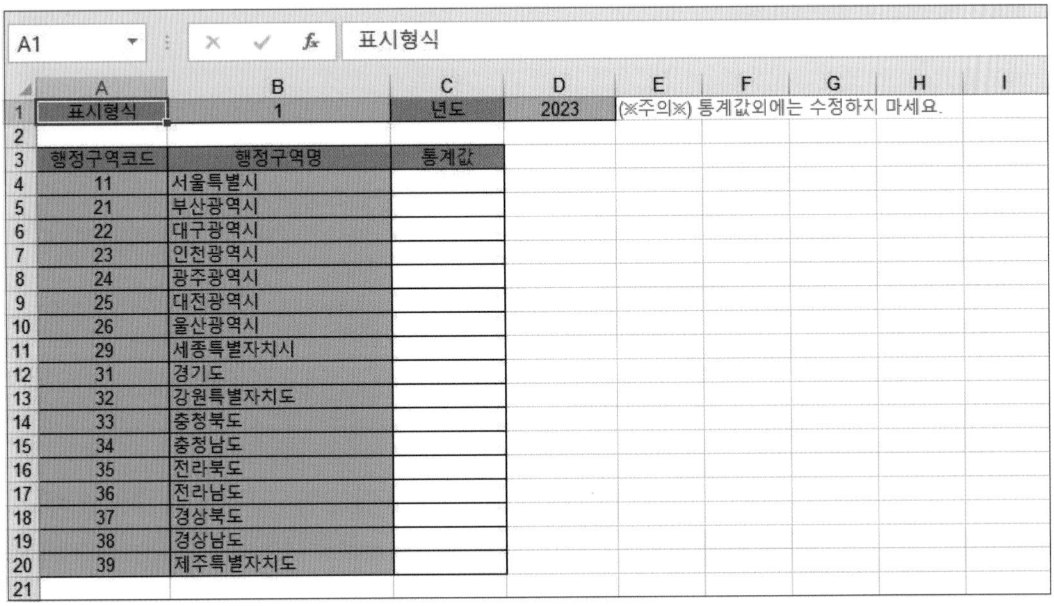

	A	B	C	D	E
1	표시형식	1	년도	2023	(※주의※) 통계값외에는 수정하지 마세요.
2					
3	행정구역코드	행정구역명	통계값		
4	11	서울특별시			
5	21	부산광역시			
6	22	대구광역시			
7	23	인천광역시			
8	24	광주광역시			
9	25	대전광역시			
10	26	울산광역시			
11	29	세종특별자치시			
12	31	경기도			
13	32	강원특별자치도			
14	33	충청북도			
15	34	충청남도			
16	35	전라북도			
17	36	전라남도			
18	37	경상북도			
19	38	경상남도			
20	39	제주특별자치도			
21					

<그림 I-12> '시도' 통계지도 작성 엑셀 양식 내용

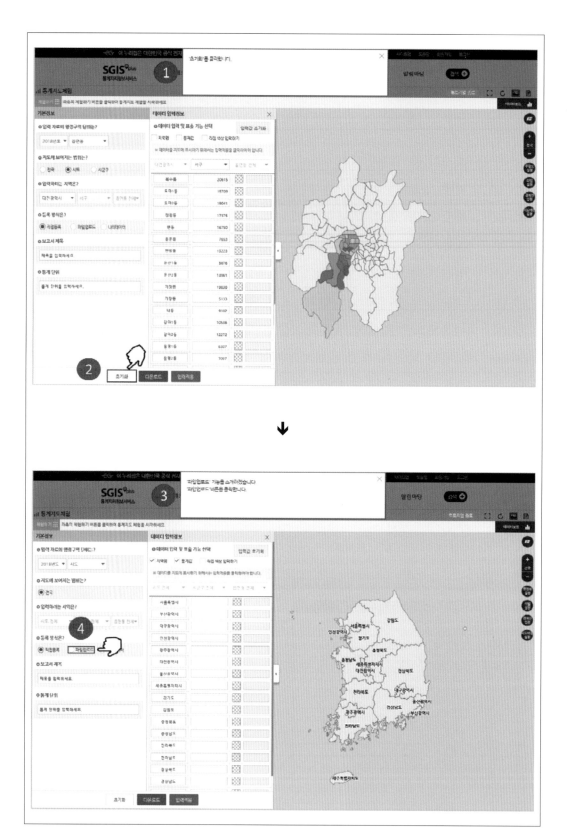

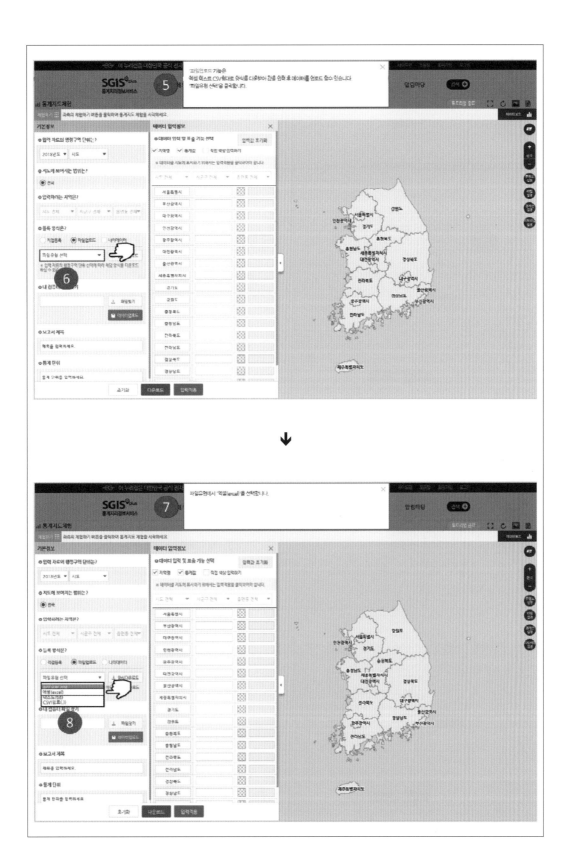

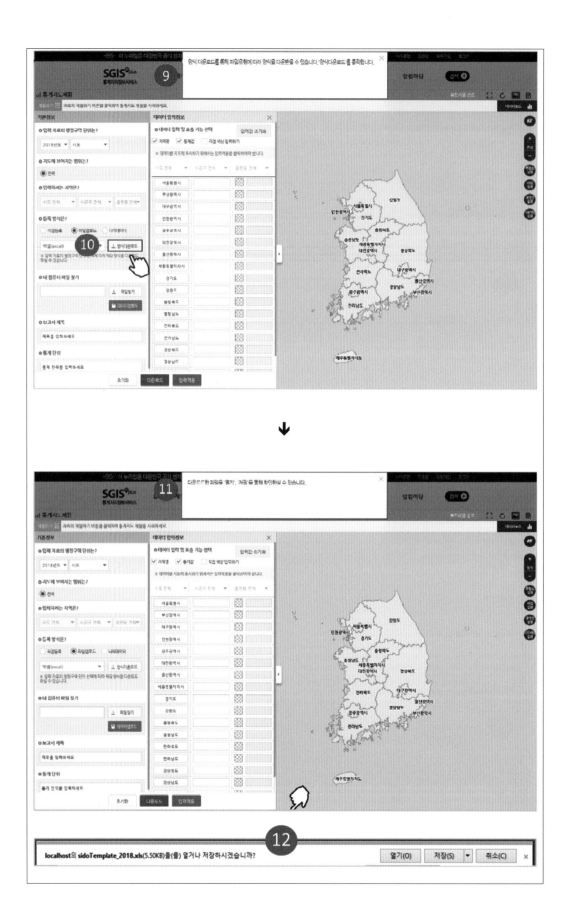

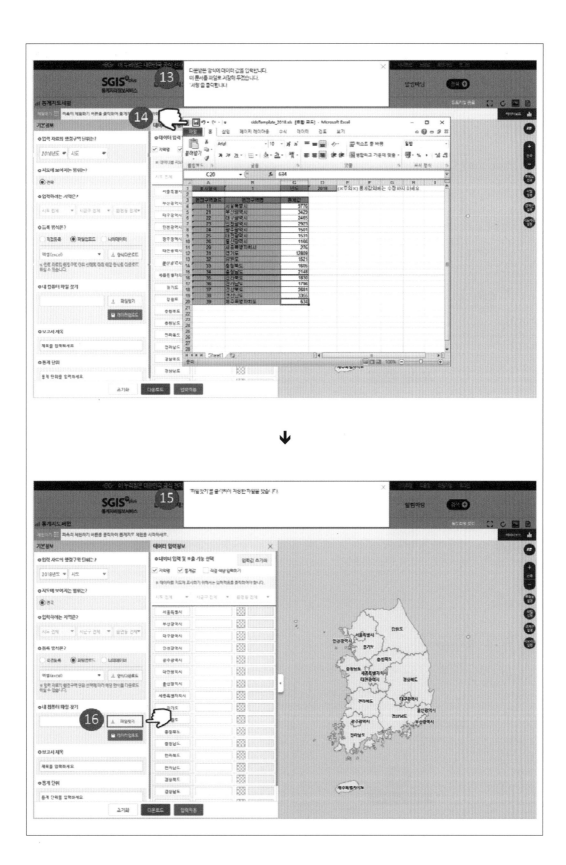

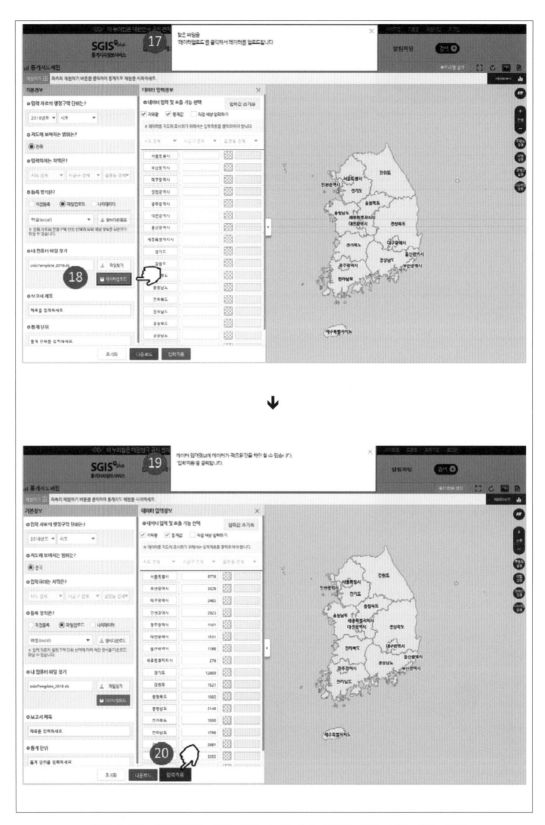

<그림 Ⅰ-13> 엑셀양식 파일 업로드 통계지도체험 튜토리얼 과정 상세

<표 I-9>는 SHP 양식 '**파일 업로드**' 통계지도체험 튜토리얼을 요약한 것이고, <그림 I-14>는 <표 I-9>의 주요 내용과 관련된 화면을 순서대로 정리한 것이다. <그림 I-13>의 마지막 단계를 마치고 '**초기화**'를 클릭하여 시작한다.

순서	주요 내용
①~②	'**초기화**'를 클릭한다.
③~④	'**파일 업로드**'를 선택한다.
⑤~⑥	(저장한 파일을 찾기 위하여) '**파일 찾기**'를 클릭한다.
⑦~⑧	(가지고 있는 SHP 파일을 선택 후) '**열기**'를 클릭한다.
⑨~⑩	(데이터 업로드를 위하여) '**데이터 업로드**'를 클릭한다.
⑪~⑫	(데이터가 입력된 것을 확인 후) '**입력적용**'을 클릭한다.
⑬~⑭	(입력적용 결과 확인 후) '**초기화**'를 클릭한다.
⑮	(튜토리얼 마침) 10초 후에 '**통계지도체험**'으로 이동한다.

<표 I-9> SHP 양식 파일 업로드 통계지도체험 튜토리얼 요약

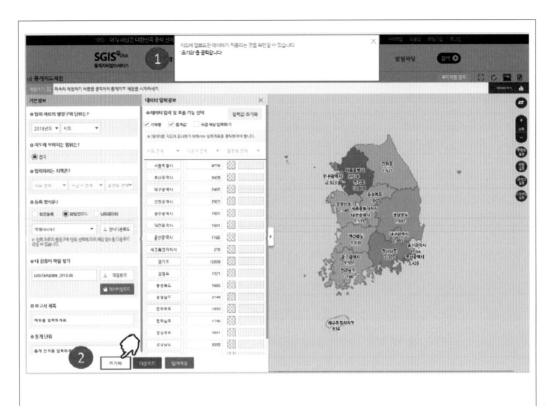

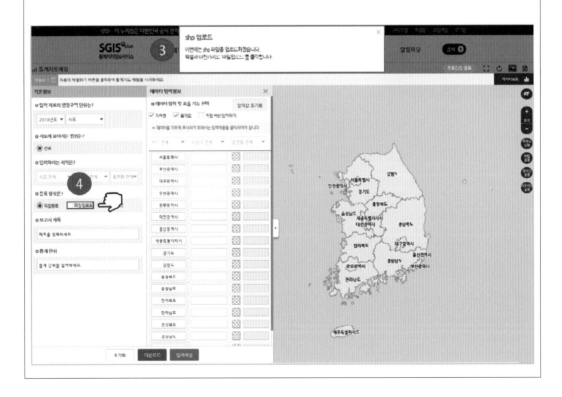

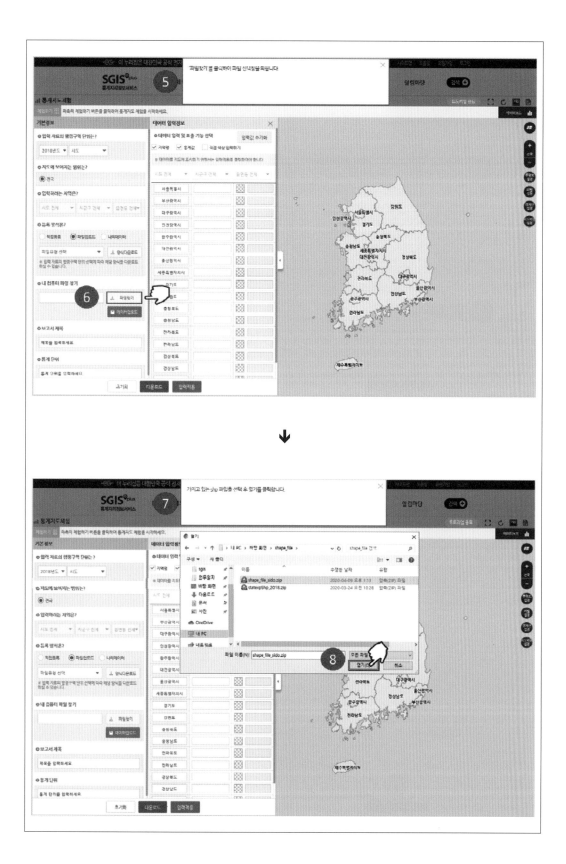

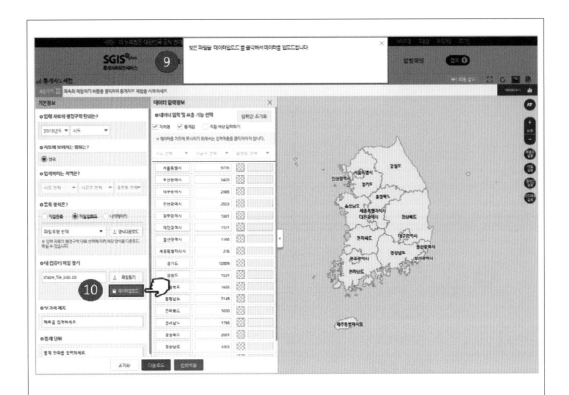

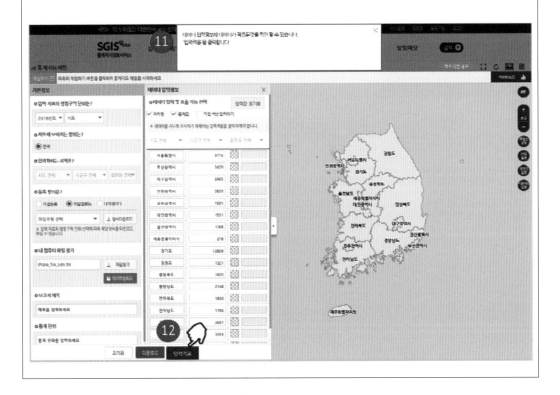

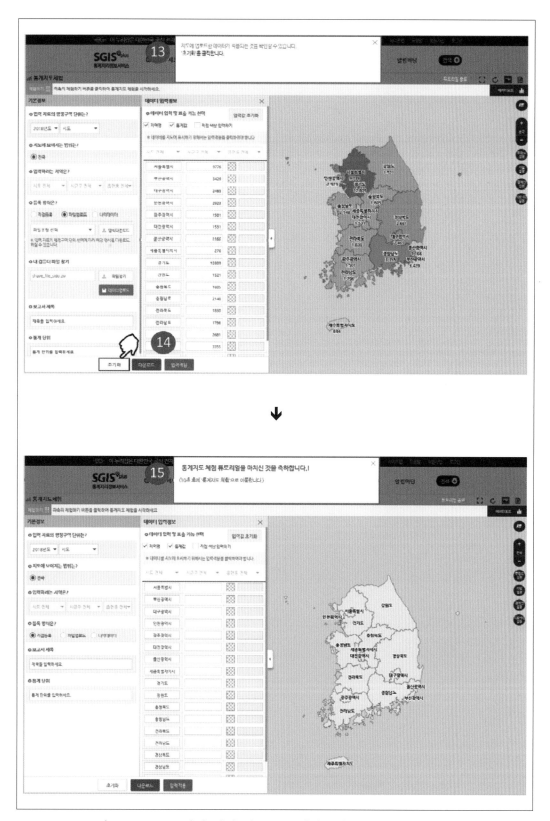

<그림 Ⅰ-14> SHP 양식 파일 업로드 통계지도체험 튜토리얼 과정 상세

통계지도체험 튜토리얼에서 제공하는 통계지도의 크기를 직접 조정할 수 있다. <표 I-10>은 지도 축적을 변경하는 과정을 설명한 것이고, <그림 I-15> 는 관련된 화면을 순서대로 정리한 것이다.

순서	주요 내용
①~②	'체험하기'를 클릭하여 제어판을 닫는다. 또는 '창 닫기' 버튼을 클릭하여 제어판을 닫는다.
③~④	지도 축적이 51km인 것을 확인한다. (+) 버튼을 한 번 클릭한다.
⑤~⑥	지도 축적이 51 → 26km로 변경되는 것을 확인한다. (+) 버튼을 한 번 더 클릭한다.
⑦~⑨	지도 축적이 26 → 13km로 변경되는 것을 확인한다. (-) 버튼을 연속해서 세 번 클릭하면서, 지도 축적이 13 → 26 → 51 → 102km로 변경되는 것을 확인한다.
⑩~⑪	'새로 고침' 아이콘을 클릭하여, 지도 축적이 51km(기본)인 지로로 변경되는 것을 확인한다.

<표 I-10> 통계지도 크기 조정 과정 요약

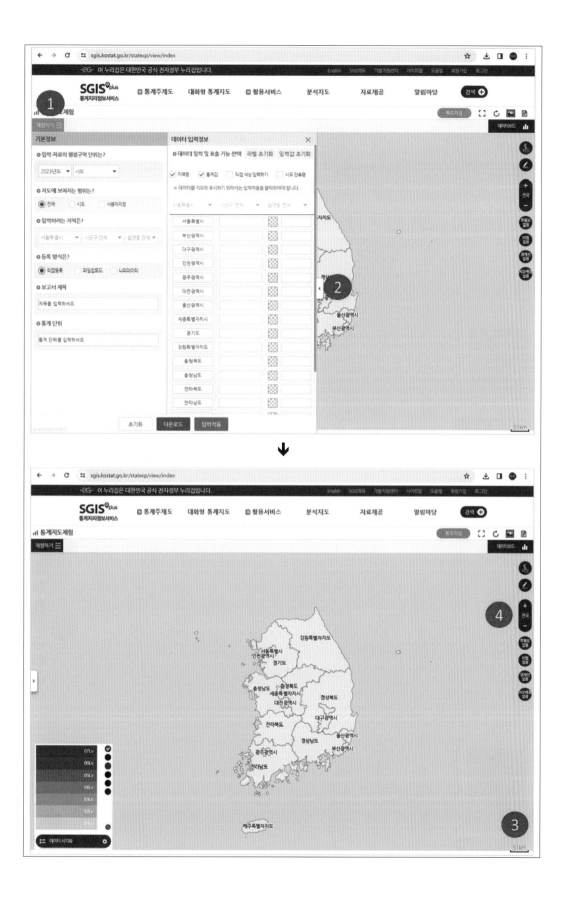

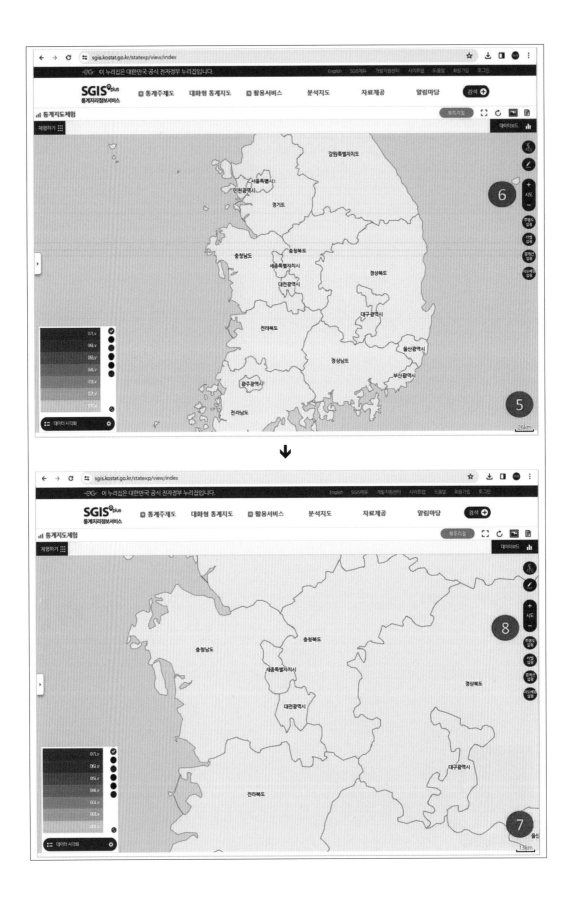

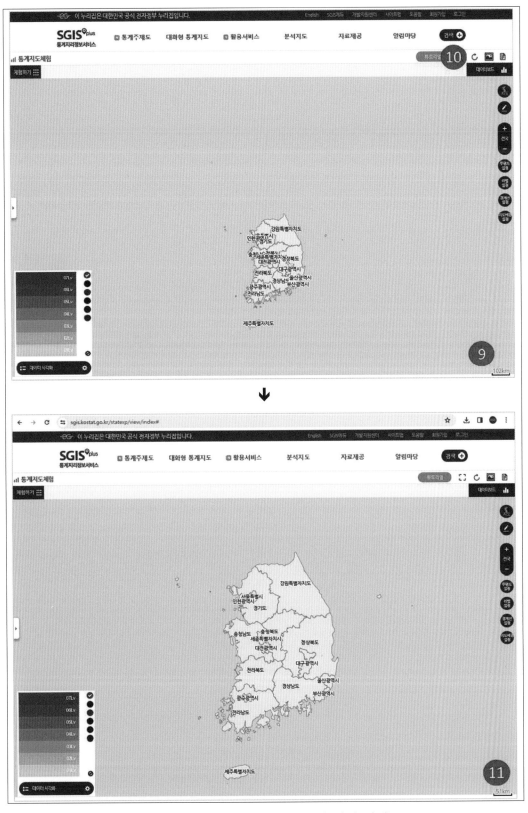

<그림 I-15> 통계지도 크기 조정 과정 상세

73

3

통계지도 만들기

3. 통계지도 만들기

통계지도체험을 통해 통계지도를 만들기 위한 데이티는 (1) 직접 값을 입력하여 등록하는 방법, (2) 내 컴퓨터에 저장되어 있는 파일을 업로드하는 방법, (3) SGIS플러스의 '나의 데이터'에 저장되어 있는 파일에서 선택하는 방법을 이용하여 불러올 수 있다. **'시도'**, **'시군구'**, **'읍면동'** 단위의 데이터는 다음과 같은 정부 부처에서 운영하는 데이터 포털에서 찾을 수 있다.

□ 공공데이터포털

행정안전부에서 운영하는 **'공공데이터포털'**은 **'공공기관'**이 생성 또는 취득한 데이터를 한곳에 모아서 관리하고 국민에게 제공하는 **'공공데이터'** 통합 서비스 창구이다. **'공공기관'**이란 정부의 출연·출자 또는 정부의 재정지원 등으로 설립·운영되는 기관으로서 「공공기관의 운영에 관한 법률 제4조1항」 각호의 요건에 해당하여 기획재정부장관이 지정한 기관이며, **'공공데이터'**란 국가에서 보유하고 있는 다양한 데이터를 「공공데이터의 제공 및 이용 활성화에 관한 법률(제11956호)」에 따라 개방한 데이터이다.

<그림 I-16> 공공데이터포털 웹 사이트 시작 페이지

76

'**공공데이터포털**'은 파일데이터, 오픈API, 시각화 등의 방식으로 데이터를 제공하는데, 2024년 4월 기준, 총 89,195건이 제공되고 있다. **데이터찾기**의 서브 메뉴인 **데이터목록** 검색 창에 **데이터명**을 입력하면 필요한 데이터를 빠르고 정확하게 찾을 수 있다.

① '**공공데이터포털**' 웹 사이트 시작 페이지 접속

https://www.data.go.kr/index.do

→ ② 상단 메뉴바에서 '**데이터찾기**' 선택

→ ③ 데이터찾기 메뉴바에서 '**데이터목록**' 선택

→ ④ 데이터목록 페이지로 이동

https://www.data.go.kr/tcs/dss/selectDataSetList.do

→ ⑤ 데이터목록 검색 창에 필요한 '**데이터명**' 입력

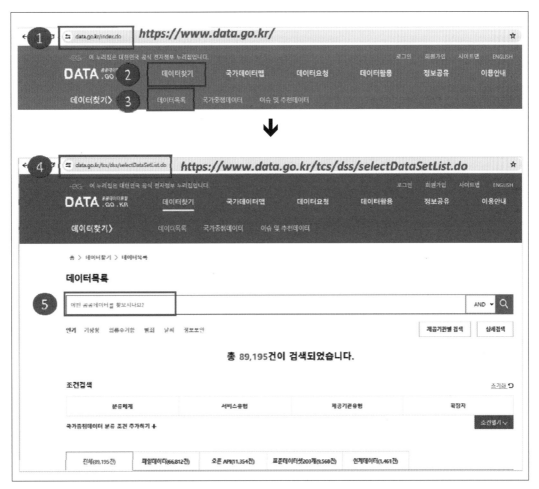

<그림 I-17> 공공데이터포털에서 데이터 찾기

□ 기상자료개방포털

기상청에서 운영하는 '**기상자료개방포털**'은 지상, 해양, 고층, 항공관측, 위성, 레이더, 수치예보모델자료 등 총 30종류의 '**날씨데이터**'를 국민에게 제공한다. 기온, 강수량 등 찾고 싶은 지역의 날씨데이터를 지도에서 쉽게 찾을 수 있다. 기온분석, 강수량분석, 극값순위, 기후평년값, 장마, 황사일수, 폭염일수, 열대야일수, 24절기 등 18종류의 '**기후통계분석정보**'도 이용할 수 있다.

<그림 I-18> 기상자료개방포털 웹 사이트 시작 페이지

'**기상자료개방포털**'이 제공하는 지점 데이터를 찾아서 엑셀 파일로 저장하는 과정은 다음과 같다.

① '**기상자료개방포털**' 웹 사이트 접속

https://data.kma.go.kr/cmmn/main.do

→ ② 메뉴바에서 '**데이터**' 선택 → ③ 데이터 목록에서 '**폭염**' 선택

→ ④ 폭염 제공지점(162개) 확인 → ⑤ 자료보기에서 파일 선택

→ ⑥ 다운로드 클릭 → ⑦ 엑셀 파일에서 데이터 확인

폭염 - 데이터셋

▪ 자료설명

폭염이란 매우 심한 더위를 말하며, 폭염이 지속되면 온열질환 발생, 가축과 어패류의 집단 폐사, 야외근로자 사망 등
다양한 분야에서 피해가 발생합니다.
폭염 데이터셋은 폭염과 연관된 체감온도, 습도, 폭염 영향예보, 열대야 등 다양한 데이터를 하나로 묶어서 제공합니다.

* 제공요소별 보다 자세한 데이터는 아래 메뉴를 통해 확인하실 수 있습니다.
- 기온, 습도: 데이터 → 기상관측 → 종관기상관측/방재기상관측
- 특보: 데이터 → 기상예보 →기상특보
- 영향예보: 데이터 → 기상예보 → 영향예보
- 열대야: 기후통계분석 → 기상현상일수 → 열대야일수
- 자외선지수: 데이터 → 응용기상 → 생활기상지수

자료형태	일	제공기간	2019년~(5~9월)
제공지점	전국 162개 시·군 ④	제공요소	체감온도, 기온(최고/평균/최저), 상대습도, 폭염특보, 폭염 영향예보(보건, 일반), 열대야, 자외선지수
유의사항	* 데이터셋은 제공기간 동안 매일 업데이트됨 * 폭염여부는 일최고체감온도 33℃ 이상인 경우를 O/X로 구분하였음(여름철 체감온도 산출식은http://data.kma.go.kr/climate/windChill/selectWindChillChart.do?pgmNo=111 참조) * 폭염특보, 폭염 영향예보는 제공지점이 포함된 전체 지역을 대상으로 발효 여부 제공		

<그림 I-19> 기상자료개방포털에서 데이터 찾기

'**기상자료개방포털**'이 제공하는 데이터의 지점과 SGIS플러스에서 제공하는 '시도', '시군구' 등의 데이터 입력 엑셀 양식에 포함된 지점이 일치하지 않을 경우, 사용자 지정 양식을 이용하여 데이터 파일을 완성해야 한다.

□ e-나라지표

통계청에서 운영하는 'e-나라지표'는 통계표, 그래프 및 의미분석 등으로 구성된 '나라지표'를 효율적으로 관리하고 제공하기 위해 구축된 시스템이다. '나라지표'는 국가정책의 수립, 국정 운영상황의 점검 및 정책성과의 측정 등에 활용하기 위하여 선정된 것이다.

2024년 4월 기준, 총 42개 중앙행정기관의 746개 나라지표가 'e-나라지표'를 통해 제공되고 있다.

● *대통령 직속기관(1): 방송통신위원회*

● *국무총리 직속기관(6): 개인정보보호위원회, 공정거래위원회, 국민권익위원회, 금융위원회, 식품의약품안전처, 인사혁신처*

● *부 단위기관(19): 고용노동부, 과학기술정보통신부, 교육부, 국가보훈부, 국방부, 국토교통부, 기획재정부, 농림축산식품부, 문화체육관광부, 법무부, 보건복지부, 산업통상자원부, 여성가족부, 외교부, 중소벤처기업부, 통일부, 해양수산부, 행정안전부, 환경부*

● *청 단위기관(16): 검찰청, 경찰청, 관세청, 국세청, 기상청, 문화재청, 방위사업청, 병무청, 산림청, 소방청, 재외동포청, 조달청, 질병관리청, 통계청, 특허청, 해양경찰청*

'e-나라지표'가 제공하는 지역별 통계 데이터를 찾아서 엑셀 파일로 저장하는 과정은 다음과 같다.

① 'e-나라지표' 웹 사이트 접속

https://www.index.go.kr/enara

→ ② 검색 창에 '**지역별 인구**' 입력

→ ③ 검색결과 페이지로 이동

https://www.index.go.kr/unity/potal/search/search.do

→ ④ '**지역별 인구 및 인구밀도**' 선택 → ⑤ 데이터 제공 화면으로 이동

https://www.index.go.kr/unity/potal/main/EachDtlPageDetail.do?idx_cd=1007

→ ⑥ 상단 메뉴에서 '**통계표**' 선택 → ⑦ '**통계표 다운로드**' 선택

→ ⑧ 엑셀 파일(통계표) 열기 → ⑨ (2018 인구) '**시도**' 데이터 선택

→ ⑩ SGIS플러스 제공 (엑셀 양식 파일에) 데이터 붙여넣기

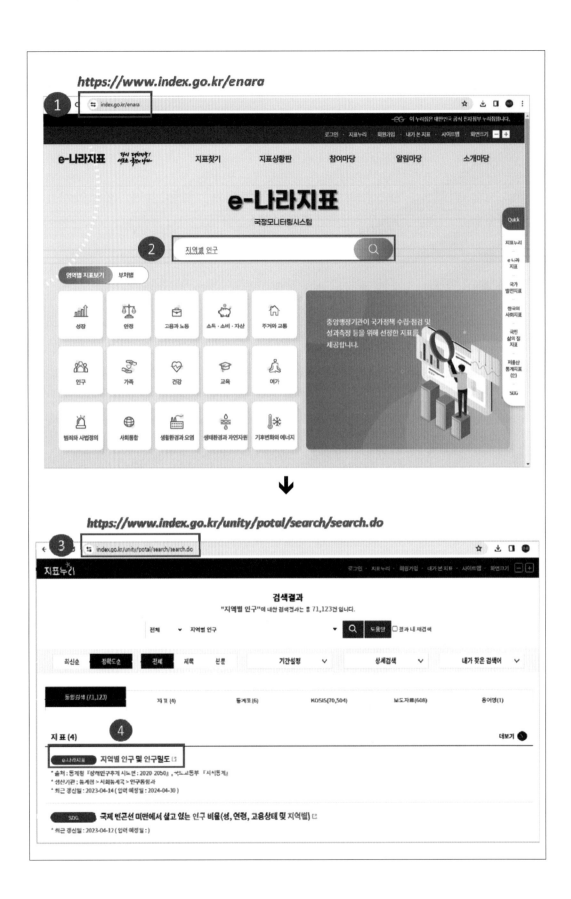

https://www.index.go.kr/unity/potal/main/EachDtlPageDetail.do?idx_cd=1007

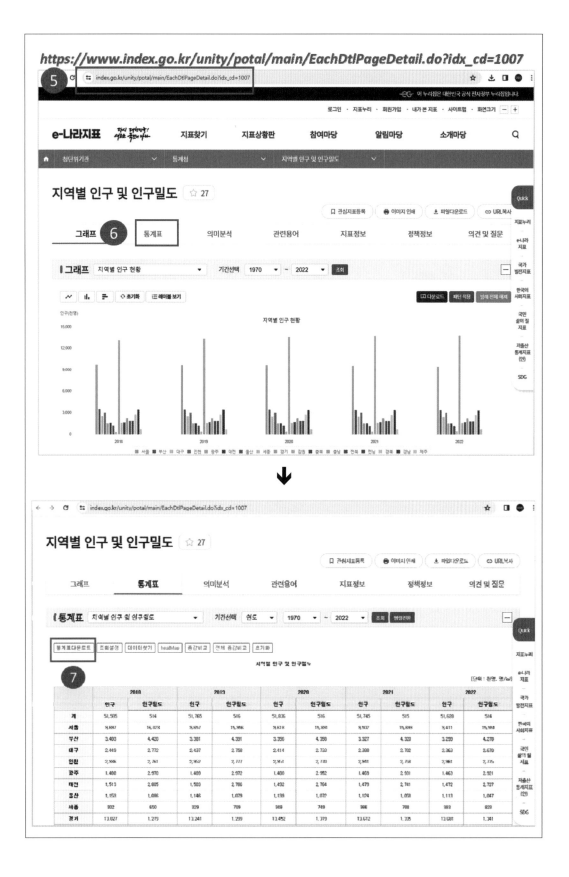

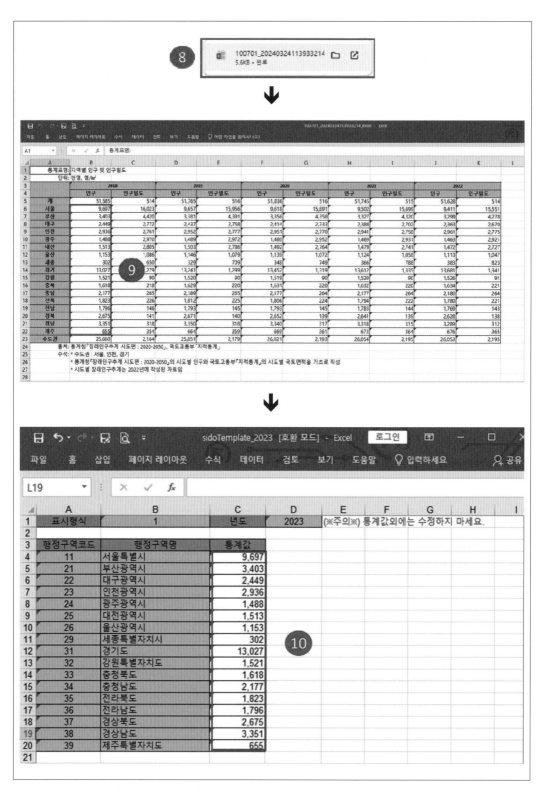

<그림 I-20> e-나라지표 웹사이트 시작 페이지에서 데이터 찾기

84

통계지도 작성에 필요한 데이터를 (나의 데이터) 불러오기 방법을 이용하여 불러오려면, SGIS플러스 회원으로 가입한 다음에, 로그인하여 나의 데이터를 만들어 두어야 한다. 회원 가입 방법은 <그림 I-21>과 같다.

<그림 I-21> SGIS플러스 회원 가입

(나의 데이터) 불러오기 방법으로 통계지도를 만드는 과정은 다음과 같다.

① 'SGIS플러스' 웹 사이트 접속

https://sgis.kostat.go.kr/view/index

→ ② '통계지도체험' 클릭

→ ③ 통계지도체험 페이지로 이동

https://sgis.kostat.go.kr/statexp/view/index

→ ④ '나의 데이터' 선택

→ ⑤, ⑥, ⑦, ⑧ 로그인 페이지로 이동하여 로그인 완료

→ ⑨ (나의 데이터에 저장된 파일 목록에서) 파일 선택

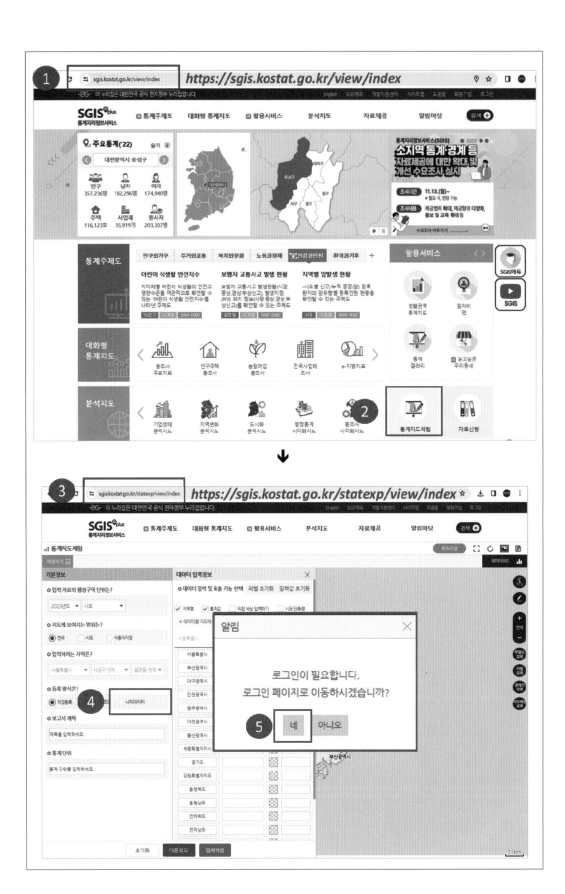

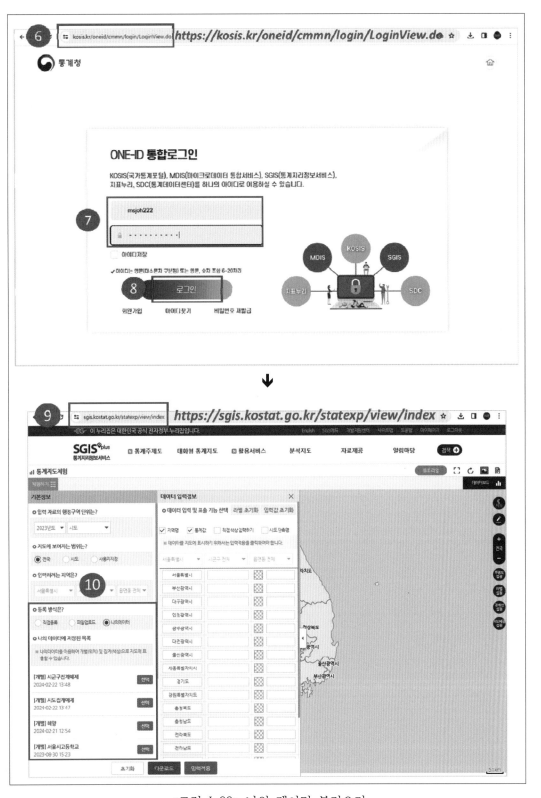

<그림 I-22> 나의 데이터 불러오기

4

대화형 통계지도 튜토리얼

4. 대화형 통계지도 튜토리얼

2024년 4월 기준, SGIS플러스기 제공히는 서비스에는 '**통계주제도**', '**대화형 통계지도**', '**활용서비스**', '**분석지도**', '**자료제공**', '**알림마당**'이 있다. 각각의 서비스는 SGIS플러스 시작 페이지 상단 메뉴바에서 선택하면 된다. 이 중, 많이 이용되는 통계주제도, 대화형 통계지도, 분석지도의 내용은 SGIS플러스 시작 페이지 중단 부분에서 바로 확인할 수 있다. SGIS플러스에 대한 홍보 동영상, 서비스 사용법 등의 자료는 시작 페이지 하단 부분에 있다.

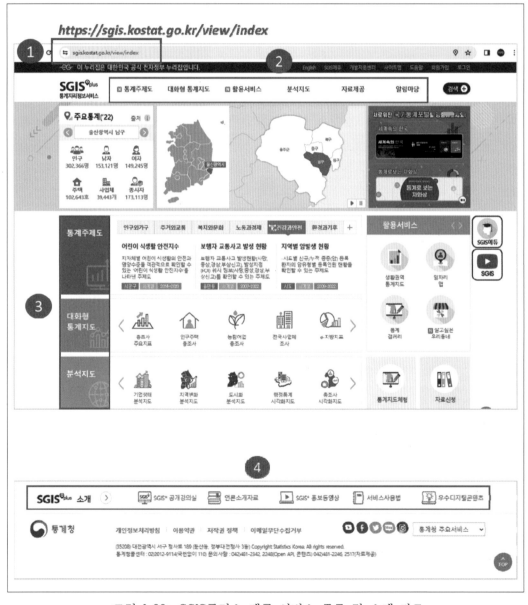

<그림 I-23> SGIS플러스 제공 서비스 종류 및 소개 자료

대화형 통계지도는 다양한 통계 항목을 사용자 조건에 맞게 검색 가능한 '**맞춤형 소지역 통계검색서비스**'를 제공하며, <표 I-11>에 보인 바와 같이 총 7종의 서비스가 제공되고 있다.

서비스명	조회 가능 정보 및 특이 사항
총조사 주요지표	총인구(명), 평균나이(세), 인구밀도(명/㎢), 노령화지수, 노년부양비, 유년부양비, 가구(가구), 평균 가구원(명), 주택(호)
	농가(가구), 농가인구_계(명), 임가(가구), 임가인구_계(명), 내수면총어가(가구), 내수명어가인구(명), 해수면총어가(가구), 해수면어가인구(명)
	※ 특별조사구(해외주재공관, 교도소·소년원, 군부대, 전투경찰대, 의무소방대 등) 및 외국인 제외
인구주택 총조사	인구조건, 가구조건, 주택조건
	※ 인구총조사: 조사기준시점(매년 11월1일0시) 현재 대한민국 영토 내에 상주하는 모든 내·외국인을 조사대상으로 함 ※ 주택총조사: 조사기준시점(매년 11월1일0시) 현재 대한민국 영토 내에 존재하는 모든 주택 및 사람이 살고 있는 주택 이외의 거처를 대상으로 조사
농림어업 총조사	농가, 임가, 어가 정보
전국 사업체 조사	지역 종합 정보
	※ 조사기반(2000년~2019년): 물리적 장소가 있는 사업체를 대상으로 조사한 자료 ※ 등록기반(2020년 이후): 조사기반 + 행정자료를 활용하여 조사한 자료
e-지방 지표	국가통계포털 KOSIS에서 서비스되고 있는 행정구역단위 통계
	※ KOSIS(KOrean Statistical Information Service)
공공 데이터	지하철승하차인구, 버스정류장 정보
나의 데이터	내가 등록한 정보 및 다른 사용자가 등록하여 공개한 정보

<표 I-11> 대화형 통계지도가 제공하는 서비스 종류

'대화형 통계지도 튜토리얼'의 세부 내용은 총조사 주요지표의 통계지도를 만드는 방법으로 이루어져 있다. 튜토리얼을 시작하는 방법은 다음과 같다.

① 'SGIS플러스' 웹 사이트 시작 페이지 접속

https://sgis.kostat.go.kr/view/index

→ ② '대화형 통계지도' 클릭 → ③ '총조사 주요지표' 클릭

→ ④ 대화형 통계지도 총조사 주요지표 시작 페이지로 이동

https://sgis.kostat.go.kr/view/map/interactiveMap/mainIndexView

→ ⑤ 상단 메뉴바 아래 오른쪽에서 **'튜토리얼'** 클릭

→ ⑥ 튜토리얼 시작 페이지로 이동

https://sgis.kostat.go.kr/jsp/tutorial/interactive/index.html

→ ⑦ 손가락이 가리키는 ' → ' 클릭

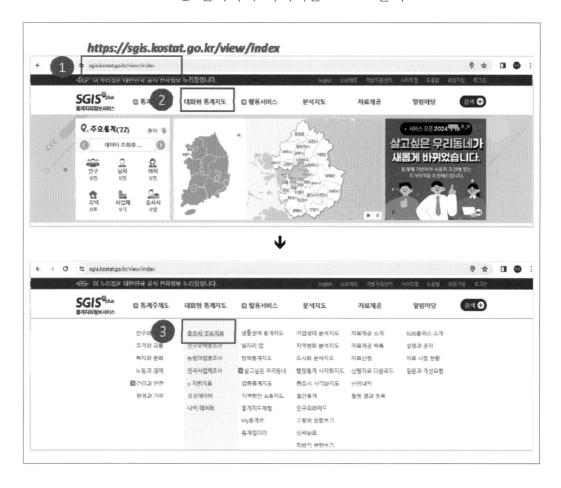

<그림 I-24> 대화형 통계지도 튜토리얼 찾아가기

왼쪽 메뉴에서 '**총조사 주요지표**'를 클릭하면 대화형 통계지도에서 '**총조사 주요지표**'를 가리키는 손 모양의 아이콘이 나타난다. '**총조사주요지표**'를 클릭하면 '**총인구(명)**'가 선택된 대화형 통계지도가 나타난다.

이 튜토리얼은 슬라이드 번호 2부터 18까지이다.

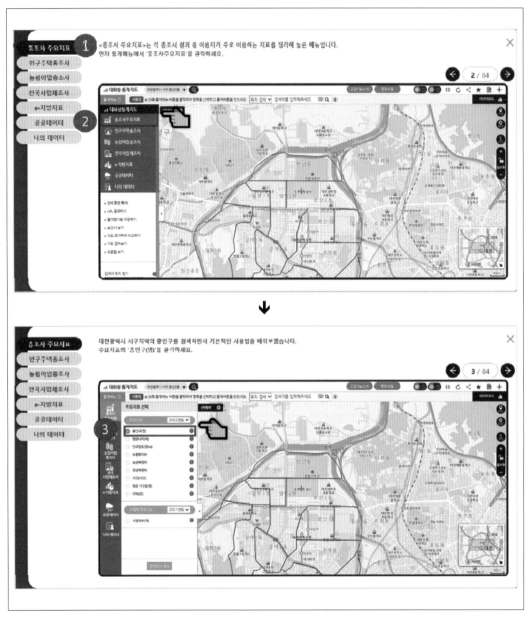

<그림 I-25> 총조사 주요지표 튜토리얼 시작하기

왼쪽 메뉴에서 '**인구주택총조사**'를 클릭하면 대화형 통계지도에서 '**인구주택총조사**'를 가리키는 손 모양의 아이콘이 나타난다. '**인구주택총조사**'를 클릭하면 '**연령(선택)**'을 가리키는 손 모양의 아이콘이 나타난다.

이 튜토리얼은 슬라이드 번호 19부터 26까지이다.

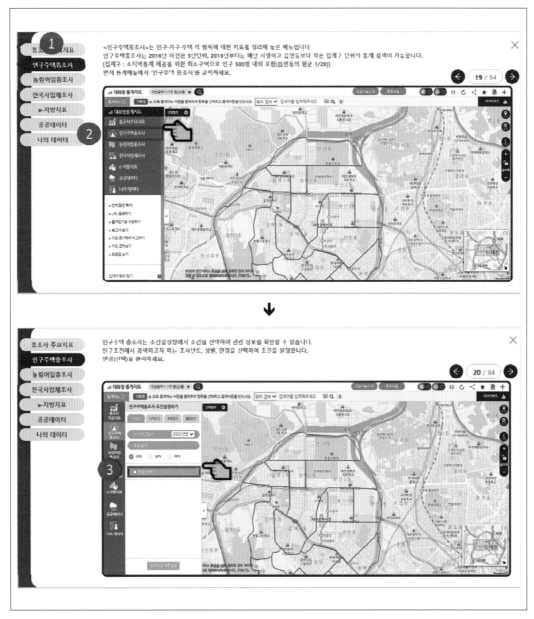

<그림 I-26> 인구주택총조사 튜토리얼 시작하기

왼쪽 메뉴에서 '**농림어업총조사**'를 클릭하면 대화형 통계지도에서 '**농림어업총조사**'를 가리키는 손 모양의 아이콘이 나타난다. '**농림어업총조사**'를 클릭하면 '**가구원 성별(선택)**'을 가리키는 손 모양의 아이콘이 나타난다.

이 튜토리얼은 슬라이드 번호 27부터 35까지이다.

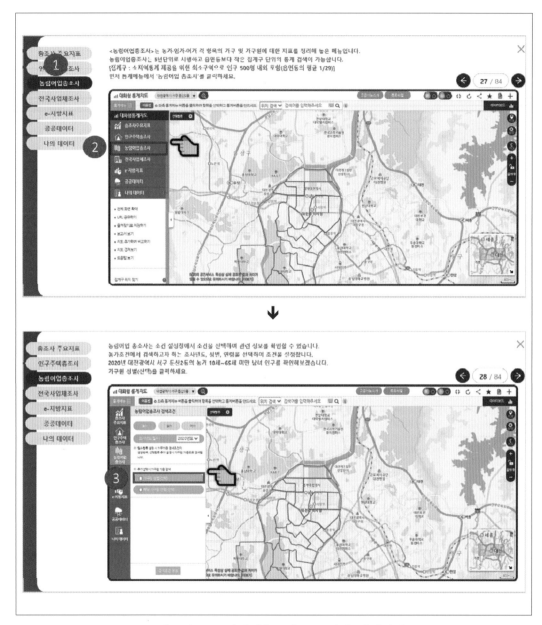

<그림 I-27> 농림어업총조사 튜토리얼 시작하기

왼쪽 메뉴에서 '**전국사업체조사**'를 클릭하면 대화형 통계지도에서 '**전국사업체조사**'를 가리키는 손 모양의 아이콘이 나타난다. '**전국사업체조사**'를 클릭하면 '**테마업종**'을 가리키는 손 모양의 아이콘이 나타난다.

이 튜토리얼은 슬라이드 번호 36부터 48까지이다.

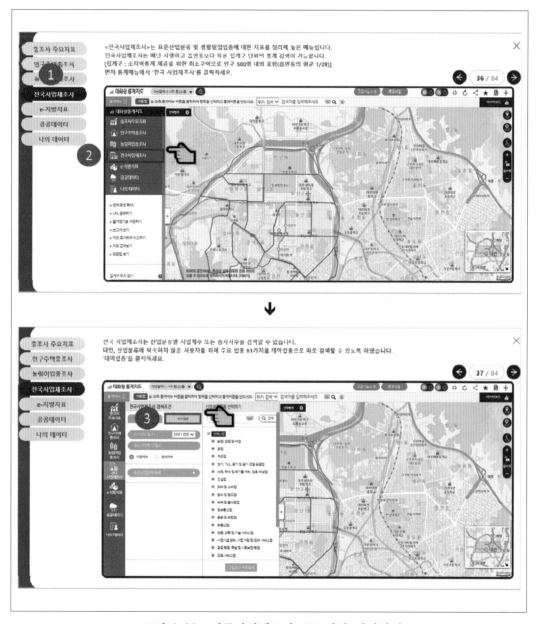

<그림 I-28> 전국사업체조사 튜토리얼 시작하기

왼쪽 메뉴에서 'e-지방지표'를 클릭하면 대화형 통계지도에서 'e-지방지표'를 가리키는 손 모양의 아이콘이 나타난다. 'e-지방지표'를 클릭하면 '인구'를 가리키는 손 모양의 아이콘이 나타난다.

이 튜토리얼은 슬라이드 번호 49부터 57까지이다.

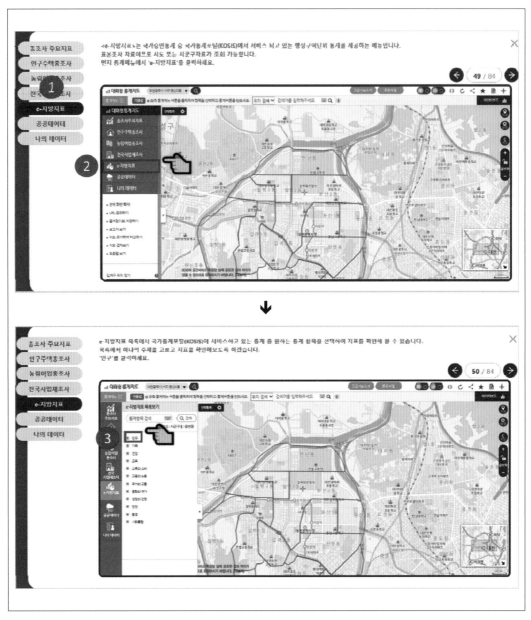

<그림 I-29> 대화형 통계지도 튜토리얼 시작하기

왼쪽 메뉴에서 '공공데이터'를 클릭하면 대화형 통계지도에서 '공공데이터'
를 가리키는 손 모양의 아이콘이 나타난다. '공공데이터'를 클릭하면 '지하철
승하차인구 정보'를 가리키는 손 모양의 아이콘이 나타난다.

이 튜토리얼은 슬라이드 번호 58부터 64까지이다.

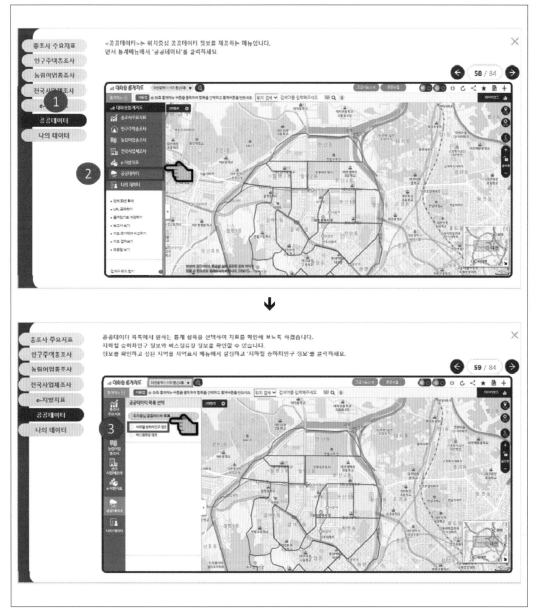

<그림 I-30> 공공데이터 튜토리얼 시작하기

왼쪽 메뉴에서 '**나의 데이터**'를 클릭하면 대화형 통계지도에서 '**나의 데이터**'를 가리키는 손 모양의 아이콘이 나타난다. '**나의 데이터**'를 클릭하면 '**나의 데이터 이동**'을 가리키는 손 모양의 아이콘이 나타난다.

이 튜토리얼은 슬라이드 번호 65부터 84까지이다.

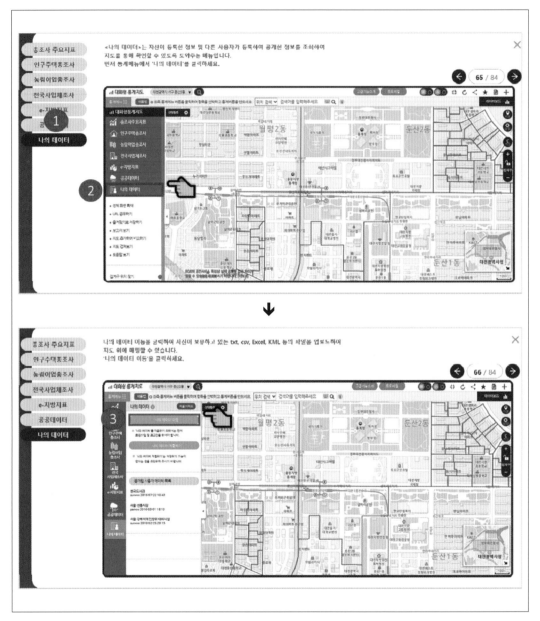

<그림 I-31> 대화형 통계지도 튜토리얼 시작하기

2023년까지 제공된 **'대화형 통계지도 튜토리얼'**의 진행 순서는 다음과 같다. 각 순서에 해당하는 상세 화면은 <그림 I-32>와 같다.

① 주요지표(총인구) 선택 → ② 검색조건 생성 버튼 클릭

→ ③ 지역 선택 창 클릭 → ④ (대전광역시 전체 선택) 확인 버튼 클릭

→ ⑤ 지도 확대 → ⑥ 항목(총인구) 선택 → ⑦ 경계 위로 이동(드래그앤드롭)

→ ⑧ 지역 통계치 확인 → ⑨ 지도 축소(-) 클릭 → ⑩ 데이터보드 클릭

→ ⑪ 표로 보기 클릭 → ⑫ 데이터 보기 클릭

→ ⑬ 데이터보드 닫기(X) 클릭 → ⑭ (다른) 범례 색상 선택

→ ⑮ 범례 환경설정 버튼 클릭 → ⑯ (범례) 타입설정 클릭

→ ⑰ 버블 (지도) 클릭 → ⑱ (지도) 초기화 버튼 클릭

→ ⑲ (지역 변경) 선택 창 클릭 → ⑳ (지역 변경) 확인 버튼 클릭

→ ㉑ 지도 축소(-) 클릭 → ㉒ (한 번 더) 지도 축소(-) 클릭

→ ㉓ 통계메뉴 클릭 → ㉔ 전국사업체조사 클릭

→ ㉕ (검색조건) 테마업종 클릭 → ㉖ 음식(점) 클릭

→ ㉗ (음식점 리스트) 카페 클릭 → ㉘ 테마조건 버튼생성 클릭

→ ㉙ 항목(카페+사업체 수) 선택 → ㉚ 경계 위로 이동(드래그앤드롭)

→ ㉛ 집계구 확인 → ㉜ 데이터보드 클릭

→ ㉝ 데이터 보기 클릭 → ㉞ 시계열 조회(2006) 클릭

→ ㉟ 시계열 조회(2010) 클릭 → ㊱ 시계열 조회(2016) 클릭

→ ㊲ 데이터보드 닫기(X) 클릭→ ㊳ 위치표시 마커(지표) 클릭

→ ㊴ 음식(점) 선택 → ㊵ 카페 선택

→ ㊶ 그룹 마커 클릭 → ㊷ 카페 마커 클릭

→ ㊸ 초기화 클릭 → ㊹ 위치표시 마커(지표) 클릭

→ ㊺ 초기화 버튼 클릭 → ㊻ 튜토리얼 종료

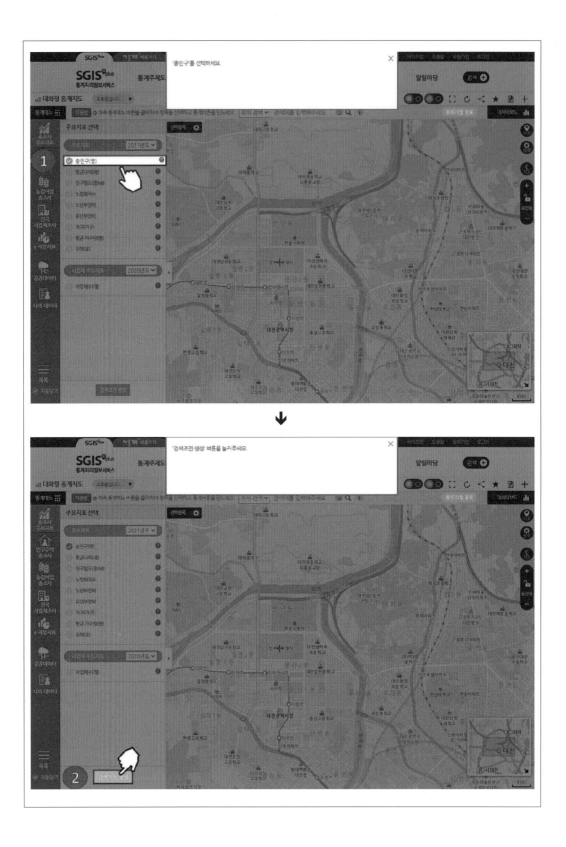

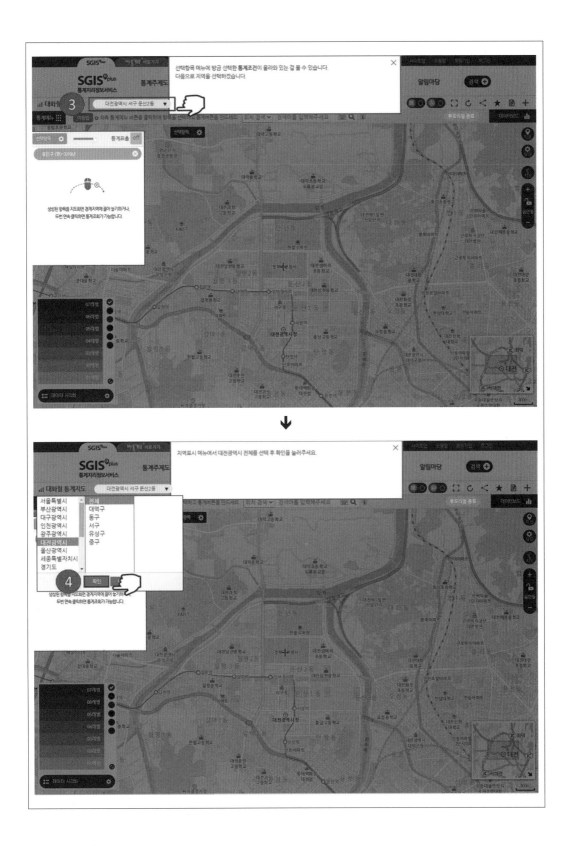

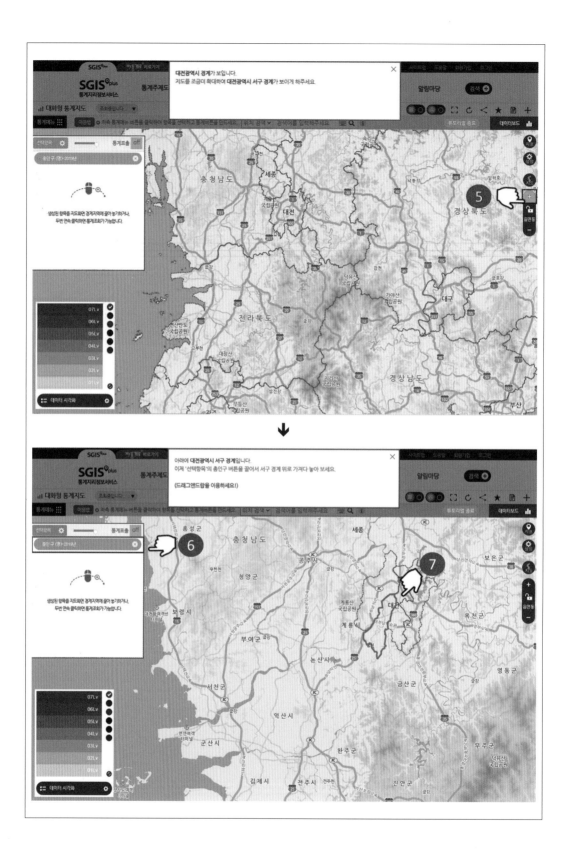

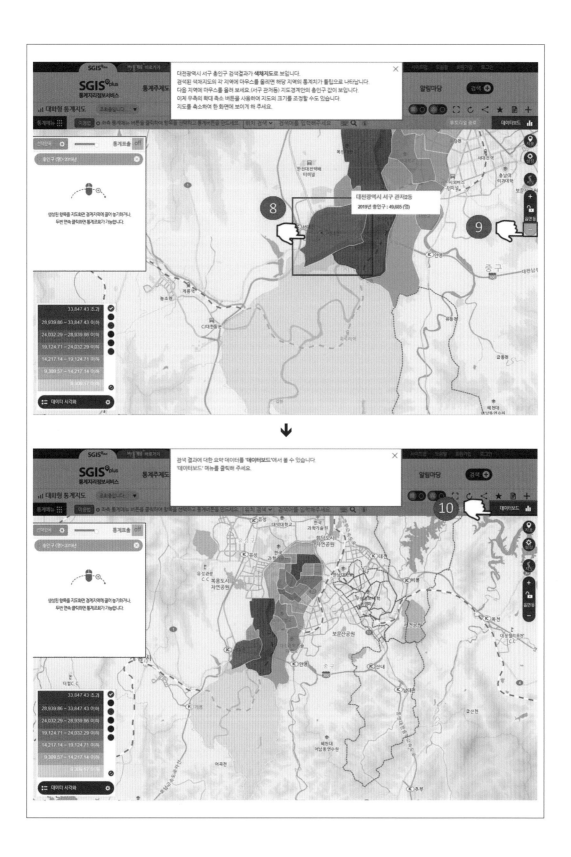

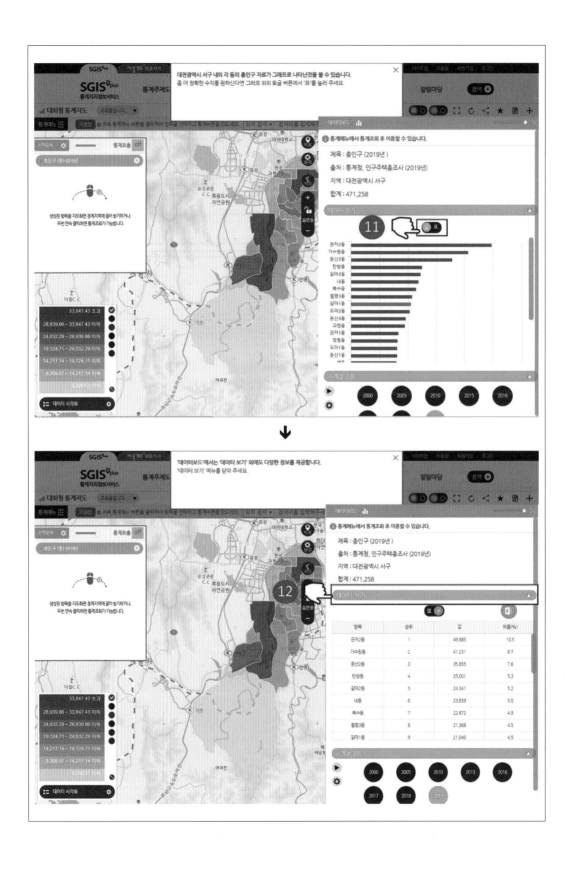

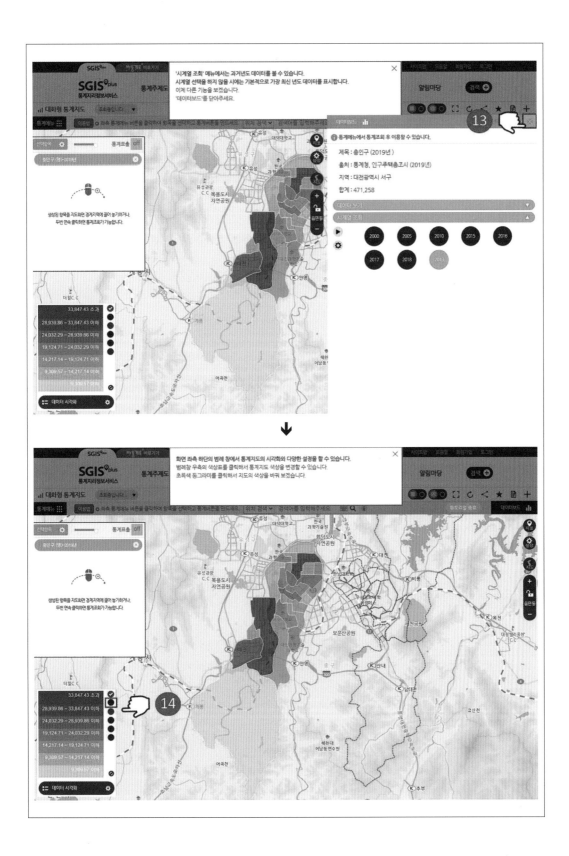

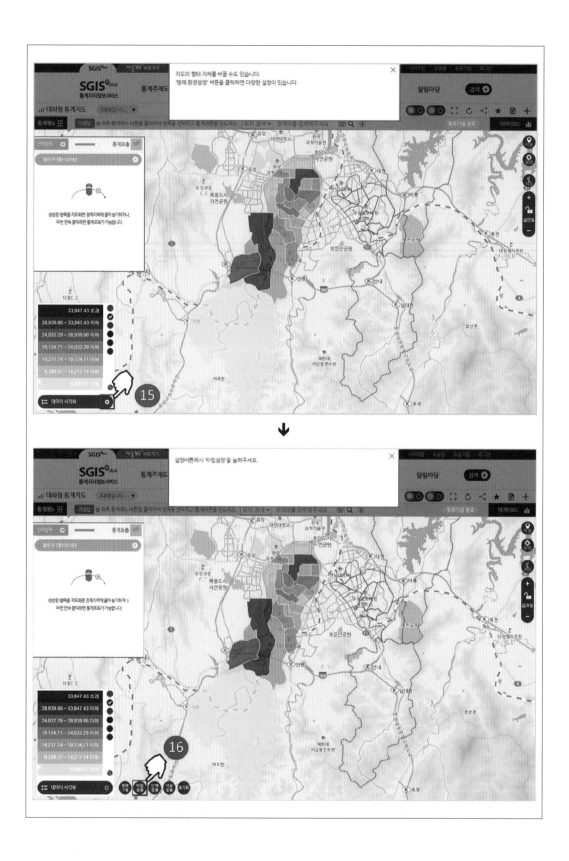

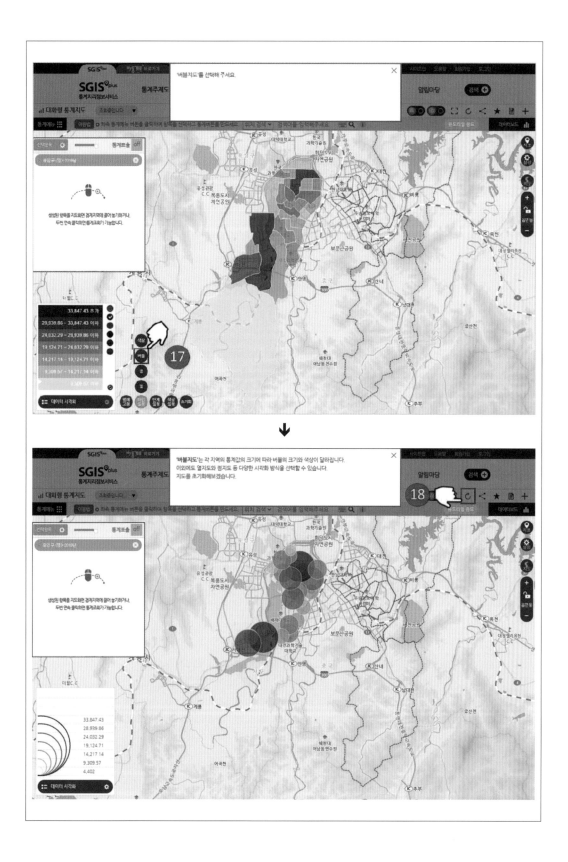

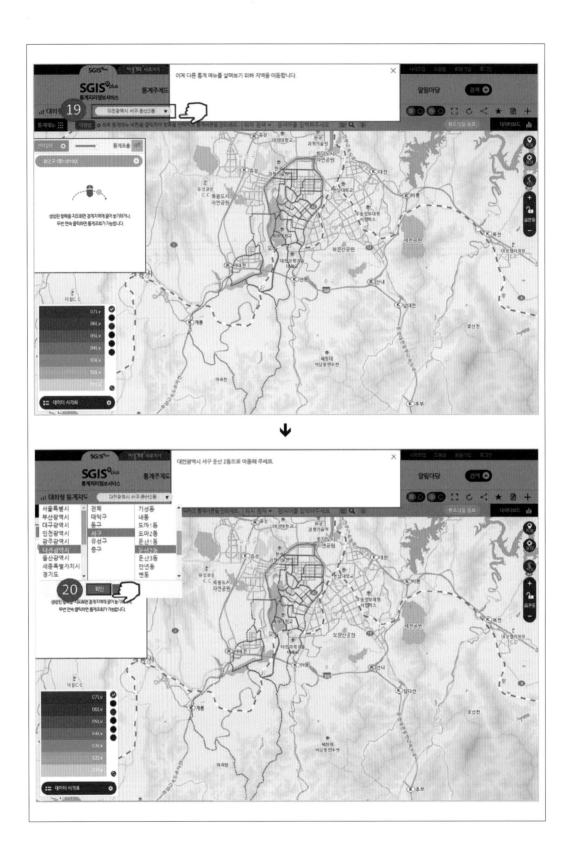

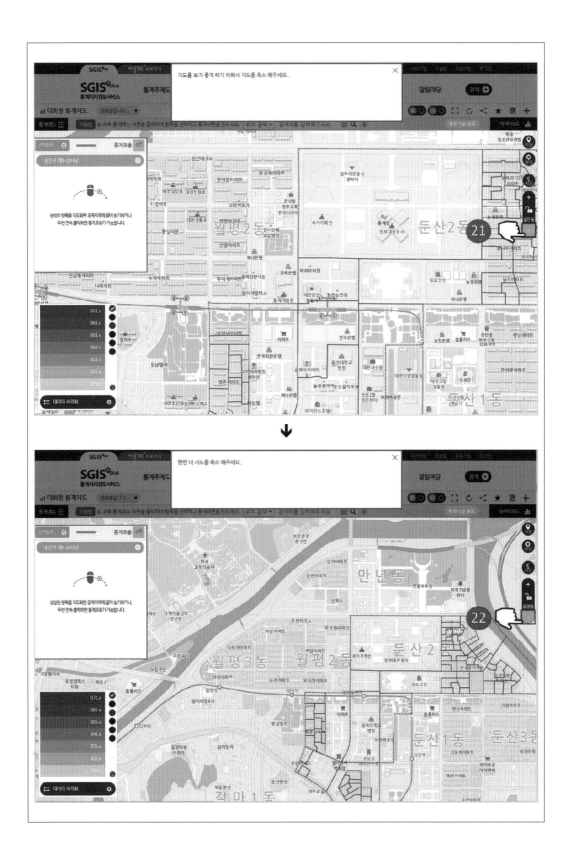

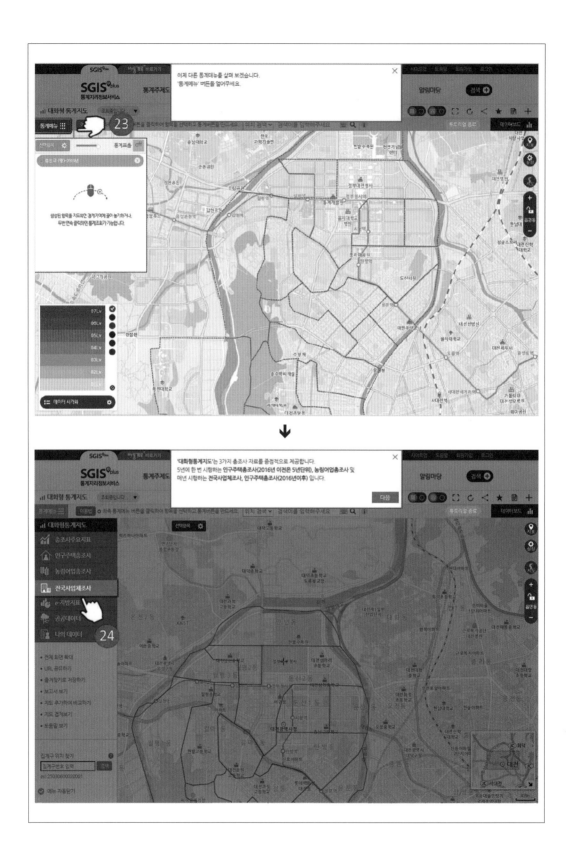

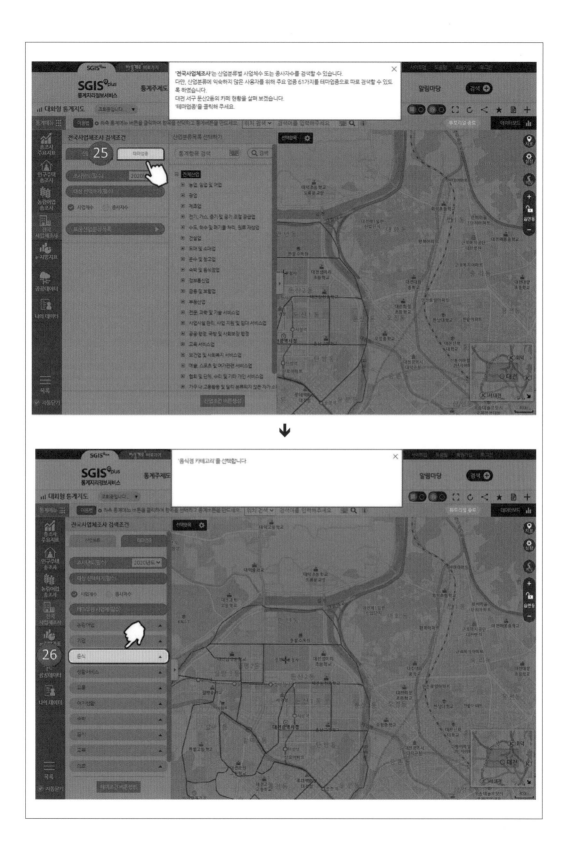

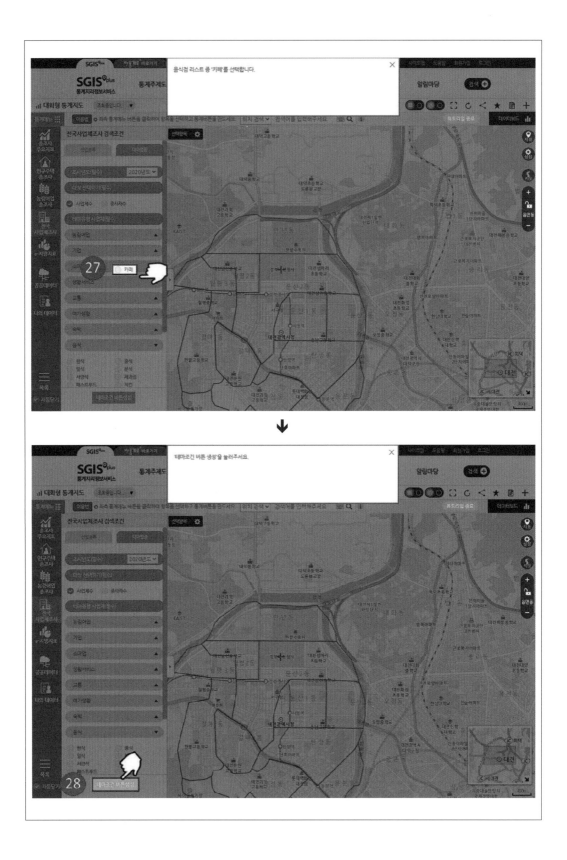

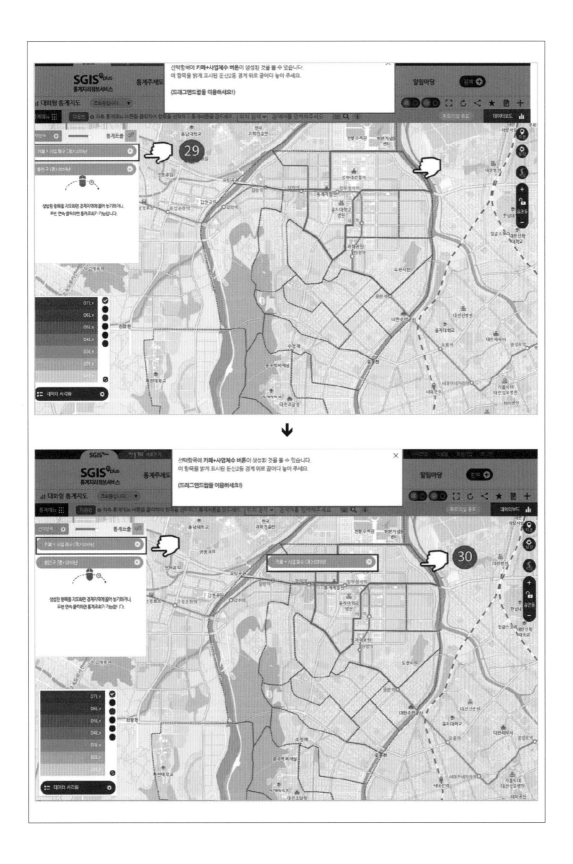

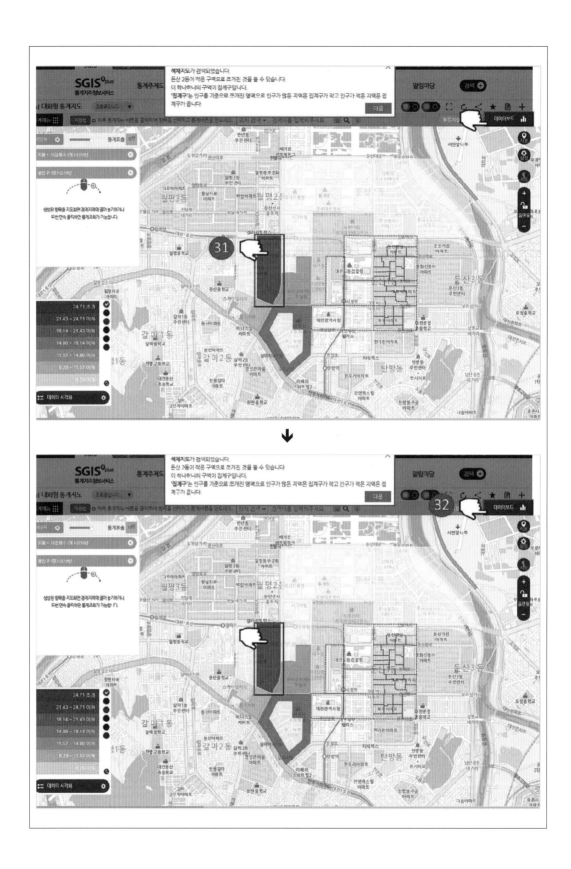

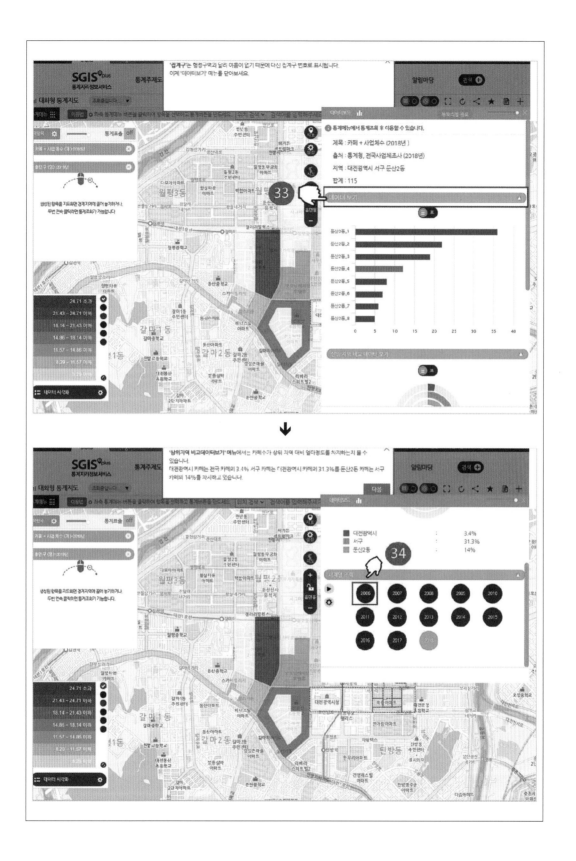

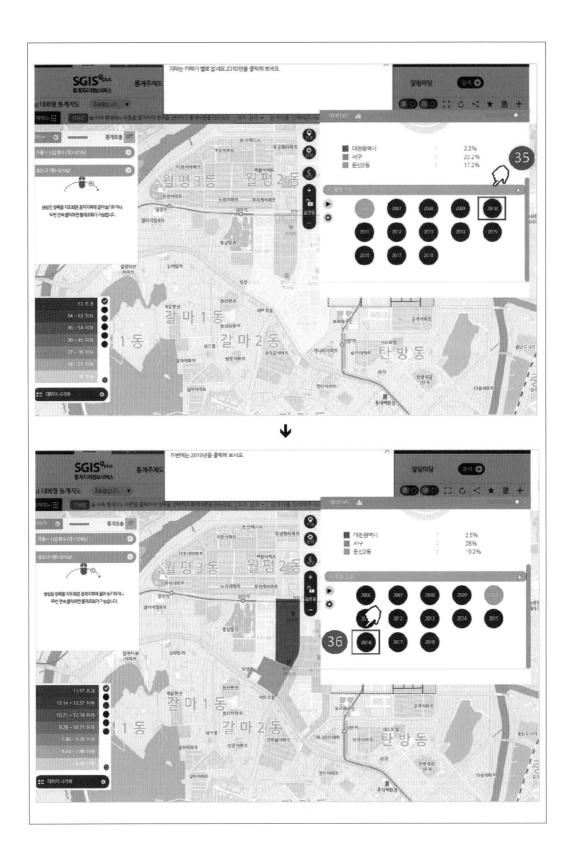

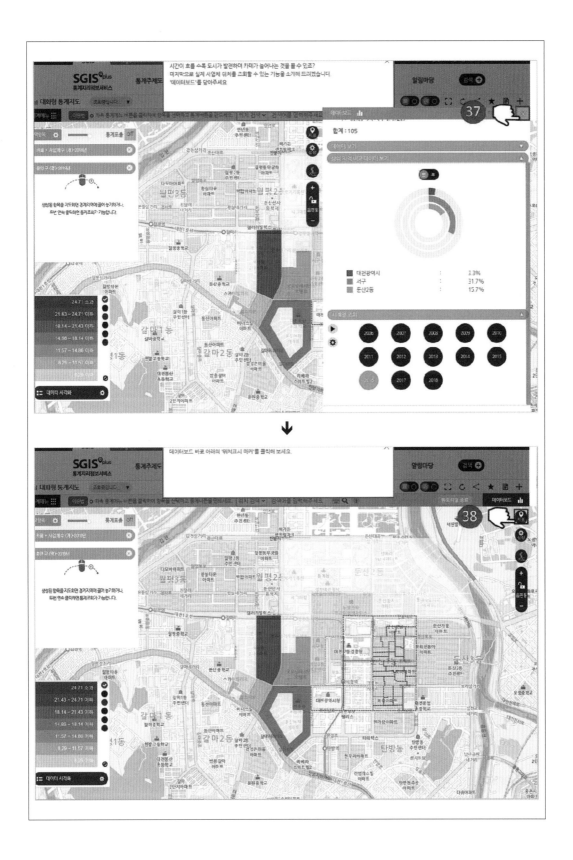

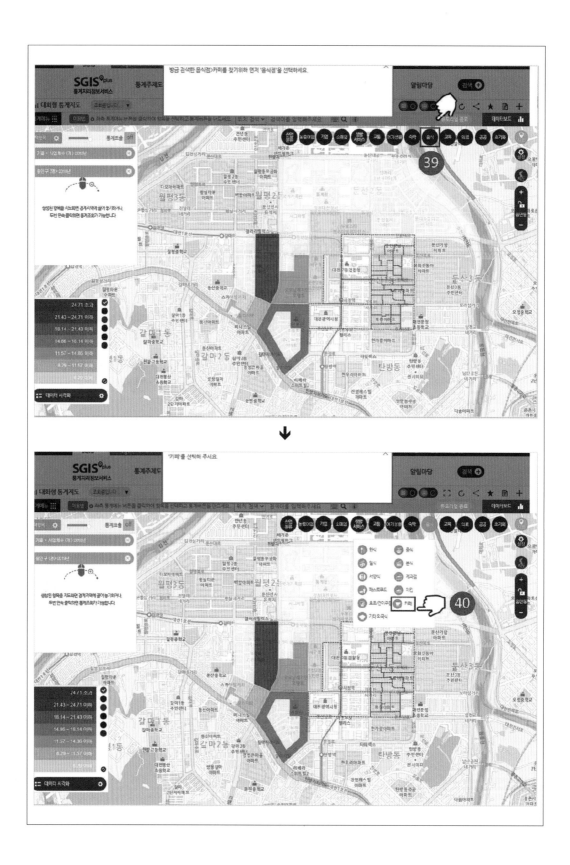

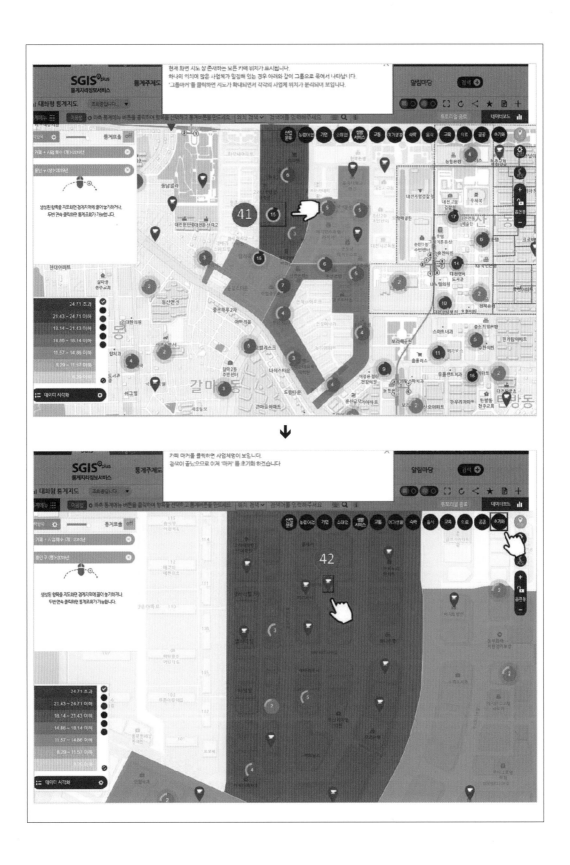

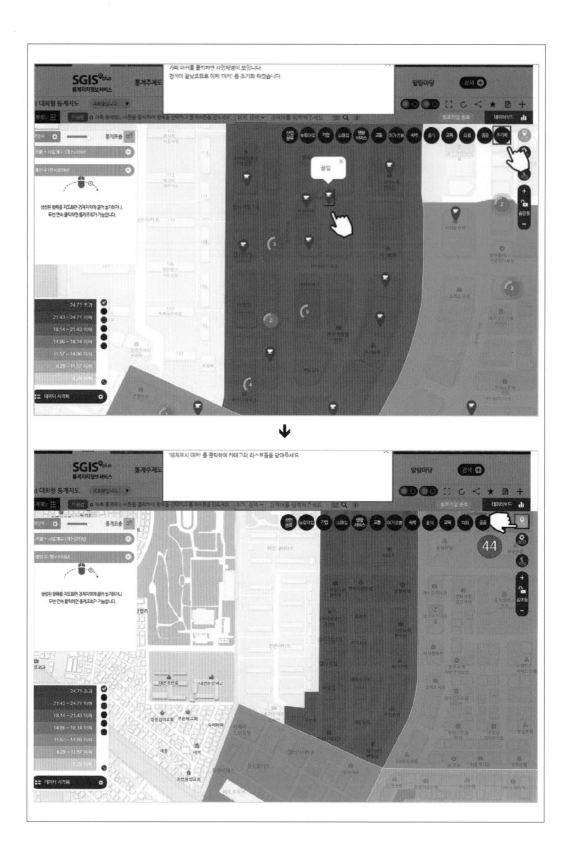

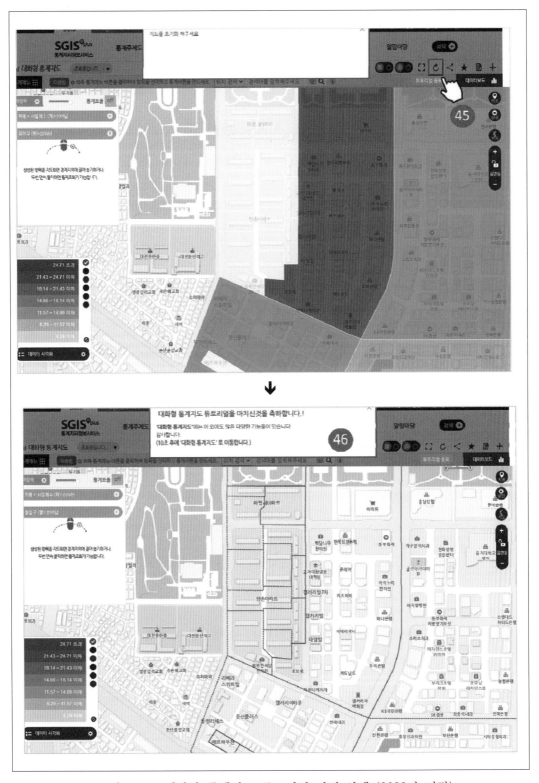

<그림 I-32> 대화형 통계지도 튜토리얼 과정 상세 (2023년 버전)

이전 버전의 '**대화형 통계지도 튜토리얼**'에는 대화형 통계지도가 제공하는 7종의 서비스 중, '총조사 주요지표'와 '전국사업체조사' 서비스만을 대상으로 하여 튜토리얼이 구성되어 있었고, 튜토리얼 시작부터 마지막까지 순차적으로 진행하도록 구성되어 있었다.

2024년 4월 기준, 최신 버전의 '**대화형 통계지도 튜토리얼**'에는 서비스 전체를 대상으로 하여 튜토리얼이 구성되어 있고, 튜토리얼을 시작한 후에 어느 단계에서도 다른 서비스의 튜토리얼로 이동할 수 있는 기능이 추가되었다.

이 책에서는 통계지도체험 튜토리얼에서 데이터를 준비하는 세 가지 방법 (직접 등록, 파일 업로드, 불러오기) 중 불러오기 방법을 이용하려면 필요한 '**나의 데이터**' 서비스 튜토리얼 과정만 정리하였다.

① 통계메뉴에서 '**나의 데이터**'를 클릭 → ② '**나의 데이터 이동**' 클릭

→ ③ '**로그인**' 클릭 → ④ '**내파일 업로드 하기**' 클릭

→ ⑤ (실습용) '**파일찾기**' 클릭 → ⑥ '**열기**' 클릭

→ ⑦ '**나의 데이터를 POI로 표출하기**' 클릭

→ ⑧ (지도에 표시할 X, Y 좌표 생성을 위해) '**주소 필드 선택**' 클릭

→ ⑨ (지오코딩을 위해) '**확인**' 클릭

→ ⑩ (생성된 데이터 저장을 위해) '**저장 후 데이터편집**' 클릭

→ ⑪ (업로드한 데이터 확인 후) '**다음**' 클릭

→ ⑫ (대화형 통계지도에서) '**나의 데이터**' 클릭

→ ⑬ (나의 데이터에 저장된 목록 확인 후) '**Sample 항목**' 클릭

→ ⑭ (명칭, 주소, A(권리금) 선택 후) '**적용**' 클릭

→ ⑮ (표출 정보 확인을 위해) '**마커**' 클릭 → ⑯ '**열지도**' 클릭

→ ⑰ (열지도 가중치 적용할 컬럼을 월세로 설정 후) '**적용**' 클릭

→ ⑱ (가중치 옵션이 적용된 열지도 확인 후) '**다음**' 클릭

→ ⑲ (그룹화 적용할 컬럼을 권리금으로 설정 후) '**그룹**' 클릭

→ ⑳ (그룹화가 적용된) 최종 결과 확인

<나의 데이터>는 자신이 등록한 정보 및 다른 사용자가 등록하여 공개한 정보를 조회하여
지도를 통해 확인할 수 있도록 도와주는 메뉴입니다.
먼저 통계메뉴에서 '나의 데이터'를 클릭하세요.

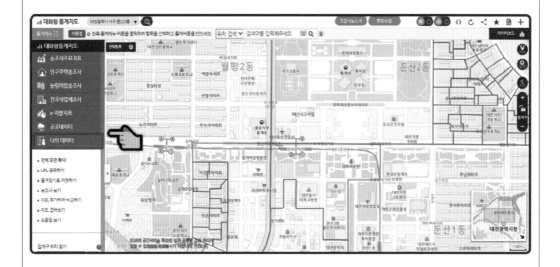

나의 데이터 이동을 클릭하여 자신이 보유하고 있는 txt, csv, Excel, KML 등의 파일을 업로드하여
지도 위에 매핑할 수 있습니다.
'나의 데이터 이동'을 클릭하세요.

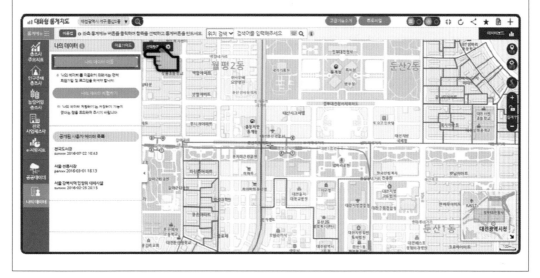

로그인 한 상태가 아니라면 로그인 화면으로 이동합니다.
아이디가 존재하지 않는다면 회원가입 후 로그인 해주세요.
아이디와 비밀번호를 입력하신 후, '로그인'버튼을 클릭하세요.

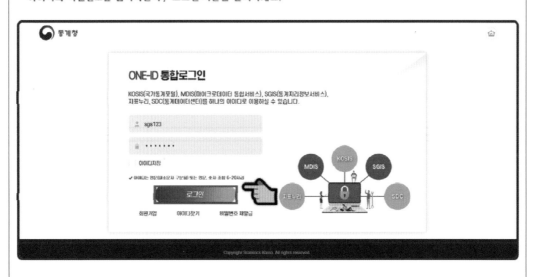

사용자의 업로드된 데이터 목록이 나타납니다.
업로드한 데이터가 없기 때문에 파일을 업로드 해야 됩니다.
'내파일 업로드 하기'를 클릭하세요.

파일 찾기를 통해 업로드 할 파일을 선택합니다.
※ 1회당 업로드 제한(3500row/ 10 column(엑셀,CSV,TXT))
'파일찾기' 버튼을 클릭하세요.

실습을 위해서 sample.xlsx 파일을 업로드하겠습니다.
'열기' 버튼을 클릭하세요.

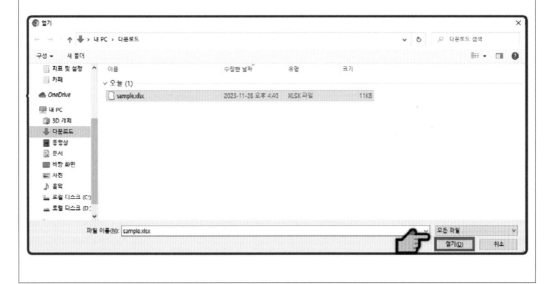

업로드한 데이터를 대화형 통계지도에서 사용할 수 있도록 지오코딩을 수행합니다.
지오코딩은 통계지도에서 사용하는 좌표 체계로 위치를 조회하기 위한 작업입니다.
'나의 데이터를 POI로 표출하기'버튼을 클릭하세요.

팝업창에서 지도에 표시할 X,Y좌표를 생성하기 위해서 주소를 이용하여 지오코딩을 하겠습니다.
'주소 필드 선택'버튼을 클릭하세요.

주소로 지오코딩을 수행하기 위해서 주소 데이터가 들어있는 필드 **E**를 선택하여
위치를 나타낼 수 있는 **X,Y**좌표를 생성하겠습니다.
'확인'버튼을 클릭하세요.

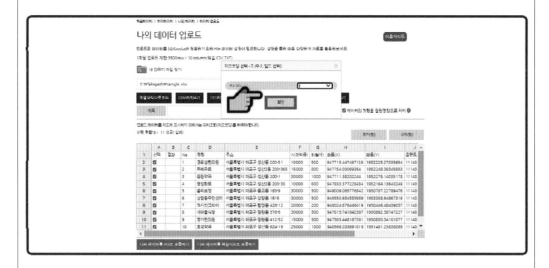

생성된 **X,Y**좌표가 포함된 데이터를 저장하여 나의 데이터 업로드를 마칩니다.
'저장 후 데이터편집'버튼을 클릭하세요.

129

Sample이란 이름으로 업로드한 데이터가 생성된 화면을 확인할 수 있습니다.
'다음'버튼을 클릭하세요.

업로드한 데이터를 이용하여 정보를 확인할 수 있도록 나의 데이터로 이동하겠습니다.
대화형 통계지도의 '나의 데이터'를 클릭하세요.

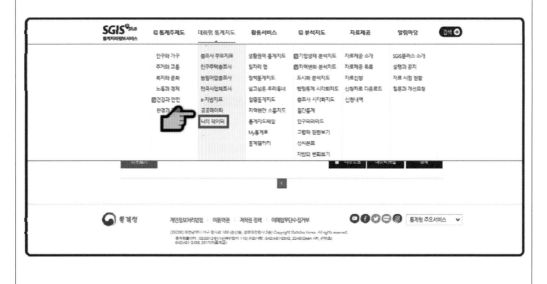

나의 데이터에 저장된 목록에 업로드한 **sample** 항목이 생성된 모습을 확인할 수 있습니다.
'Sample 항목'을 클릭하세요.

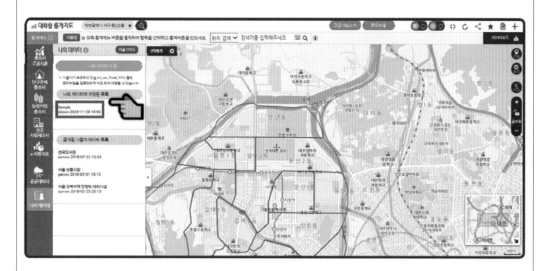

Sample항목에 저장된 데이터가 **POI**로 표출되는 모습을 확인할 수 있습니다.
데이터 표출 정보 설정을 통해서 마커 클릭 시 나타낼 정보를 설정할 수 있습니다.
명칭, 주소, A(권리금)을 선택한 후 '적용버튼'을 클릭하세요.

설정한 표출 정보가 잘 적용됐는지 확인해 보겠습니다.
'마커'를 클릭해서 표출정보를 확인해보세요.

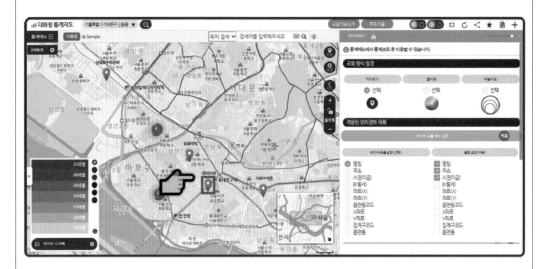

설정한 표출 정보가 잘 나타나는 모습을 확인할 수 있습니다.
데이터 보드의 조회방식에서 POI보기, 열지도, 버블지도를 클릭하면 조회 방식 변경이 가능합니다.
조회 방식 설정에서 열지도를 선택하면 열지도 유형으로 지도가 바뀝니다.
'열지도'를 클릭하세요.

POI보기에서 열지도로 바뀐 모습을 확인할 수 있습니다.
또한 열지도 가중치 컬럼 선택에서 가중치 옵션을 적용하여 열지도 가중치를 변경할 수 있습니다.
월세를 적용해서 확인해보겠습니다.
'적용 버튼'을 클릭하세요.

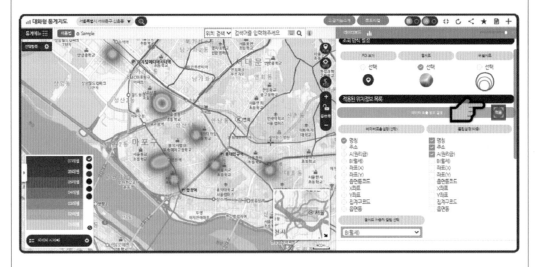

가중치 옵션(월세)이 적용되어 변화한 열지도 모습을 확인할 수 있습니다.
또 다른 기능인 그룹화 옵션에 대해 확인해보겠습니다.
'다음'버튼을 클릭하세요.

그룹화 옵션은 같은 값을 가진 데이터를 같은 색깔로 나타내는 기능입니다.
그룹화를 적용할 컬럼을 권리금으로 설정해서 확인해보겠습니다.
'그룹 버튼'을 클릭하세요.

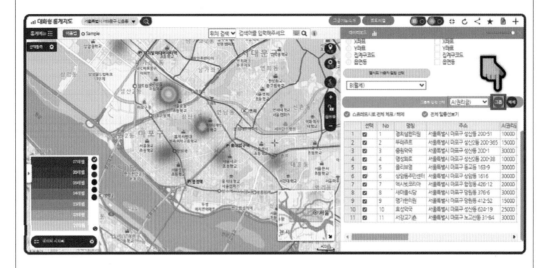

그룹화가 적용되어 권리금이 같은 사업체들이 동일한 색깔로 나타나는 모습을 확인할 수 있습니다.

<그림 I-33> 나의 데이터 튜토리얼 (2024년 버전)

2024년 4월 기준, **SGIS플러스 대화형 통계지도 '나의 데이터'** 서비스에는 공개된 사용자 데이터 3종(전국도서관, 서울 전통시장, 서울 강북지역 민방위 대피시설)이 포함되어 있다.

<그림 I-34> 대화형 통계지도의 나의 데이터 시작 화면

5

대화형 통계지도
기본조작 방법

5. 대화형 통계지도 기본조작 방법

대화형 통계지도가 제공하는 서비스의 주요 특징은 다음과 같다.

○ 인구, 주택, 가구, 사업체 통계조사[1] 및 행정구역통계 등 다양한 통계 정보를 지역 단위로 자유롭게 조회할 수 있음

○ 다양한 통계 항목을 조건별로 세분화하여 사용자의 관심 항목에 따라 조회할 수 있음

○ 원하는 통계 항목을 미리 설정한 다음, 관심 항목을 지도상의 지역에 끌어놓기, 또는 선택항목을 두 번 연속 클릭하여 조회할 수 있음

○ 주요 기능

- **통계 검색조건 설정**: 인구, 주택, 가구, 사업체 등 통계정보 조회를 위한 다양한 검색조건 설정 가능

- **통계 정보 표출**: 통계 검색조건에 부합하는 선택 지역의 통계정보를 통계지도 위에 시각화하여 표출 가능

- **관심 지점(point of interest, POI) 마커 표출**: 사용자가 선택한 분류에 해당하는 사업체 위치를 통계지도 위에 마커 형태로 표출 가능

- **사용자 데이터 표출**: 개인 데이터를 SGIS플러스로 불러들이기(upload, 업로드)를 하여 통계지도 위에 표출 및 분석 가능

- **다중뷰**: 통계지도를 여러 개 표출하여 동일 조건에 대한 지역별 차이를 비교, 또는 동일 지역에 대한 서로 다른 통계조건의 비교 가능

대화형 통계지도의 기본조작 방법은 다음과 같이 총 8종이 제공되고 있다.

---

① 지도 표출 및 경계 표출 ② 지도창 조작 방법

③ 지도상에서의 측정방법 ④ POI(관심지점) 조회방법

⑤ 통계버튼 목록 관리 ⑥ 시계열 통계 조회 ⑦ 다중뷰 통계 조회

⑧ 데이터 업로드 이용방법

---

[1] 행정의 기초 자료를 얻기 위해 정부가 전국적으로 행하는 인구 동태 및 그것에 부수하는 여러 가지 조사. 10년마다 정식 조사를 하고 그 중간의 5년째에 간단한 조사를 함. 국세 조사. 인구 조사 등이 있음. 센서스(census)의 순화어는 통계조사임.

대화형 통계지도의 기본조작 방법을 설명하는 페이지는 SGIS플러스 시작 페이지에서 바로 가는 방법은 없으며, ① → ⑩의 순서를 거쳐서 찾아갈 수 있다. 기본조작 방법 8종에 대한 설명 페이지를 찾아가는 방법은 ⑪ → ㉖의 순서로 이동하거나, URL을 입력하여 바로 찾아갈 수 있다.

① 'SGIS플러스' 웹 사이트 시작 페이지 접속

https://sgis.kostat.go.kr/view/index

→ ② 시작 페이지 상단 메뉴바에서 **'알림마당'** 클릭

→ ③ 알림 마당 메인 페이지로 이동

https://sgis.kostat.go.kr/view/board/sopBoardMain

→ ④ 알림마당 서브 메뉴에서 **'SGIS플러스 소개'** 클릭

→ ⑤ SGIS플러스 소개 페이지로 이동

https://sgis.kostat.go.kr/view/board/sopIntro01

→ ⑥ 왼쪽 메뉴 창에서 **'SGIS플러스 주요 서비스 안내'** 클릭

→ ⑦ SGIS플러스 주요 서비스 안내 페이지로 이동

https://sgis.kostat.go.kr/view/board/sopIntro02

→ ⑧ 대화형 통계지도 **'서비스 안내'** 클릭

→ ⑨ 서비스 안내 설명 페이지로 이동

https://sgis.kostat.go.kr/view/newhelp/in_help_10_0

→ ⑩ 왼쪽 메뉴 창에서 **'기본조작 방법'** 클릭

→ ⑪ 기본조작 방법 설명 페이지로 이동

https://sgis.kostat.go.kr/view/newhelp/in_help_20_0

→ ⑫ 첫 번째 메뉴 **'지도표출 및 경계 표출'** 클릭

→ ⑬ 두 번째 메뉴 **'지도창 조작방법'** 클릭

→ ⑭ 지도창 조작방법 설명 페이지로 이동

https://sgis.kostat.go.kr/view/newhelp/in_help_20_1

→ ⑮ 세 번째 메뉴 **'지도창에서의 측정방법'** 클릭

→ ⑯ 지도창에서의 측정방법 설명 페이지로 이동

https://sgis.kostat.go.kr/view/newhelp/in_help_20_3

→ ⑰ 네 번째 메뉴 **'POI(관심지점)²⁾ 조회방법'** 클릭

→ ⑱ POI(관심지점) 조회방법 설명 페이지로 이동

https://sgis.kostat.go.kr/view/newhelp/in_help_20_4

→ ⑲ 다섯 번째 메뉴 **'통계버튼 목록 관리'** 클릭

→ ⑳ 통계버튼 목록 관리 설명 페이지로 이동

https://sgis.kostat.go.kr/view/newhelp/in_help_20_5

→ ㉑ 여섯 번째 메뉴 **'시계열 통계조회'** 클릭

→ ㉒ 시계열 통계조회 설명 페이지로 이동

https://sgis.kostat.go.kr/view/newhelp/in_help_20_6

→ ㉓ 일곱 번째 메뉴 **'다중뷰 통계조회'** 클릭

→ ㉔ 다중뷰 통계조회 설명 페이지로 이동

https://sgis.kostat.go.kr/view/newhelp/in_help_20_7

→ ㉕ 마지막 (여덟 번째) 메뉴 **'데이터 업로드 이용방법'** 클릭

→ ㉖ 데이터 업로드 이용방법 설명 페이지로 이동

https://sgis.kostat.go.kr/view/newhelp/in_help_20_9

---

2) POI(관심지점, Point of Interest)는 주요 시설물, 역, 공항, 터미널, 호텔 등을 좌표로 전자 수치 지도에 표시하는 데이터로, 특정인이 관심을 가지는 지도나 도면상의 특정 위치를 말함

https://sgis.kostat.go.kr/view/board/sopIntro02

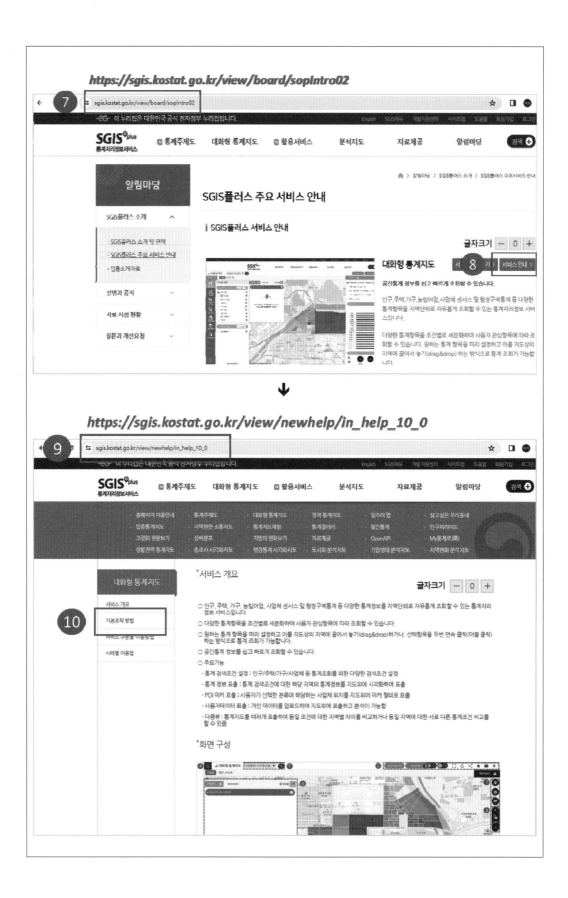

https://sgis.kostat.go.kr/view/newhelp/in_help_10_0

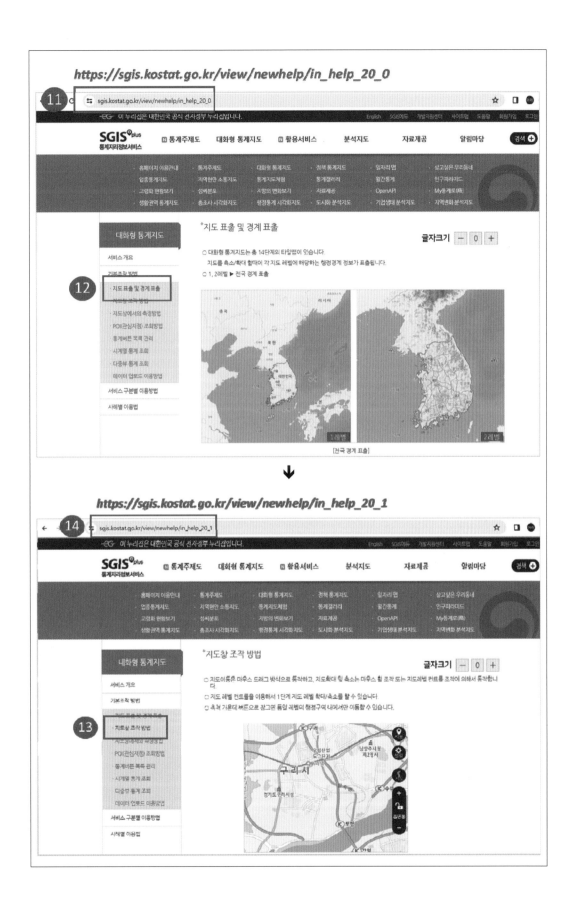

https://sgis.kostat.go.kr/view/newhelp/in_help_20_0

https://sgis.kostat.go.kr/view/newhelp/in_help_20_1

https://sgis.kostat.go.kr/view/newhelp/in_help_20_3

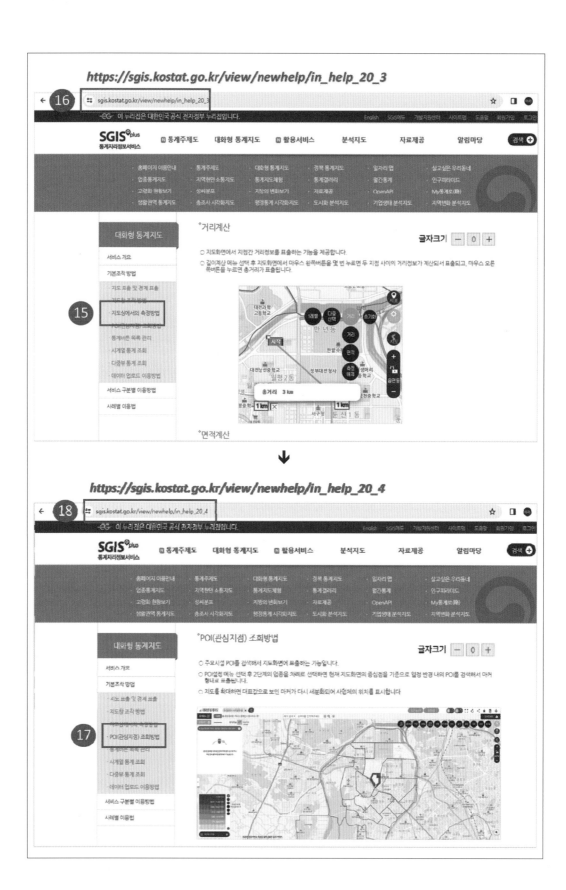

https://sgis.kostat.go.kr/view/newhelp/in_help_20_4

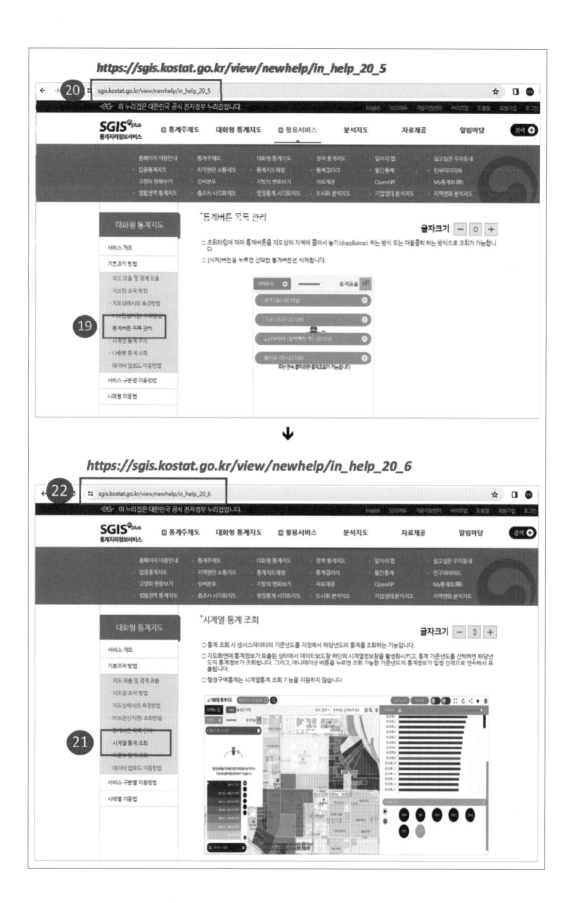

https://sgis.kostat.go.kr/view/newhelp/in_help_20_5

https://sgis.kostat.go.kr/view/newhelp/in_help_20_6

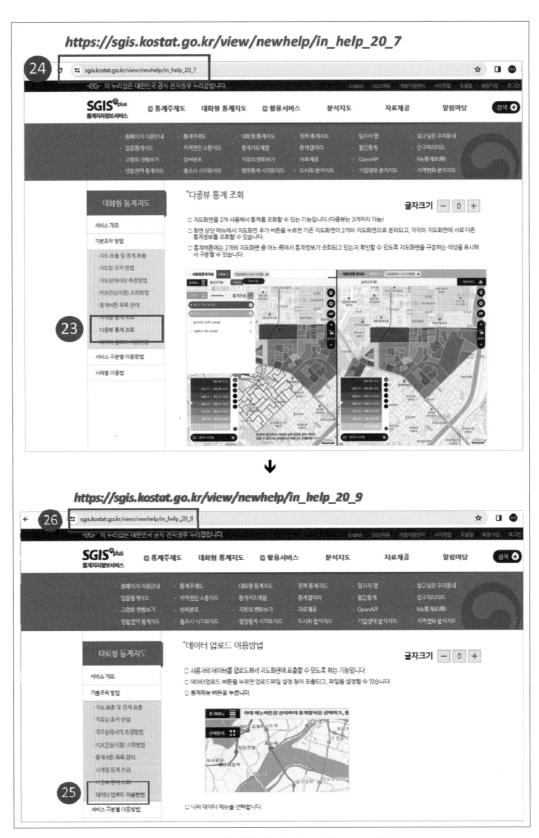

<그림 I-35> 대화형 통계지도 기본조작 방법

대화형 통계지도 '**지도표출 및 경계표출**'방법에서 사용되는 타일맵(일정한 크기와 모양을 가진 그림 조각)은 총 14개가 있다. 타일맵은 여러 개의 층이 겹쳐서 표시되는 구조이며, 큰 배경 지도를 적은 메모리로도 사용할 수 있는 것이 장점이다.

대화형 통계지도를 축소(-) 또는 확대(+)할 때에 각 지도 레벨에 해당하는 행정경계 정보는 <그림 I-36>에 보인 바와 같이 표출된다.

○ 1, 2레벨 ▶ 전국 경계 표출

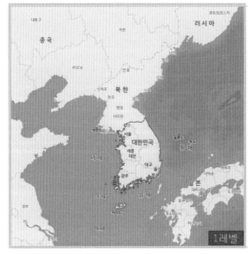 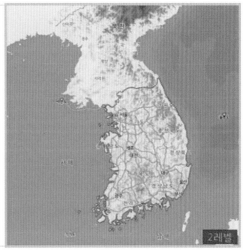

○ 3, 4레벨 ▶ 시/도 경계 표출

○ 5, 6레벨 ▶ 시/군/구 경계 표출

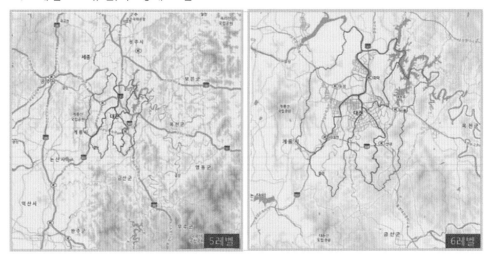

○ 7, 8, 9레벨 ▶ 읍/면/동 경계 표출

○ 10, 11레벨 ▶ 집계구 경계 표출

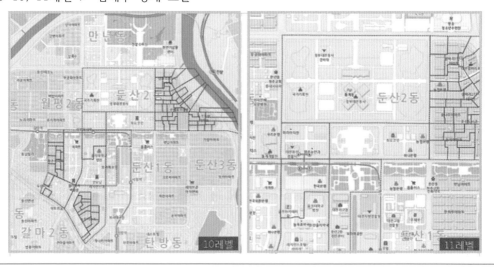

○ 12, 13레벨 ▶ 집계구 경계 표출

○ 14레벨 ▶ 집계구 경계 표출

<그림 I-36> 지도 및 지역 경계 표출

집계구(output area)는 기초단위구(basic unit district)를 기반으로 인구 규모(최적 500명), 사회·경제적 동질성(주택유형, 지가), 집계구의 형상을 고려하여 구축한 최소 통계 집계구역이다.

통계청은 전수조사 자료를 읍면동보다 더 작은 소지역단위(집계구)로 집계하여 서비스하고 있다. 집계구는 다음과 같은 특징이 있다.

- 개인정보보호 및 통계적 유의성 확보를 위하여 최소인구 300명, 최적 인구 500명, 최대인구 1,000명을 설정

- 건물을 단독, 아파트, 비거주용으로 분류, 기초단위구별로 주택유형을 분석하고, 이를 기반으로 집계구가 유사한 주택유형을 가지도록 함

- 필지별 지가를 이용해 기초단위구의 평균지가를 산정하고, 이를 기반으로 집계구가 유사한 평균지가를 가지도록 함

- 집계구 형상은 가시적 측면에서 단순한 형태를 가지도록 함, 정방형이 가장 이상적임

기초단위구는 도로, 하천, 철도, 산능선 등과 같은 준항구적인 명확한 지형지물을 이용하여 지도상에 구획한 최소단위구역이다. 가구수에 상관없이 블록 단위로 구획하고, 아파트 지역은 건물 동 단위로 구획하며, 명확한 지형지물이 없을 경우에는 통리 경계를 이용하여 구획한다.

센서스 및 통계 서비스를 목적으로 전국을 특정 기준으로 구획한 경계로 구성된 전자 지도 데이터베이스(센서스 경계 DB)에는 센서스용 행정구역 경계, 기초단위구 경계, 조사구 경계, 집계구 경계가 포함되어 있다.

지도이동은 마우스를 이용한 드래그[3] 방식으로 동작하고, ① 지도확대(-), ② 지도축소(+)는 마우스 휠 조작 또는 지도레벨 컨트롤 조작으로 동작한다. 지도레벨 컨트롤을 이용해서 1단계 지도 레벨 확대/축소를 할 수 있다. 축척 가운데 버튼으로 잠그면 동일 레벨의 행정구역 내에서만 이동할 수 있다.

---

3) 마우스 드래그(drag) 또는 마우스 끌기는 마우스의 왼쪽 버튼을 누른 상태에서 마우스를 다른 위치로 이동시키는 것임.

○ 타일맵 레벨 감소 (14레벨 집계구 → 1레벨 전국)

○ 타일맵 레벨 증가 (1레벨 전국 → 14레벨 집계구)

<그림 I-37> (위) 지도 축소(- 클릭), (아래) 지도 확대(+ 클릭)

6

사례별 이용법

6. 사례별 이용법

SGIS플러스 웹 사이트에서는 대화형 통계지도 **'사례별 이용법'**을 통하여 다음 두 가지 사례의 이용법을 제공하고 있다.

사례 1: 서울특별시 강남구의 65세 이상 1인 가구 통계를 알고 싶어요.

사례 2: 펜션 창업을 위해 제주도 숙박업 통계를 알고 싶어요.

먼저, 대화형 통계지도 **'사례별 이용법'**을 찾아가는 방법은 다음과 같다.

① 'SGIS플러스' 웹 사이트 시작 페이지 접속

https://sgis.kostat.go.kr/view/index

→ ② 시작 페이지 상단 메뉴바에서 **'알림마당'** 클릭

→ ③ 알림마당 페이지로 이동

→ ④ 알림마당 서브 메뉴에서 **'SGI플러스 소개'** 클릭

→ ⑤ SGIS플러스 소개 페이지로 이동

https://sgis.kostat.go.kr/view/board/sopIntro01

→ ⑥ 왼쪽 메뉴 창에서 **'SGIS플러스 주요 서비스 안내'** 클릭

→ ⑦ SGIS플러스 주요 서비스 페이지로 이동

https://sgis.kostat.go.kr/view/board/sopIntro02

→ ⑧ 대화형 통계지도 **'서비스 안내'** 클릭

→ ⑨ 대화형 통계지도 서비스 개요 페이지로 이동

https://sgis.kostat.go.kr/view/newhelp/in_help_10_0

→ ⑩ 왼쪽 메뉴 창에서 **'사례별 이용법'** 클릭

→ ⑪ 사례별 이용법 페이지로 이동

https://sgis.kostat.go.kr/view/newhelp/in_help_60_0

→ ⑫ 왼쪽 메뉴 창에서 **'사례별 이용법 1'** 클릭

→ ⑬ 왼쪽 메뉴 창에서 **'사례별 이용법 2'** 클릭

→ ⑭ 사례별 이용법 2 페이지로 이동

https://sgis.kostat.go.kr/view/newhelp/so_help_40_0

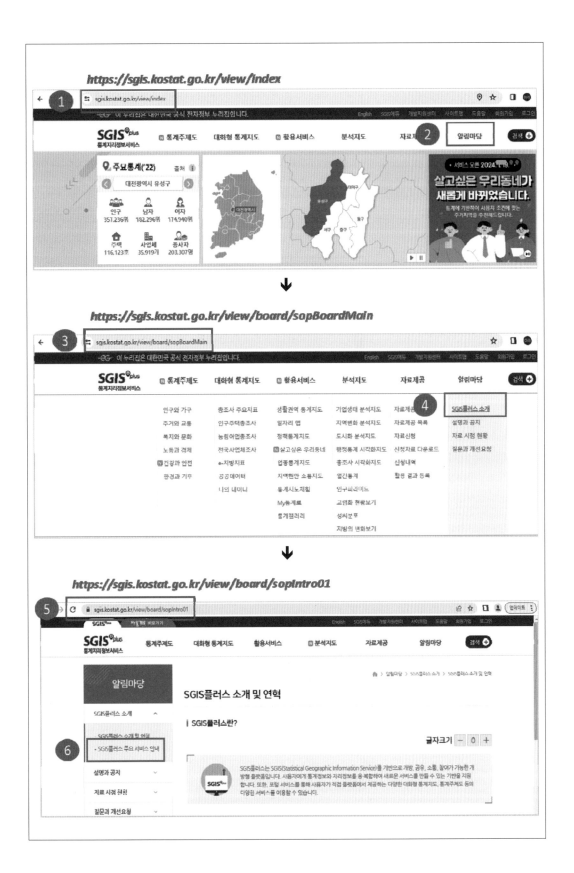

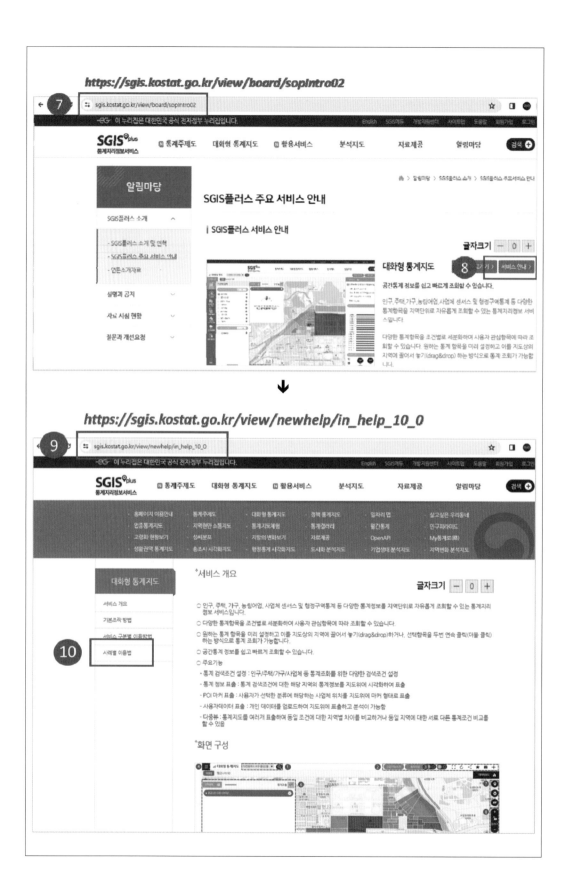

https://sgis.kostat.go.kr/view/board/sopintro02

https://sgis.kostat.go.kr/view/newhelp/in_help_10_0

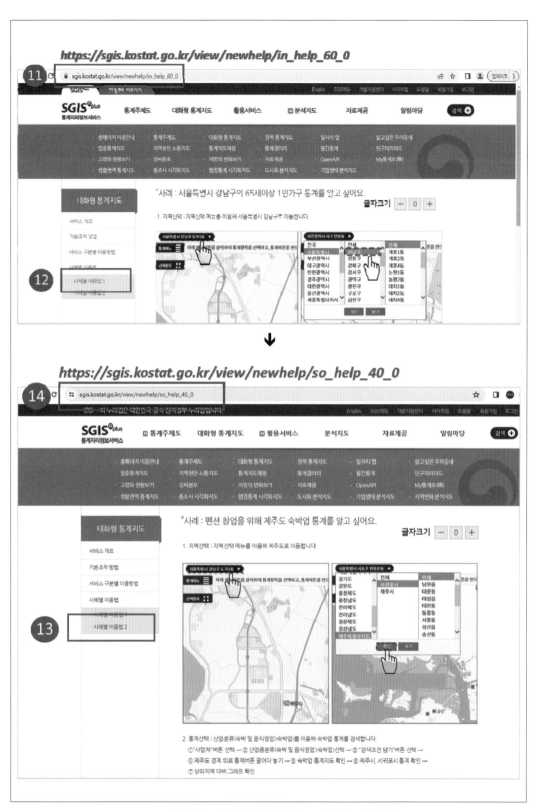

<그림 I-38> 대화형 통계지도 사례별 이용법

SGIS플러스 '사례별 이용법'을 통하여 제공되고 있는 사례 1과 사례 2의 이용법은 다음과 같다. 단 여기서는 조사년도를 2021년으로 설정하였다.

사례 1: 서울특별시 강남구의 65세 이상 1인 가구 통계를 알고 싶어요.

---

1. 지역선택

○ 지역선택 메뉴를 이용해 서울특별시 강남구(도곡1동)로 이동

① 대화형 통계지도 이동 → ② 지역선택 메뉴 클릭

→ ③ 서울특별시 선택 → ④ 강남구 선택 → ⑤ 도곡1동 선택

→ ⑥ 확인 버튼 클릭

2. 통계선택

○ 강남구 동별 60세 이상 인구 통계를 검색

⑦ 통계메뉴에서 **"인구주택총조사"** 선택

→ ⑧ 인구주택총조사 조건설정하기에서 **"인구조건"** 선택

→ ⑨ **"연령"** 선택

→ ⑩ 연령(60이상) 선택 → ⑪ 연령(100+) 선택

→ ⑫ 검색 구간 확인 → ⑬ **"인구조건버튼생성"** 클릭

→ ⑭ 통계 선택항목 **"60세 이상+ 남녀인구(명)-2021년"** 선택

→ ⑮ 강남구 경계 위로 통계 선택항목 끌어다 놓기

→ ⑯ 강남구 동별 통계지도 확인

○ 동별 비교를 위해 데이터보드 이용

→ ⑰ **"데이터보드"** 클릭

→ ⑱ **"데이터보기"** 에서 강남구 동별 막대그래프 확인

→ ⑲ **"상위지역 비교데이터 보기"** 에서 원그래프 확인

→ ⑳ **"시계열 조회"** 에서 2000년~2021년 시계열 확인

https://sgis.kostat.go.kr/view/map/interactiveMap/mainIndexView

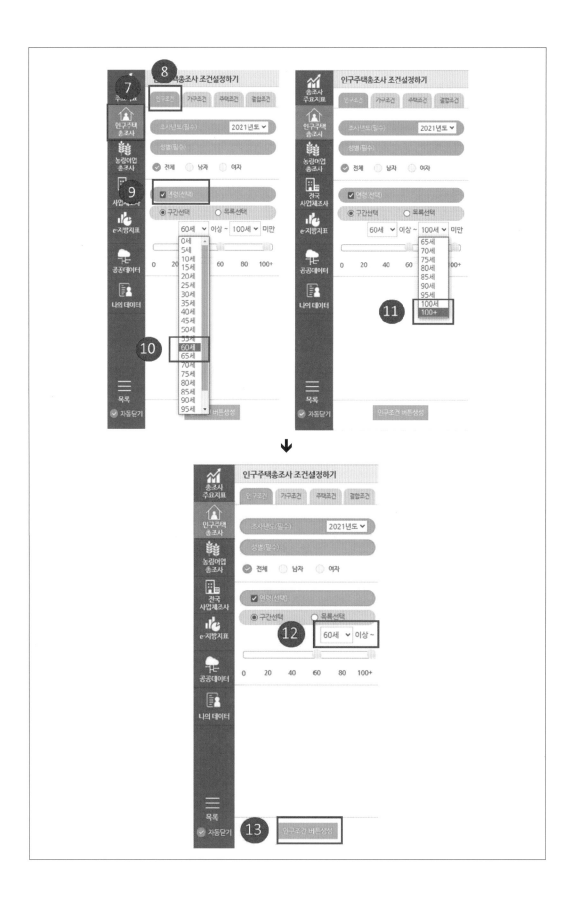

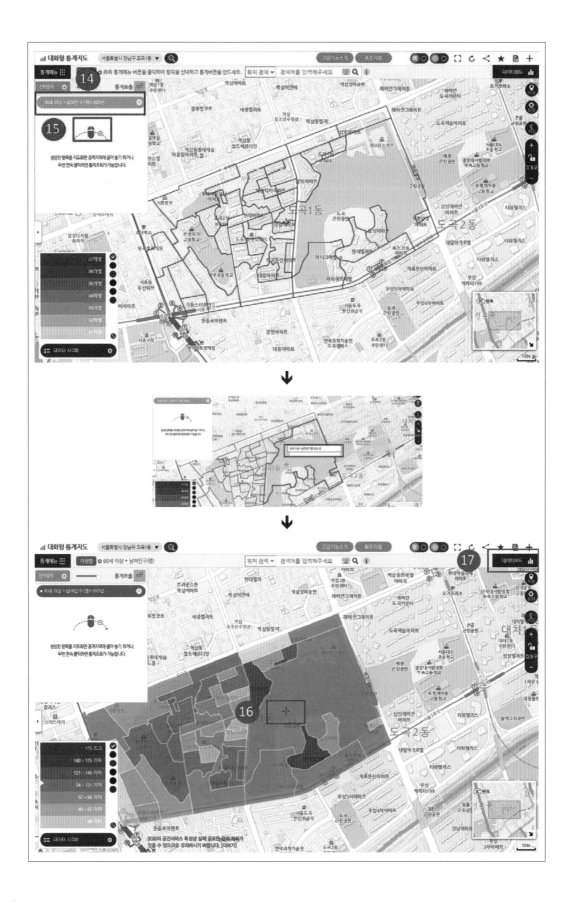

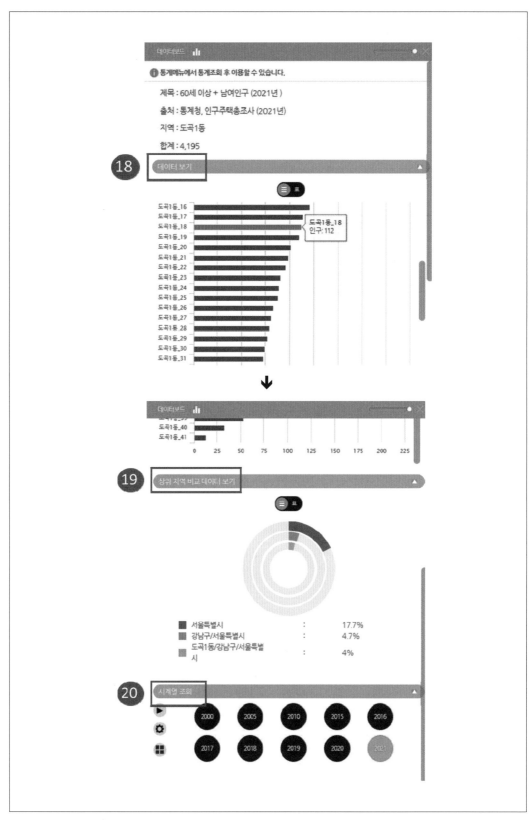

<그림 I-39> 사례 1 이용법 - 지역 및 통계 선택하기

3. 통계비교

○ 60세 이상 인구 통계와 1인 가구 통계를 비교: 60세 이상 인구가 많은 지역과 1인 가구가 많은 지역을 두 개의 지도로 비교 가능

① 통계메뉴에서 **"인구주택총조사"** 선택

→ ② 인구주택총조사조건설정하기에서 **"가구조건"** 선택

→ ③ 세대구성에서 '**1인 가구**' 선택

→ ④ **"가구조건버튼생성"** 클릭

→ ⑤ **"분할뷰"** 버튼 선택

→ ⑥ **"VIEW2"** 창 확인

→ ⑦ 통계 선택항목 **"1인 가구"** 선택

→ ⑧ 강남구 경계 위로 통계 선택항목 끌어다 놓기

○ 항목 비교를 위해 데이터보드 이용

→ ⑨ **"VIEW1"** 창 선택

→ ⑩ **"지도"** 창 닫기

→ ⑪ **"데이터보드"** 클릭 → ⑫ 데이터보기 확인

→ ⑬ 데이터보드 닫기

→ ⑭ **"VIEW2"** 창 선택

→ ⑮ **"데이터보드"** 클릭 → ⑯ 데이터보기 확인

→ ⑰ 데이터보드 닫기

→ ⑱ **"지도"** 창 닫기

→ ⑲ 선택항목 1, **"60세 이상+ 남녀인구(명)-2021년"** 확인

→ ⑳ 선택항목 2, **"1인 가구(가구)-2021년"** 확인

→ ㉑ VIEW1 창 **"범례"** 확인

→ ㉒ VIEW2 창 **"범례"** 확인

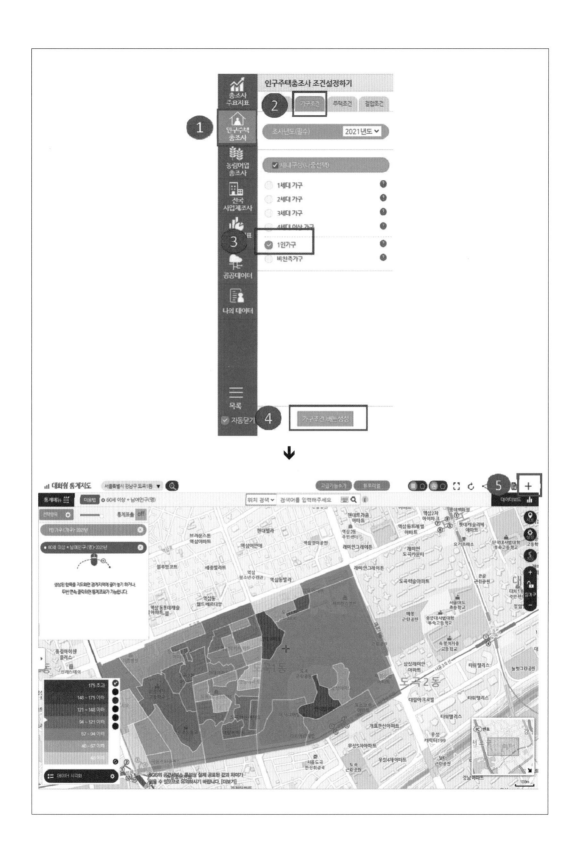

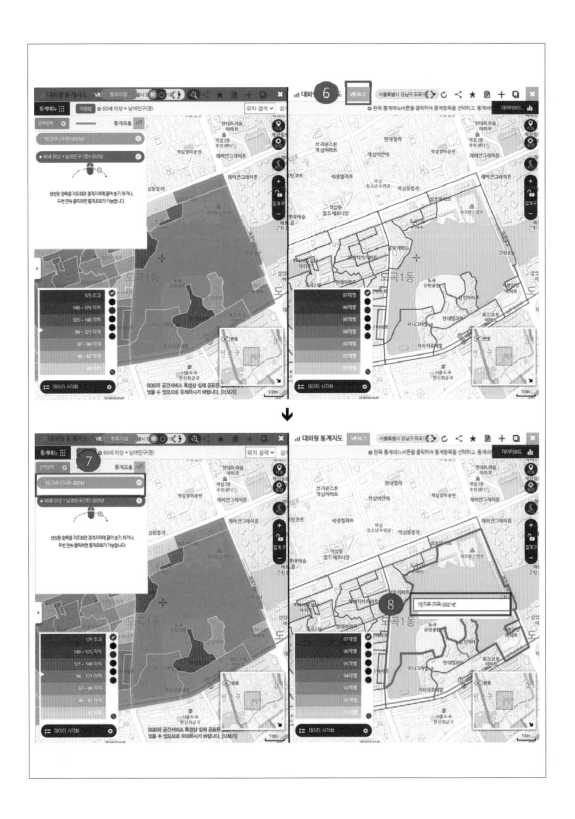

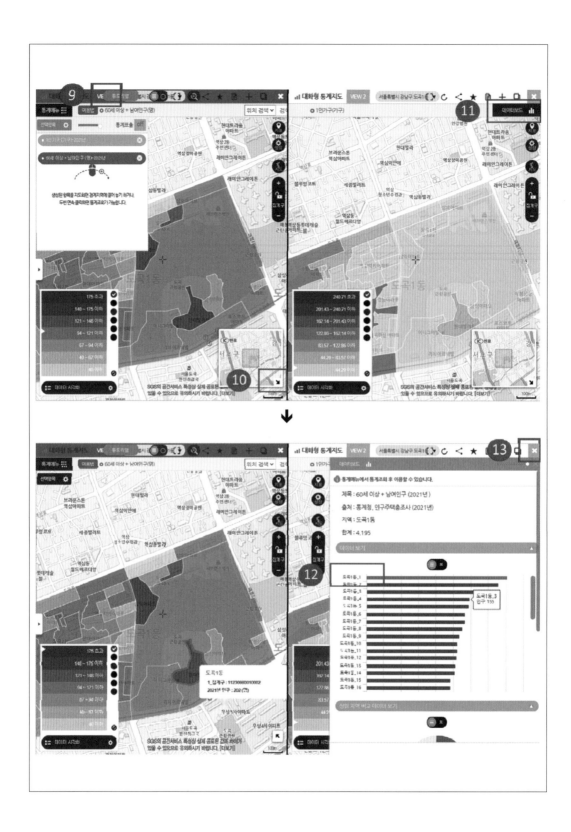

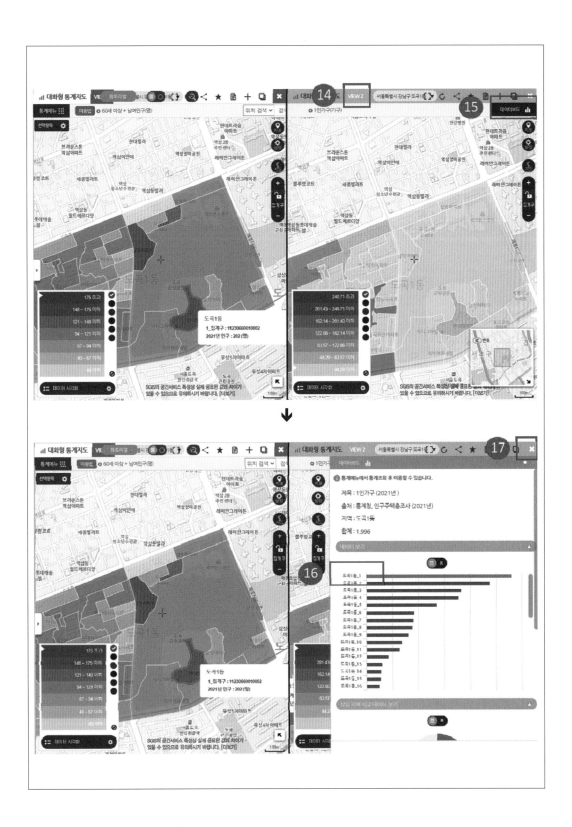

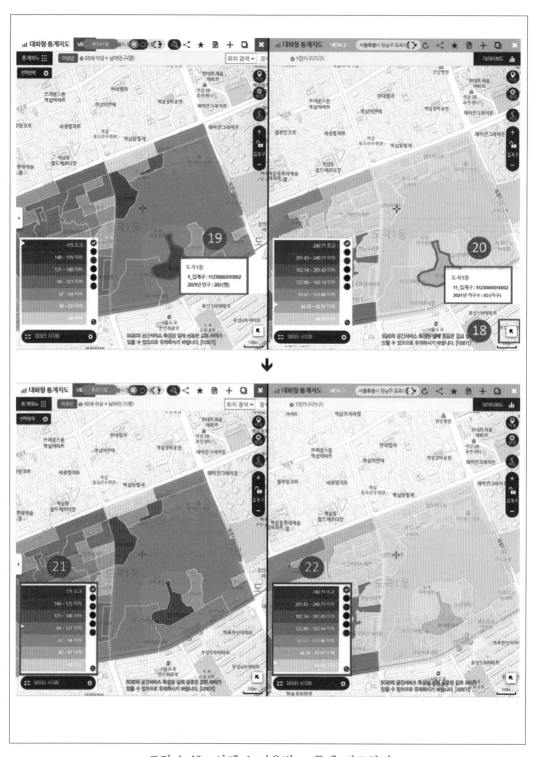

<그림 I-40> 사례 1 이용법 - 통계 비교하기

사례 2: 펜션 창업을 위해 제주도 숙박업 통계를 알고 싶어요.

1. 지역선택

○ 지역선택 메뉴를 이용해 제주특별자치도 서귀포시로 이동

① **"대화형 통계지도"** 시작 페이지로 이동 → ② 지역선택 메뉴 클릭

→ ③ 제주특별자치도 선택 → ④ 전체 선택

→ ⑤ 확인 버튼 클릭

2. 통계선택

○ 산업분류(숙박 및 음식점업>숙박업)를 이용해 숙박업 통계 검색

→ ⑥ 통계메뉴에서 **"전국사업체조사"** 선택

→ ⑦ 산업분류목록선택하기에서 통계항목 확인

→ ⑧ **"숙박 및 음식점업"** 선택 → ⑨ **"숙박업"** 선택

→ ⑩ **"산업조건버튼생성"** 클릭

→ ⑪ 선택항목에서 **"숙박업+사업체수(개)-2020년"** 선택

→ ⑫ 제주도 경계 위로 통계 선택항목 끌어다 놓기

→ ⑬ 서귀포시 숙박업 통계지도 확인

○ 시별 비교를 위해 데이터보드 이용

→ ⑭ **"데이터보드"** 클릭

→ ⑮ **"데이터보기"** 에서 제주시, 서귀포시 통계 확인

→ ⑯ **"상위지역 비교데이터 보기"** 에서 통계 확인

→ ⑰ "시계열조회" 에서 연도별 통계 확인

→ ⑱ 비교 지도 그리기 선택

→ ⑲ 비교 연도 변경(최대 4개 선택 가능)

→ ⑳ 비교 지도 파일로 저장하기

https://sgis.kostat.go.kr/view/map/interactiveMap/mainIndexView

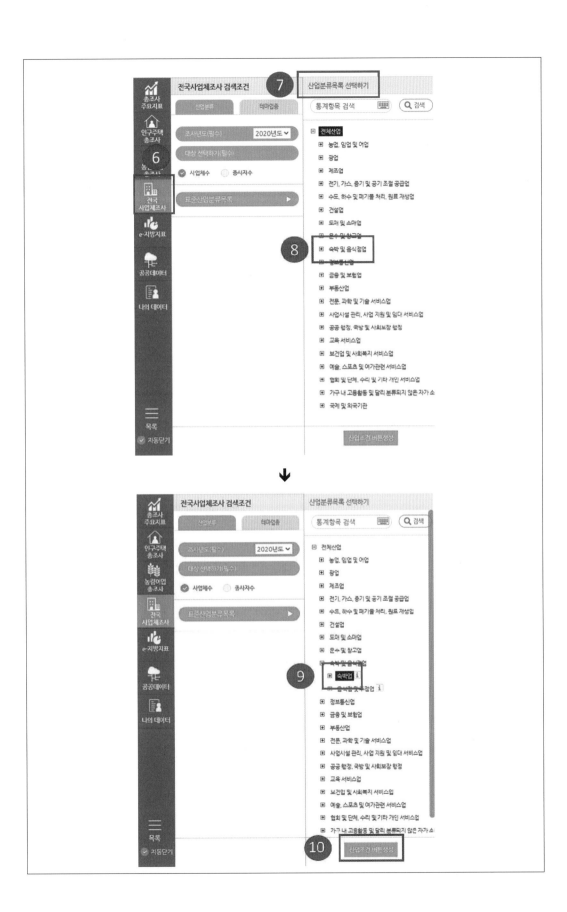

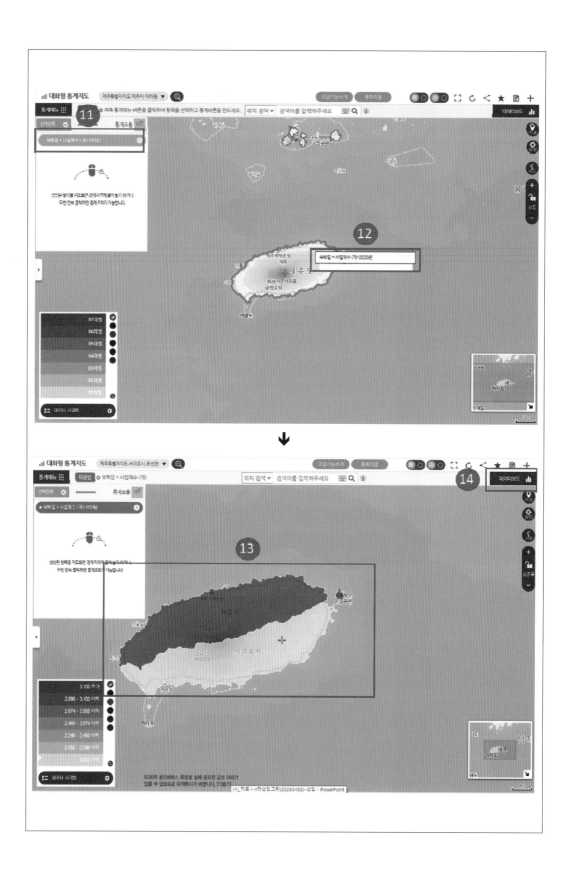

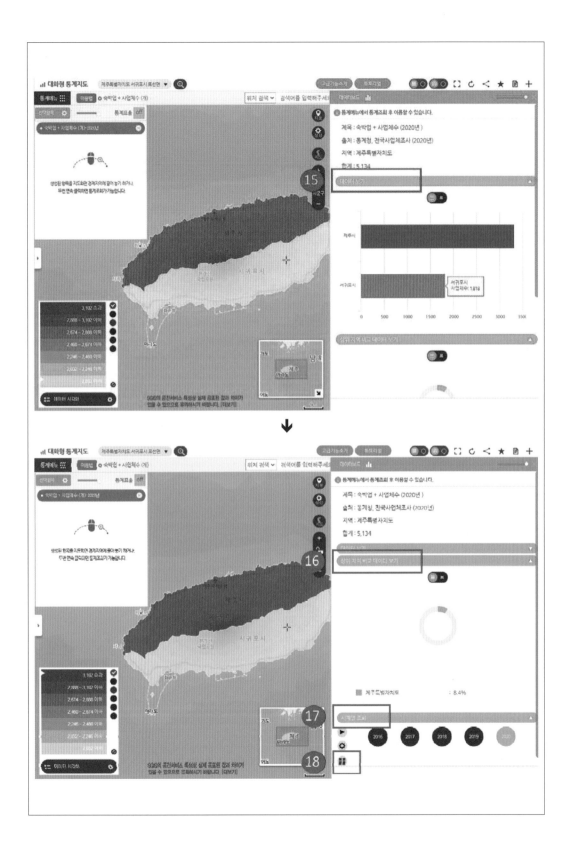

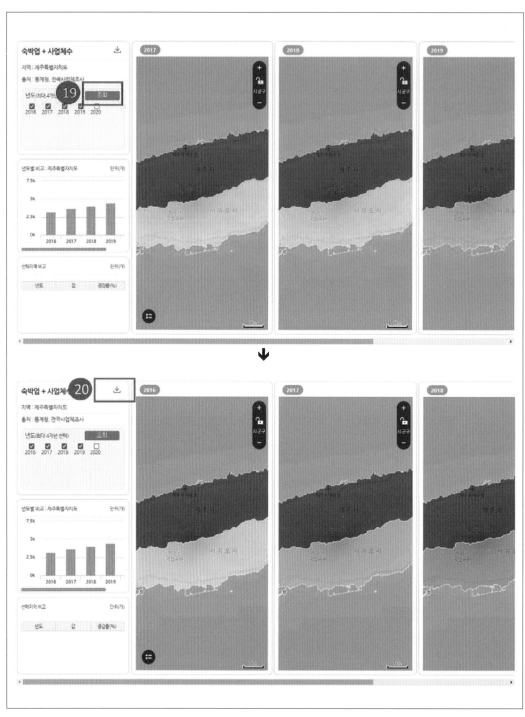

<그림 I-41> 사례 2 이용법 - 지역 및 통계 선택하기

3. 숙박업 중 펜션 유사업종 사업체 통계 검색[4]

① "사업체" 버튼 선택

→ ② 산업세세분류(숙박 및 음식점업> 숙박업> 숙박시설운영업>
관광숙박시설운영업> 기타관광숙박시설운영업) 선택

→ ③ 산업분류 도움말(i) 확인 → ④ "검색조건 담기" 버튼 선택

→ ⑤ 제주도 경계 위로 통계 선택항목 끌어다 놓기

→ ⑥ 펜션 유사업종 통계지도 확인

→ ⑦ 제주도의 펜션 유사업종 사업체수 확인

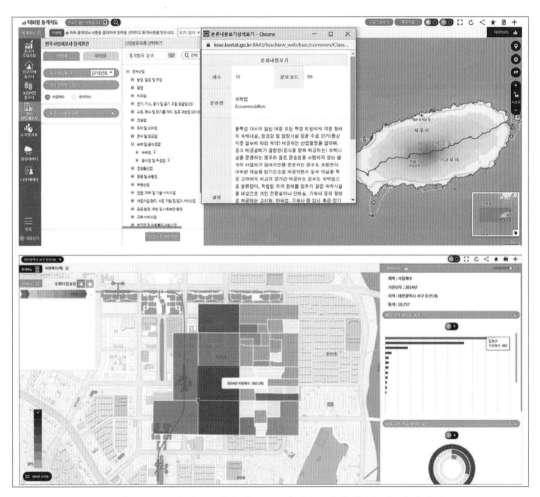

<그림 I-42> 사례 2 이용법 - 유사업종 사업체 통계 검색하기

---

4) 2024년 3월 기준, 산업세세분류 내용이 변경되었음

4. 사용자 데이터(제주도 유명해변 주소) 통계지도에 올리기

① "**대화형 통계지도**" 시작 페이지로 이동

→ ② 통계메뉴에서 "**나의데이터**" 선택

→ ③ 지역선택 메뉴 클릭

→ ④ 제주특별자치도 선택

→ ⑤ 확인 버튼 클릭

→ ⑥ "**나의데이터 체험하기**" 클릭

→ ⑦ "**데이터 업로드**"로 이동

→ ⑧ "**엑셀양식다운로드**" 선택

→ ⑨ 엑셀파일에 해변 이름과 주소 입력 저장

→ ⑩ "**파일 찾기**" 클릭

→ ⑪ 엑셀파일(**sample.xlsx**) 선택, "**열기**" 클릭

→ ⑫ 불필요한 행 삭제

→ ⑬ "**나의데이터를 POI로 표출하기**" 선택

→ ⑭ "**주소필드선택**" 클릭

→ ⑮ (지오코딩선택2) "**E**" 선택

→ ⑯ 통계지도 위에 사용자 데이터의 위치가 매시업(meshup) 된 지도 확인

→ ⑰ 지도표출설정에 선택된 정보표출(해변 이름) 확인

[사용자 데이터]

해변 이름	위치(주소)
검멀레해수욕장	제주특별자치도 제주시 우도면 연평리
곽지과물해변	제주특별자치도 제주시 애월읍 곽지리
금능으뜸원해변	제주특별자치도 제주시 한림읍

https://sgis.kostat.go.kr/view/map/interactiveMap/mainIndexView

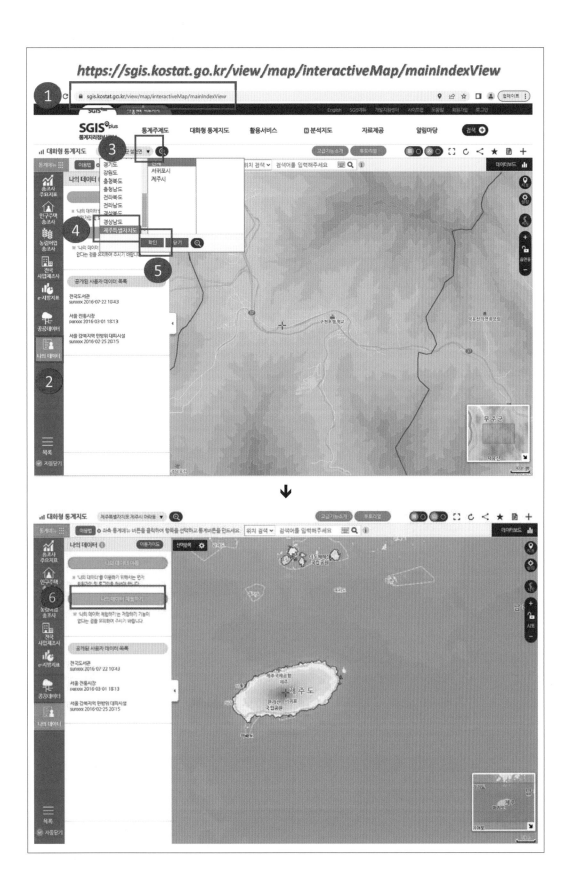

https://sgis.kostat.go.kr/jsp/sample/dataUpload.jsp

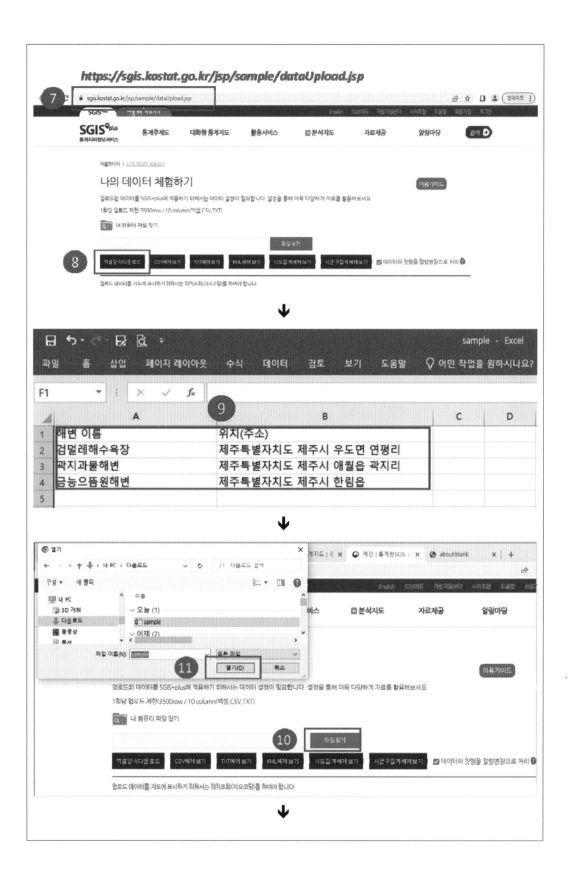

<그림 I-43> 사례 2 이용법 - 사용자 데이터 통계지도에 올리기

5. 펜션(기타 관광숙박시설 운영업) 유사업종 사업체 위치 조회[5]

① "사업체" 버튼 선택 → ② 위치표시 설정

→ ③ 산업세세분류(숙박 및 음식점업> 숙박업>
숙박시설운영업>관광숙박시설운영업>기타관광숙박시설운영업) 선택

→ ④ "검색조건 담기" 버튼 선택

→ ⑤ 지도 경계 위로 통계 버튼 끌어다 놓기(읍면동 이하 축척으로 자동조절)

→ ⑥ 지도위에 통계지도 및 사업체 개별위치 확인

→ ⑦ "시계열" 버튼 선택 → ⑧ 년도 설정, 사업체의 위치 및 변화 추이 확인

<그림 I-44> 사례 2 이용법 - 펜션 유사업종 사업체 위치 조회하기

---

5) 2024년 4월 기준, 산업세세분류 내용이 변경되었음

파트 2

1

고급기능 (1)
다중뷰모드

1. 고급기능 (1) 다중뷰모드

'다중뷰모드'는 대화형 통계지도에서 지도화면을 여러 개 동시에 사용해서 통계정보를 비교하는 기능이다. 화면 오른쪽 위의 메뉴에서 지도화면 추가(+) 버튼을 누르면 기존 지도화면이 2개로 분리되고, 각 지도화면에서 서로 다른 통계정보를 조회할 수 있다. '선택항목창'에는 어느 쪽 지도화면에서 통계정보가 조회되고 있는지 확인할 수 있도록 통계메뉴와 지도화면을 구분하는 색상이 나타난다. '다중뷰모드'에서 지도화면은 최대 3개까지 사용할 수 있다.

1. **지도화면 추가**: 지도화면 추가(+) 버튼을 누르면 첫 번째 지도화면과 동일 지역의 추가된 두 번째 지도화면을 볼 수 있다.

2. **통계 조회 및 비교**: 추가된 두 번째 지도화면에서 새로운 통계정보를 조회하면 2개의 지도화면을 동시에 비교해서 볼 수 있다.

3. **세 번째 지도화면 추가**: 2개의 지도화면이 표출된 상태에서 지도화면 추가(+) 버튼을 누르면 세 번째 지도화면이 생성된다.

4. **3개 지도화면 통계 조회**: 추가된 세 번째 지도화면에서 새로운 통계정보를 조회하면 3개의 지도화면을 동시에 비교해서 볼 수 있다.

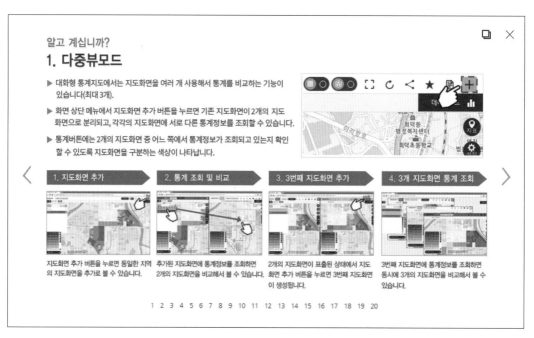

<그림 II-1> 고급기능 (1) - 다중뷰모드 설명
(그림 출처: SGIS플러스 공식 웹사이트 고급기능 설명페이지)

번호	내용
①	SGIS플러스 통계지리정보서비스 '**웹사이트**' 접속
②	SGIS플러스 상단 메인 메뉴에서 '**대화형 통계지도**' 선택
③	대화형 통계지도 서브 메뉴에서 '**총조사 주요지표**' 선택
④	총조사 주요지표 대화형 통계지도 페이지로 이동
⑤	(화면 왼쪽 위) 통계메뉴 아래 선택항목 버튼 클릭
⑥	(화면 왼쪽 위) 총조사 주요지표 선택메뉴창에서 '**총인구**' 선택
⑦	(화면 오른쪽 위) 지도화면 추가(+) 버튼 클릭 (새 창 만들기)
⑧	추가된 두 번째 VIEW2 지도화면 확인
⑨	총조사 주요지표 선택메뉴창 닫기
⑩	(화면 오른쪽 위) 지도화면 추가(+) 버튼 클릭 (새 창 만들기)
⑪	추가된 세 번째 VIEW3 지도화면 확인, 창 모서리 클릭
⑫	(화면 왼쪽 위) 통계메뉴 버튼 클릭
⑬	(화면 왼쪽 위) 총조사 주요지표 선택메뉴창에서 '**총인구**' 선택
⑭	(화면 왼쪽 아래) 검색조건 생성 버튼 클릭
⑮	(화면 왼쪽 위) 통계표출 활성화 (OFF→ON)
⑯	선택항목 창에서 생성된 항목 두 번 연속 클릭
⑰	추가된 두 번째 지도화면 확인 후, 두 번째 창 모서리 클릭
⑱	(화면 왼쪽 위) 통계메뉴 버튼 클릭
⑲	(화면 왼쪽 위) 총조사 주요지표 선택메뉴창에서 '**평균나이**' 선택
⑳	(화면 왼쪽 아래) 검색조건 생성 버튼 클릭
㉑	(화면 왼쪽 위) 통계표출 활성화 (OFF→ON)
㉒	선택항목 창에서 생성된 항목 두 번 연속 클릭
㉓	첫 번째 창 모서리 클릭
㉔	(화면 왼쪽 위) 통계메뉴 버튼 클릭
㉕	(화면 왼쪽 위) 총조사 주요지표 선택메뉴창에서 '**인구밀도**' 선택
㉖	(화면 왼쪽 아래) 검색조건 생성 버튼 클릭
㉗	(화면 왼쪽 위) 통계표출 활성화 (OFF→ON)
㉘	선택항목 창에서 생성된 항목 두 번 연속 클릭
㉙	선택항목 버튼 클릭하여 선택항목 창 닫기
㉚	(화면 왼쪽 위) 이용법 버튼 클릭
㉛	대화형 통계지도 이용법 설명 화면으로 이동
㉜	(이용법 설명 화면 왼쪽) 선택메뉴 창에서 기본조작 방법 선택
㉝	기본조작 방법 메뉴에서 다중뷰 통계 조회 선택
㉞	다중뷰 통계 조회 설명내용 확인

<표 II-1> 고급기능 (1) - 다중뷰모드 활용 실습 순서

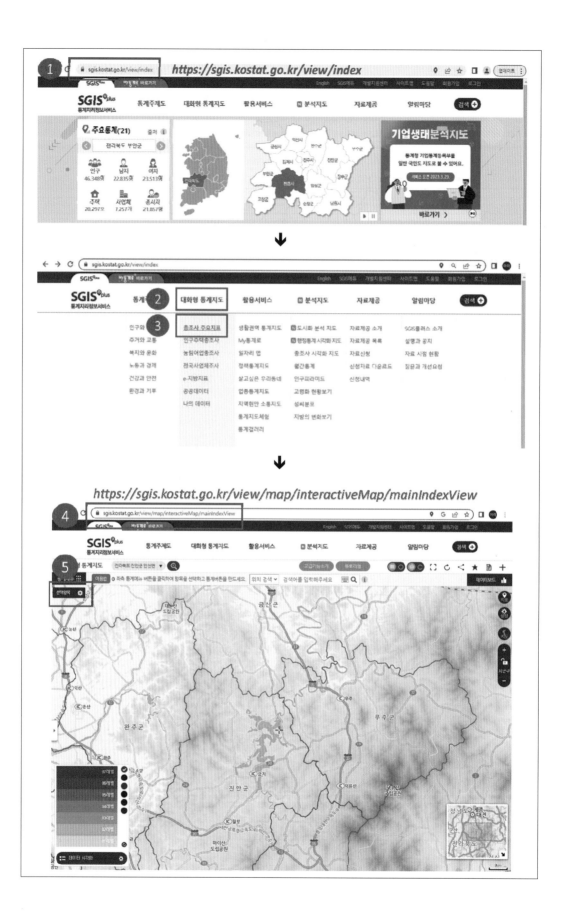

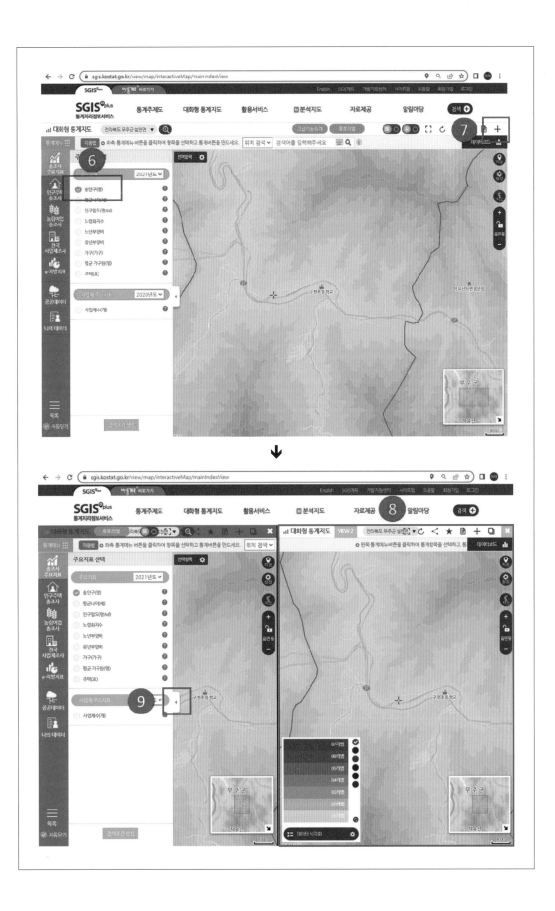

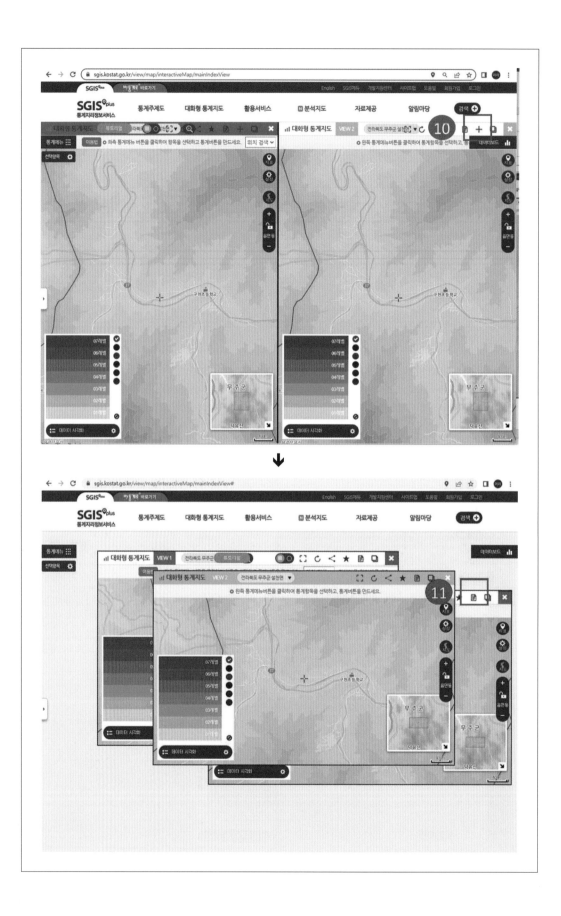

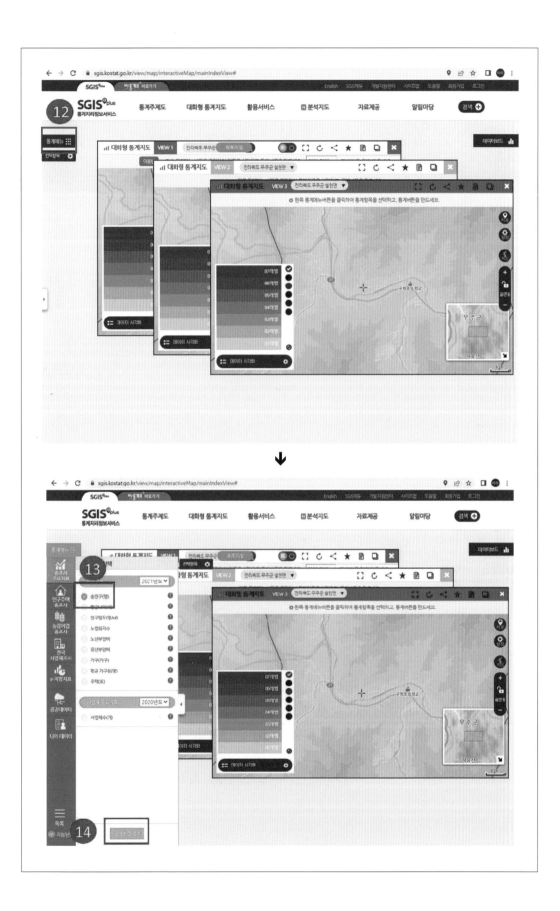

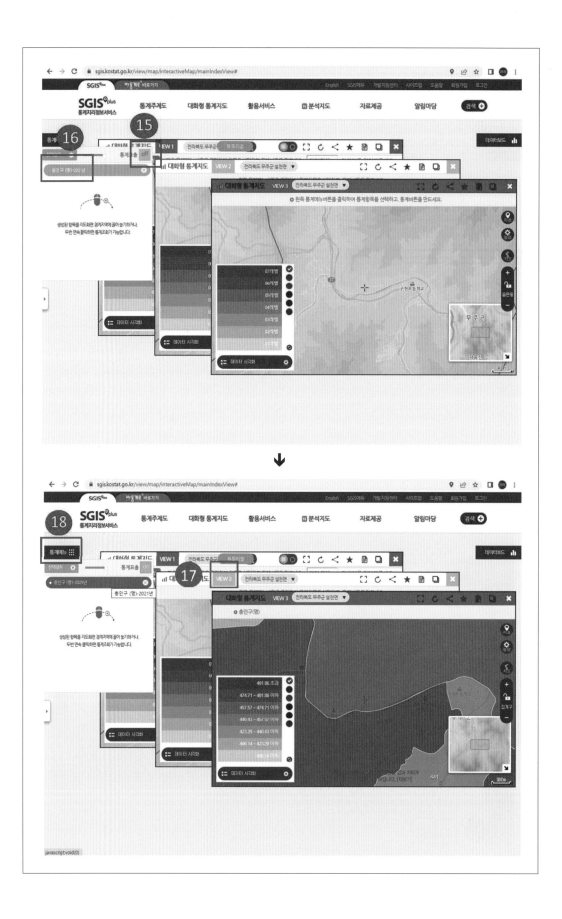

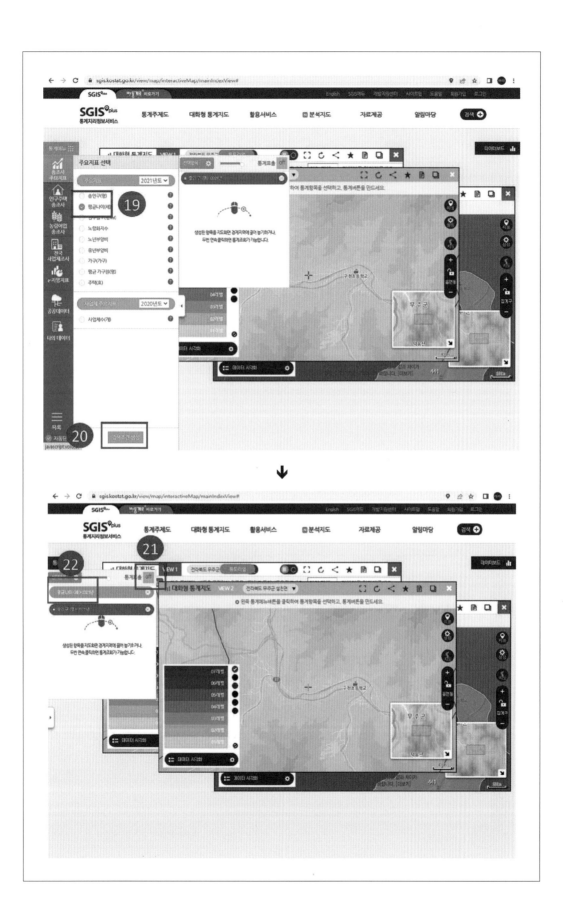

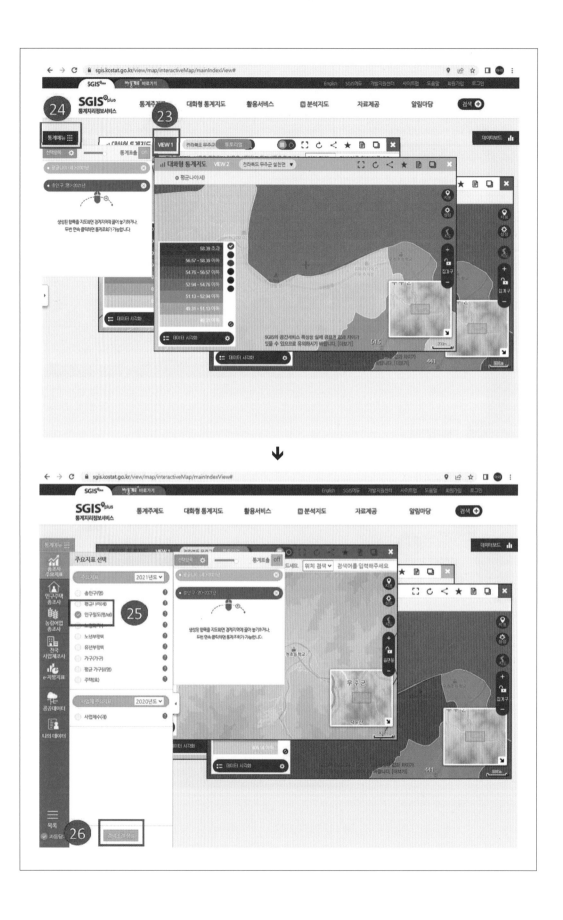

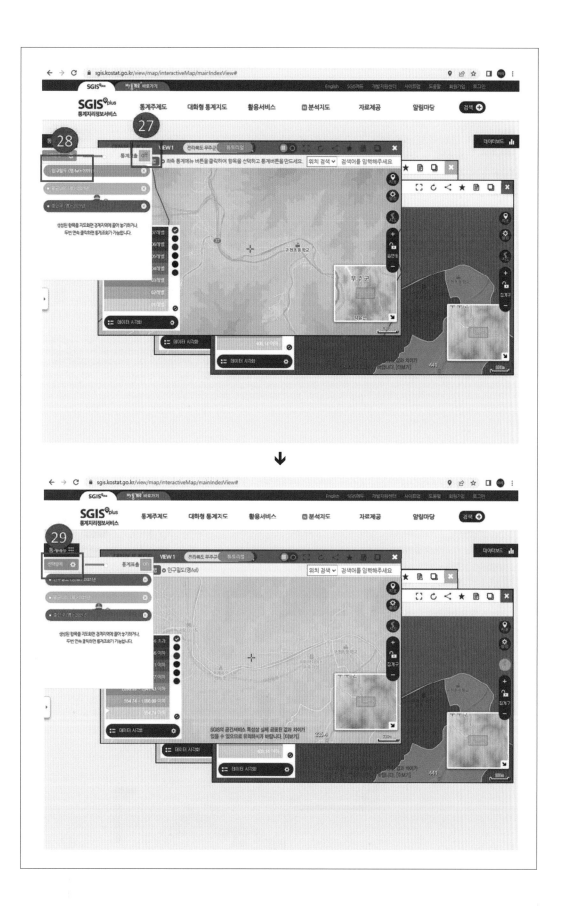

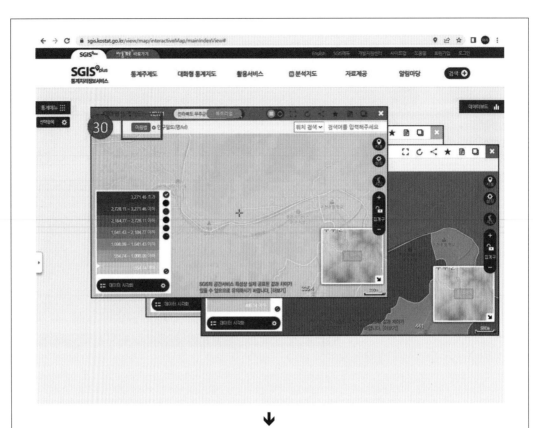

↓

https://sgis.kostat.go.kr/view/newhelp/in_help_10_0

<그림 II-2> 대화형 통계지도 고급기능 (1) - 다중뷰모드 실습 과정

2

고급기능 (2)
지도 겹쳐보기

2. 고급기능 (2) 지도 겹쳐보기

'**지도 겹쳐보기**'는 지도화면이 두 개 이상 보이고 각각의 지도화면에서 서로 다른 통계가 조회된 다중뷰모드 상태에서 화면에 보이는 두 개의 지도를 겹쳐 보이게 하는 기능이다.

'**지도 겹쳐보기**'기능을 이용하려면, 먼저 '**다중뷰모드**' 기능을 이용하여 두 개 이상의 지도화면을 생성해야 한다. 그런 다음, 통계메뉴의 '**지도 겹쳐보기**' 버튼을 클릭하면 지도 겹쳐보기를 할 수 있다.

'**지도 겹쳐보기**'기능을 이용하면 두 개 지도화면에서 통계수치가 모두 높은 지역은 더욱 진하게 보이고 두 개 지도화면에서 통계수치가 모두 낮은 지역은 더욱 연하게 보이기 때문에 동시에 서로 다른 통계의 지리적 분포 경향을 파악할 수 있다.

'**지도 겹쳐보기**'기능을 이용하면 표출 타입이 다른 두 개의 지도화면, 즉 색상지도와 버블지도를 한 개의 지도화면에 겹쳐서 하나의 지도화면으로 표출하는 것도 가능하다.

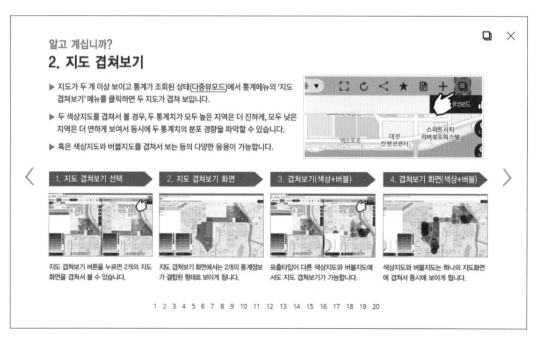

<그림 II-3> 고급기능 (2) - 지도 겹쳐보기 설명
(그림 출처: SGIS플러스 공식 웹사이트 고급기능 설명페이지)

번호	내용
	'지도 겹쳐보기' 실습을 위한 **'다중뷰 지도'** 작성 시작 ↓
①	SGIS플러스 통계지리정보서비스 **'웹사이트'** 접속
②	SGIS플러스 상단 메인 메뉴에서 **'대화형 통계지도'** 선택
③	대화형 통계지도 서브 메뉴에서 **'총조사 주요지표'** 선택
④	총조사 주요지표 대화형 통계지도 페이지로 이동
⑤	(화면 왼쪽 위) 대화형 통계지도 지역 선택창 클릭
⑥	지역 선택창에서 시도-시군구-읍면동 선택 후 확인 버튼 클릭
⑦	(화면 왼쪽 위) 총조사 주요지표 선택메뉴창에서 **'총인구'** 선택
⑧	(화면 왼쪽 아래) 검색조건 생성 버튼 클릭
⑨	(화면 왼쪽 위) 선택항목 창에서 생성된 항목 확인
⑩	선택항목 창에서 통계표출 활성화 (OFF→ON)
⑪	선택항목 창에서 생성된 항목 경계지역에 끌어놓기 (drag-drop)
⑫	(화면 중간) 임의의 지점을 클릭하여 통계수치 확인
⑬	(화면 오른쪽 중간) 지도축소(-) 버튼 4번 클릭 (Zoom In)
⑭	(화면 왼쪽 위) 선택항목 버튼 클릭 (선택항목 창 닫기)
⑮	(화면 오른쪽 위) 지도화면 추가(+) 버튼 클릭 (새 창 만들기)
⑯	추가된 두 번째 VIEW2 지도화면 확인 (새 창 확인)
⑰	(화면 왼쪽 위) 통계메뉴 버튼 클릭
⑱	(화면 왼쪽 위) 총조사 주요지표 선택메뉴창에서 **'노령화지수'** 선택
⑲	(화면 왼쪽 아래) 검색조건 생성 버튼 클릭
⑳	(화면 왼쪽 위) 선택항목 창에서 생성된 항목 확인
㉑	생성된 항목 VIEW2 지도화면에 끌어놓기 (drag-drop)
㉒	(화면 오른쪽 중간) 지도축소(-) 버튼 4번 클릭 (Zoom In)
㉓	(화면 왼쪽 위) 선택항목 버튼 클릭 (선택항목 창 닫기)
㉔	(화면 왼쪽) VIEW1 총인구 통계지도 작성 완료
㉕	(화면 오른쪽) VIEW2 노령화지수 통계지도 작성 완료
	↓ **'지도 겹쳐보기'** 실습을 위한 **'다중뷰 지도'** 작성 완료

<표 II-2> 지도 겹쳐보기 실습을 위한 다중뷰 지도 작성 순서

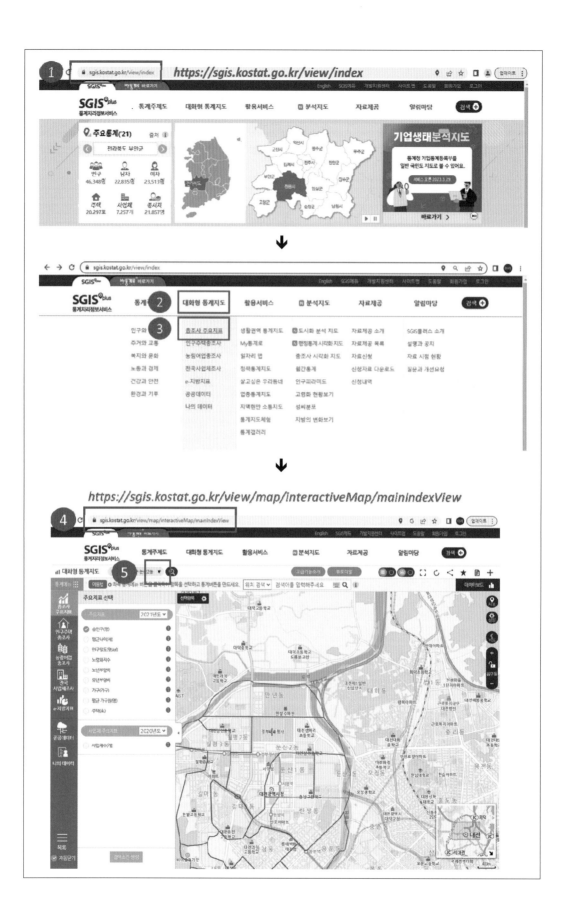

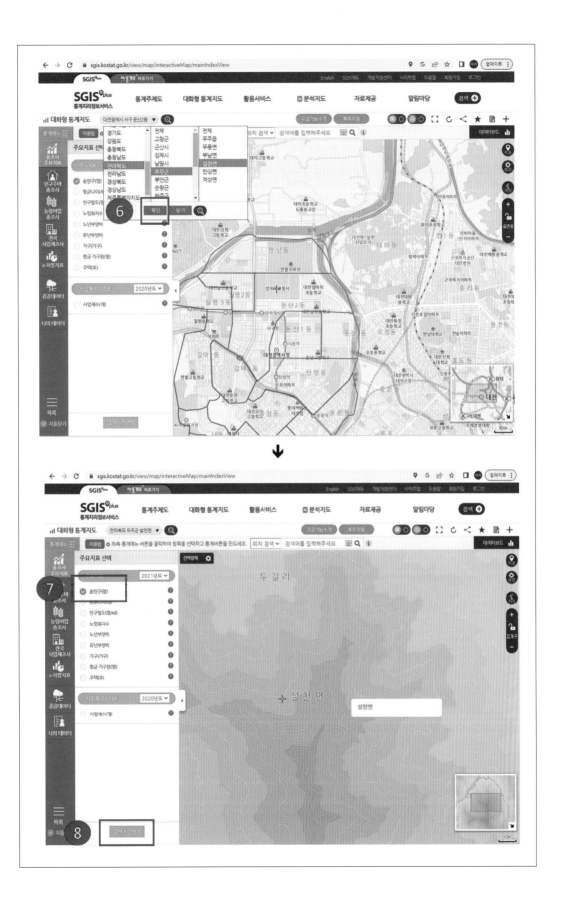

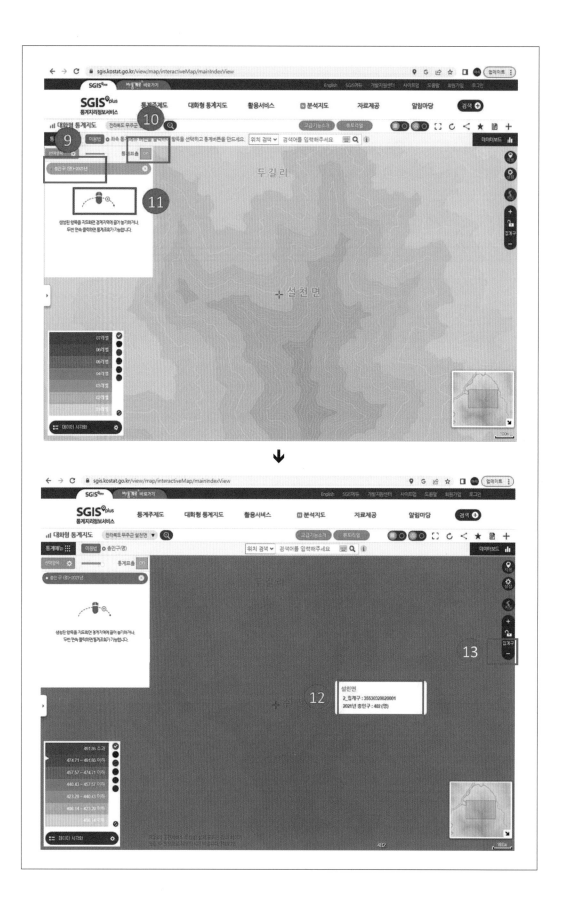

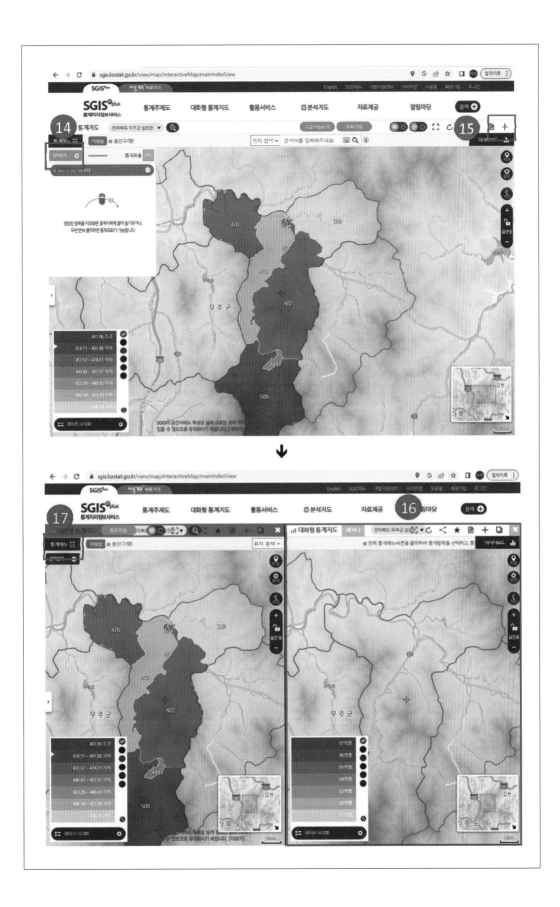

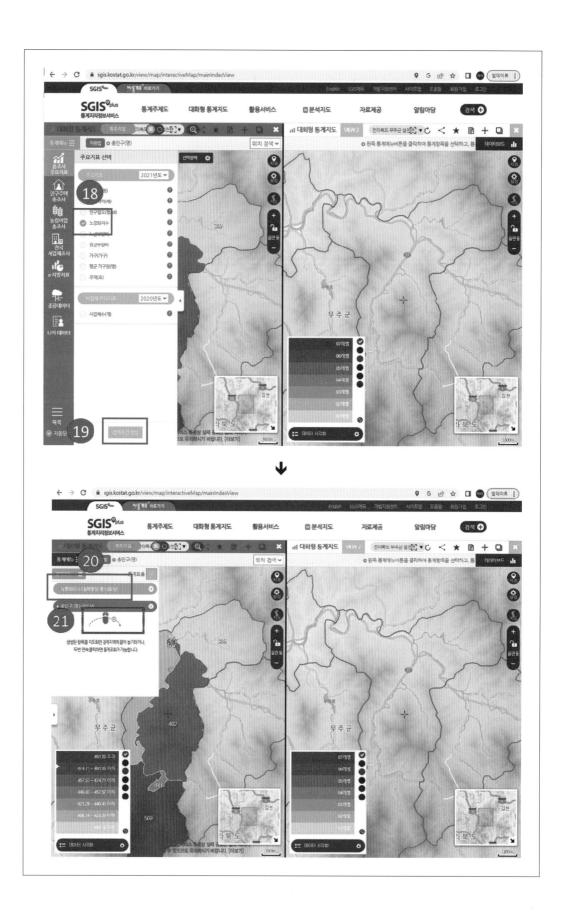

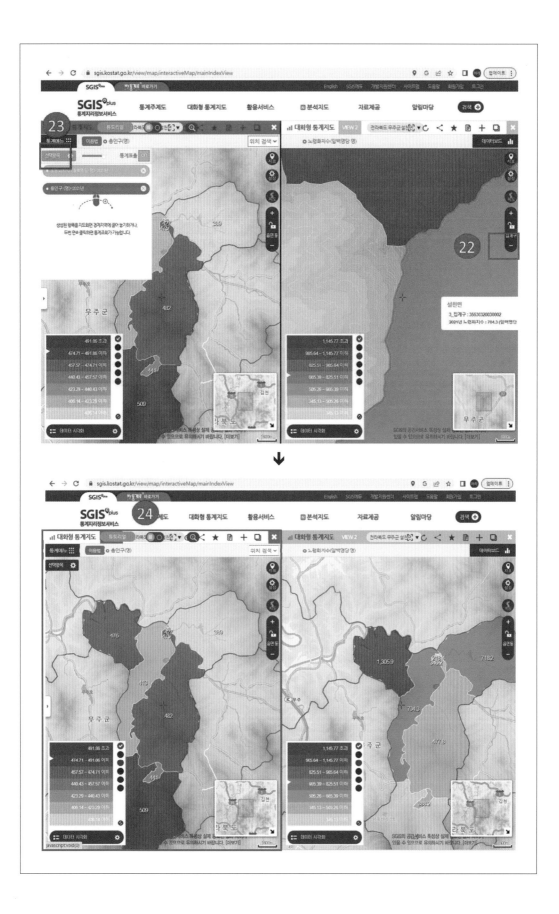

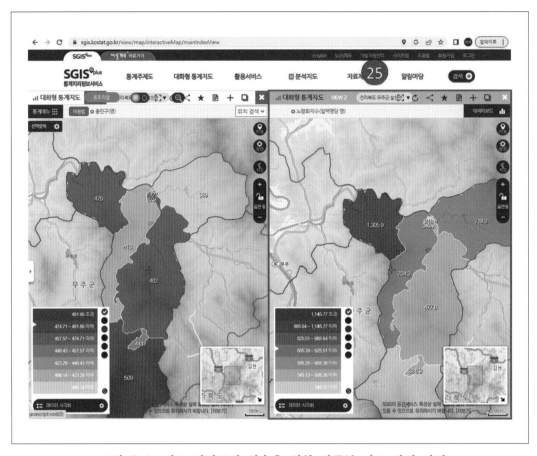

<그림 II-4> 지도 겹쳐보기 실습을 위한 다중뷰 지도 작성 과정

번호	내용
	'다중뷰 지도' 작성 완료 참고: <표 II-2> 지도 겹쳐보기 실습을 위한 다중뷰 지도 작성 순서 ↓
①	저장된 **'다중뷰 지도'** 불러오기
	'지도 겹쳐보기' 실습 시작 ↓
②	(화면 오른쪽) VIEW2 **노령화 지수 지도 색상 변경**
③	(화면 오른쪽 위) 메뉴에서 **겹쳐보기 버튼 클릭**
④	(화면 왼쪽 위) 지도 겹쳐보기 **팝업창 내용 확인**
⑤	(화면 왼쪽 중간) **범례결합 클릭**
⑥	(화면 왼쪽 아래) (VIEW1+VIEW2) **범례결합 결과 확인**
⑦	(화면 아래) VIEW1 **총인구 범례 닫기**
⑧	(화면 아래) VIEW2 **노령화지수 범례 닫기**
⑨	(화면 왼쪽 위) 겹침설정 버튼 클릭해서 **겹침설정 창 닫기**
⑩	(화면 오른쪽 위) **데이터보드 버튼 클릭**
⑪	(화면 오른쪽) 데이터보드 메뉴에서 (VIEW1) **총인구 클릭**
⑫	(화면 오른쪽) **총인구 통계수치 확인**
⑬	(화면 오른쪽) 데이터보드 메뉴에서 (VIEW2) **노령화지수 클릭**
⑭	(화면 오른쪽) **노령화지수 통계수치 확인**
⑮	(화면 오른쪽) 데이터보드 메뉴에서 (VIEW1+2) **결합통계 클릭**
⑯	(화면 왼쪽) 지도 표출 화면에서 **지역 통계 확인**
⑰	(화면 오른쪽) 데이터보드에서 **결합 통계(그래프) 확인**
⑱	(화면 오른쪽) 데이터보드 메뉴에서 **표 아이콘 클릭**
⑲	(화면 오른쪽) 데이터보드에서 **결합 통계(표) 확인**
⑳	(화면 오른쪽) 데이터보드 메뉴에서 **그래프 아이콘 클릭**
㉑	(화면 오른쪽 위) **데이터보드 닫기(X) 버튼 클릭**
㉒	완성된 **'지도 겹쳐보기'** 최종 결과물 확인
	↓ **'지도 겹쳐보기'** 실습 종료

<표 II-3> 고급기능 (2) - 지도 겹쳐보기 활용 실습 순서

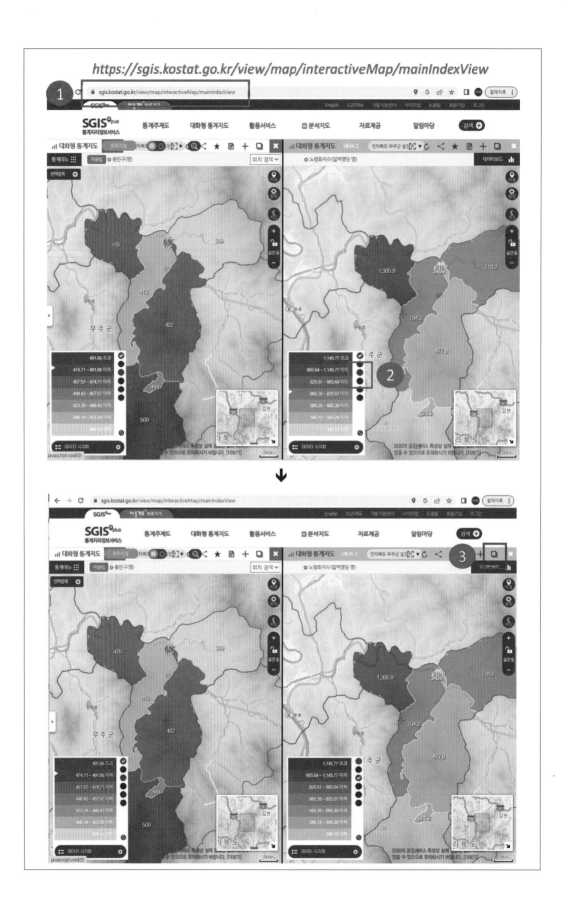

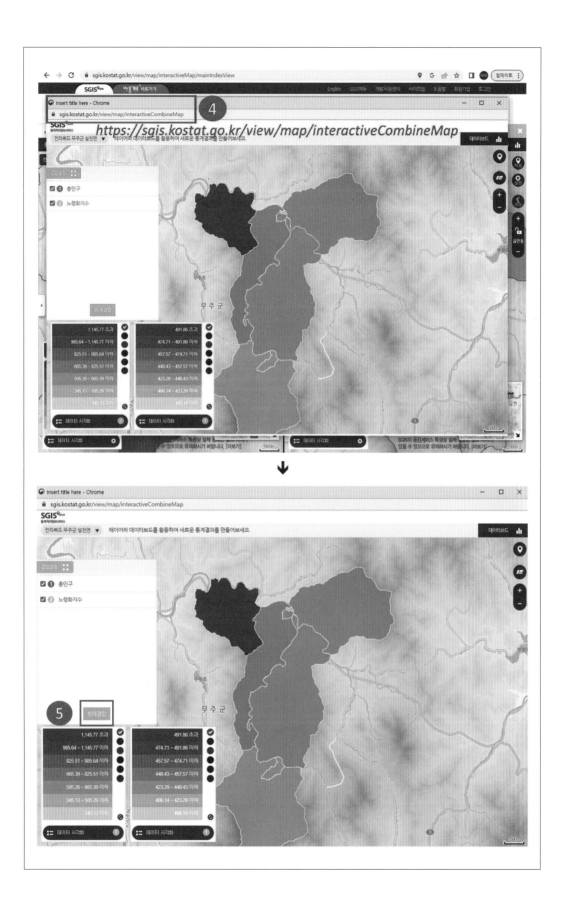

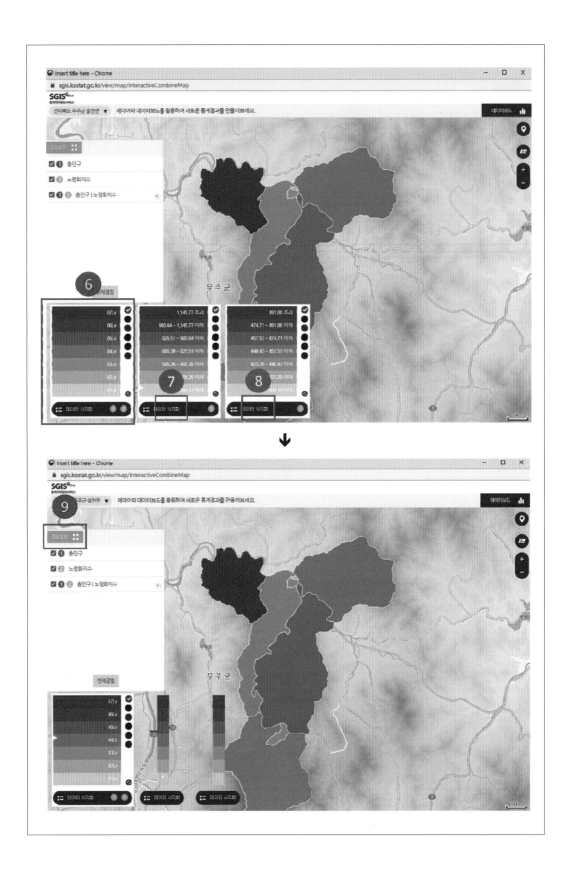

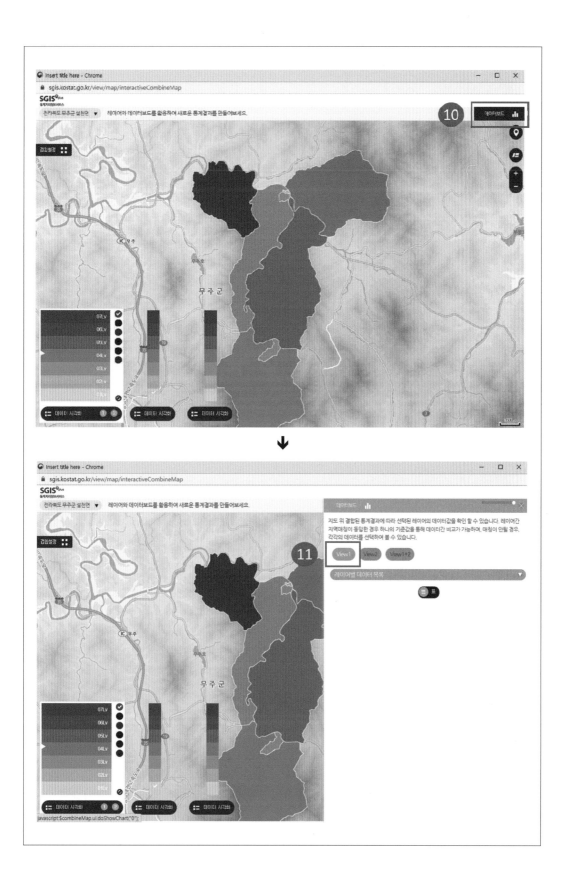

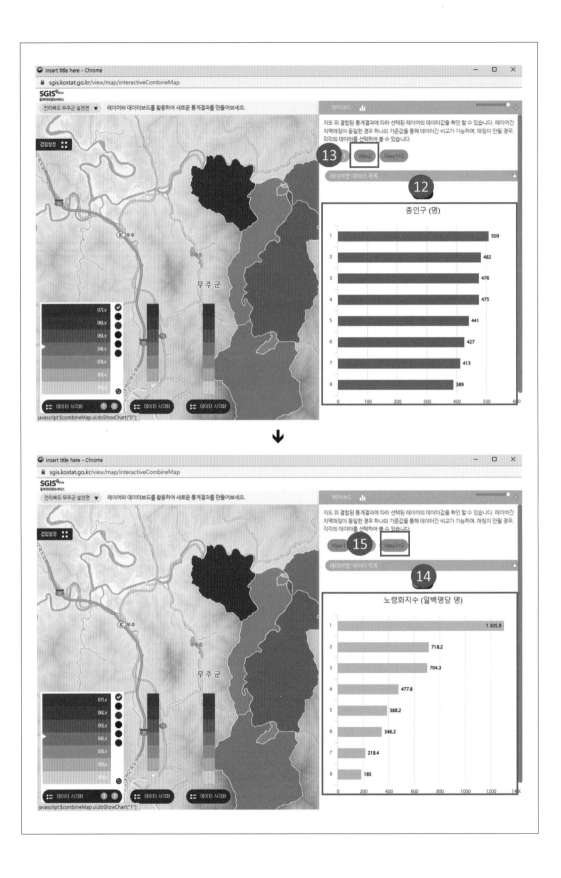

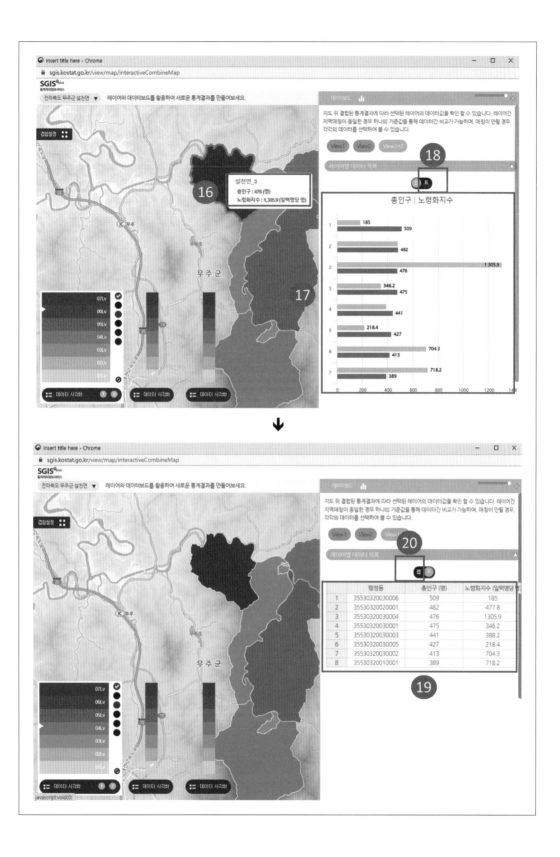

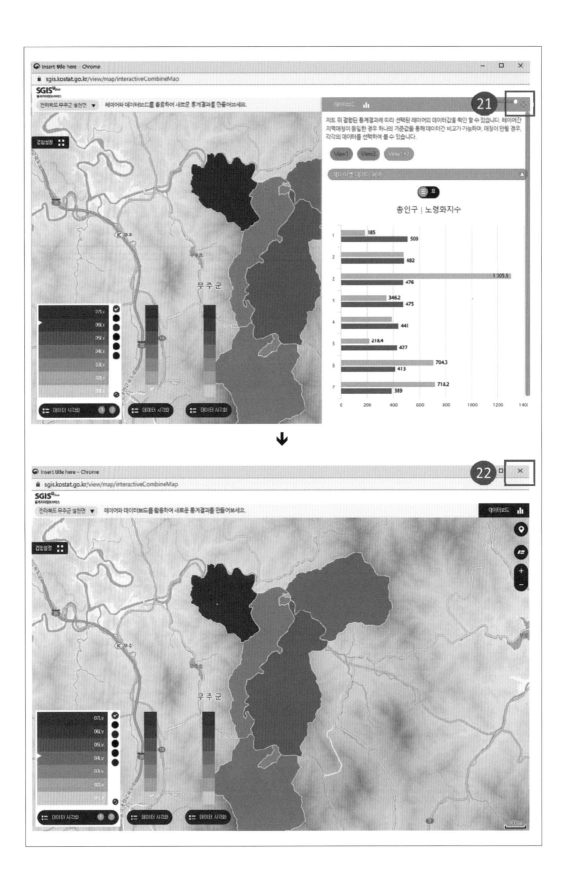

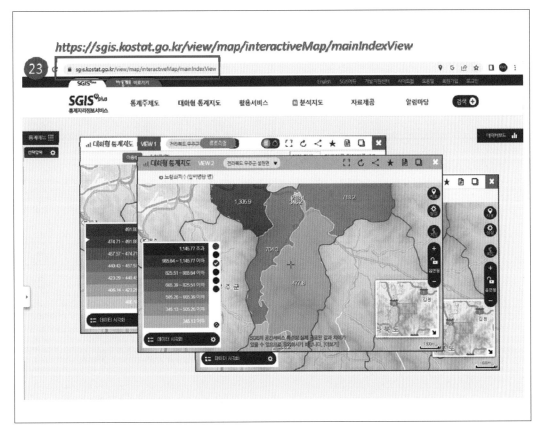

<그림 Ⅱ-5> 고급기능 (2) - 지도 겹쳐보기 활용 실습 과정

3

고급기능 (3)
사업체 및 시설 위치보기

3. 고급기능 (3) 사업체 및 시설 위치보기

'**사업체**6) **및 시설 위치보기**'는 대화형 통계지도에서 특정 업종의 사업체 이름과 시설의 위치를 표시할 수 있는 기능이다.

대화형 통계지도의 화면 우측의 사업체 '**위치보기**' 버튼을 선택 후, 위치를 보고 싶은 업종을 선택하면 현재 지도 화면의 중심점을 기준으로 일정 반경 내의 시설을 모두 검색해서 마커 형태로 표출한다. 사업체가 한 지점에 밀집해 있으면 클러스터로 표시되며, 지도를 확대하면 클러스터가 세분화되어 개별 사업체 위치가 표시된다.

사업체 데이터베이스는 ① 지도 데이터베이스, ② 개별 공간 데이터베이스, ③ 경계 데이터베이스를 모두 포함한 공간정보 데이터베이스이다. 사업체 개별 공간 데이터베이스는 사업체의 속성을 건축물의 좌표를 이용하여 건물과 연계할 수 있도록 구축한 전자 지도 데이터베이스 및 속성 데이터로써, 사업체가 존재하는 건물의 공간객체등록번호(Unique Feature IDentifier, UFID)와 사업체 정보를 연계하여 구축한 개별 공간 데이터베이스이다.

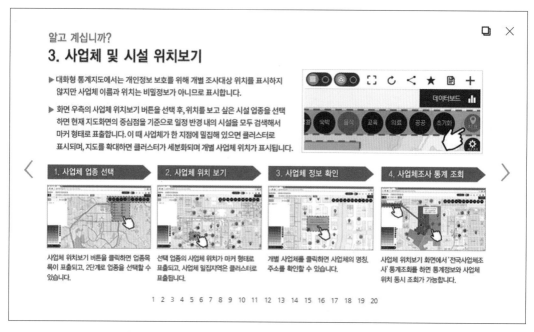

<그림 II-6> 고급기능 (3) - 사업체 및 시설 위치보기 설명
(그림 출처: SGIS플러스 공식 웹사이트 고급기능 설명페이지)

---

6) 사업체란 일정한 물리적 장소에서 단일 또는 주된 경제활동을 독립적으로 수행하는 기업체나 기업체를 구성하는 부분을 말함 (SGIS플러스 공식 웹사이트 주요 용어 설명페이지)

번호	내용
활용 실습 (1)	
①	SGIS플러스 통계지리정보서비스 **'웹사이트'** 접속
②	SGIS플러스 상단 메인 메뉴에서 **'대화형 통계지도'** 선택
③	대화형 통계지도 서브 메뉴에서 **'전국사업체조사'** 선택
④	전국사업체조사 대화형 통계지도 페이지로 이동
⑤	(화면 중간 부분) 선택 창 **'닫기'** 클릭
⑥	(왼쪽 메뉴 바에서) **'지표'** 클릭
⑦	(지표 서브 메뉴에서) **'기업'** 선택
⑧	(기업 서브 메뉴에서) **'문화/체육'** 선택
⑨	(-) 클릭 줌인 (Zoom In), 지도 확대
⑩	**'문화/체육 기업'** 선택 (업체명 확인)
활용 실습 (2)	
①	SGIS플러스 통계지리정보서비스 **'웹사이트'** 접속
②	SGIS플러스 상단 메인 메뉴에서 **'대화형 통계지도'** 선택
③	대화형 통계지도 서브 메뉴에서 **'전국사업체조사'** 선택
④	전국사업체조사 대화형 통계지도 페이지로 이동
⑤	(화면 중간 부분) 선택 창 **'닫기'** 클릭
⑥	(왼쪽 메뉴 바에서) **'지표'** 클릭
⑦	(지표 서브 메뉴에서) **'여가생활'** 선택
⑧	(여가생활 서브 메뉴에서) **'생활체육시설'** 선택
⑨	(생활체육시설) 클러스터 클릭 해제
⑩	(생활체육시설) 클러스터 클릭 해제
⑪	(생활체육시설) 클러스터 클릭 해제
⑫	(4개 생활체육시설에서) 한 개 **'생활체육시설'** 선택
⑬	**'생활체육시설'** 시설명 확인

<표 II-4> 고급기능 (3) - 사업체 및 시설 위치보기 활용 실습 순서

https://sgis.kostat.go.kr/view/index

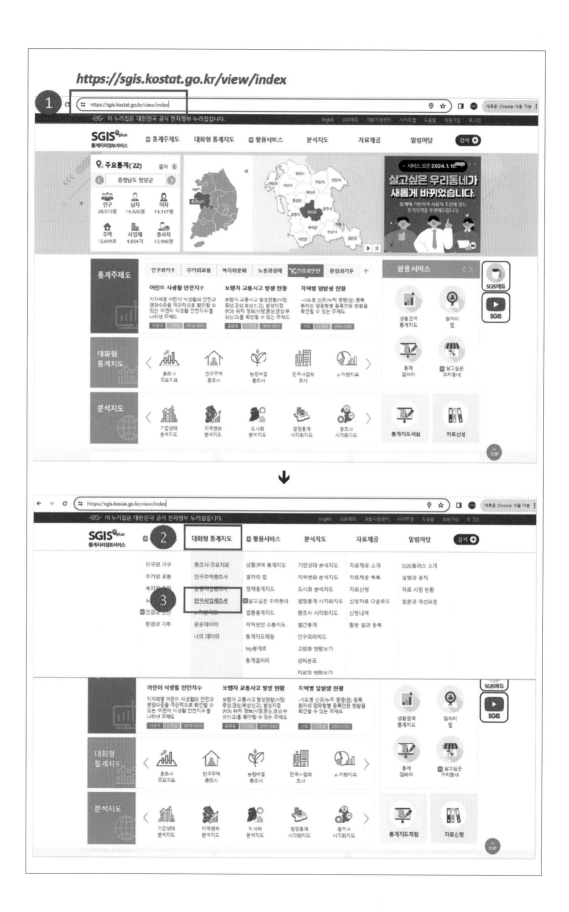

https://sgis.kostat.go.kr/view/map/interactiveMap/companyView

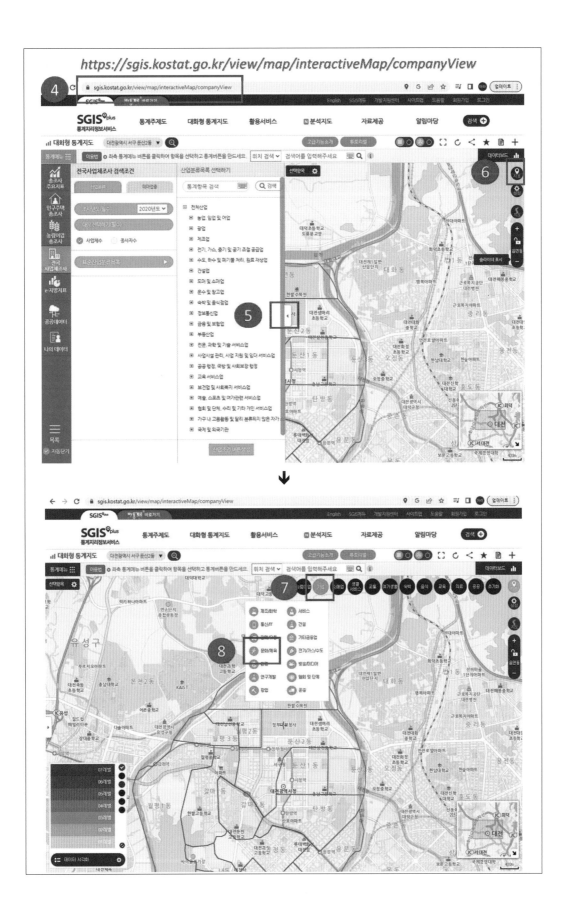

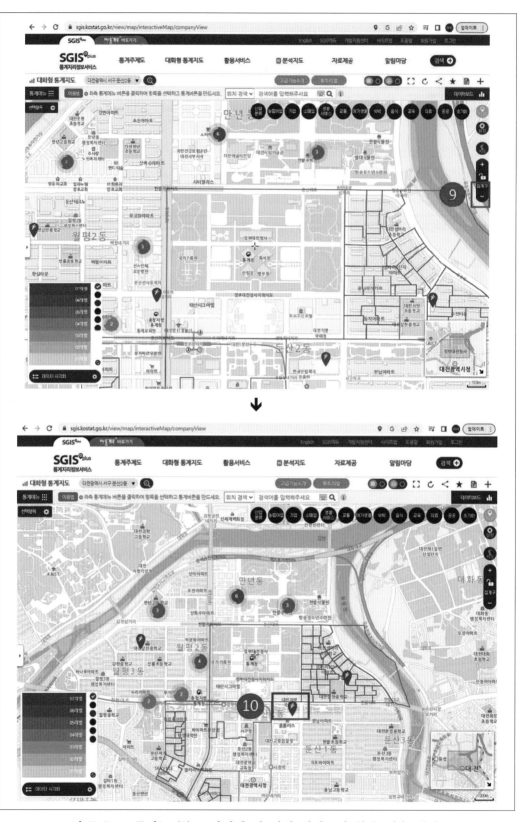

<그림 II-7> 고급기능 (3) - 사업체 및 시설 위치보기 활용 실습 과정 (1)

https://sgis.kostat.go.kr/view/index

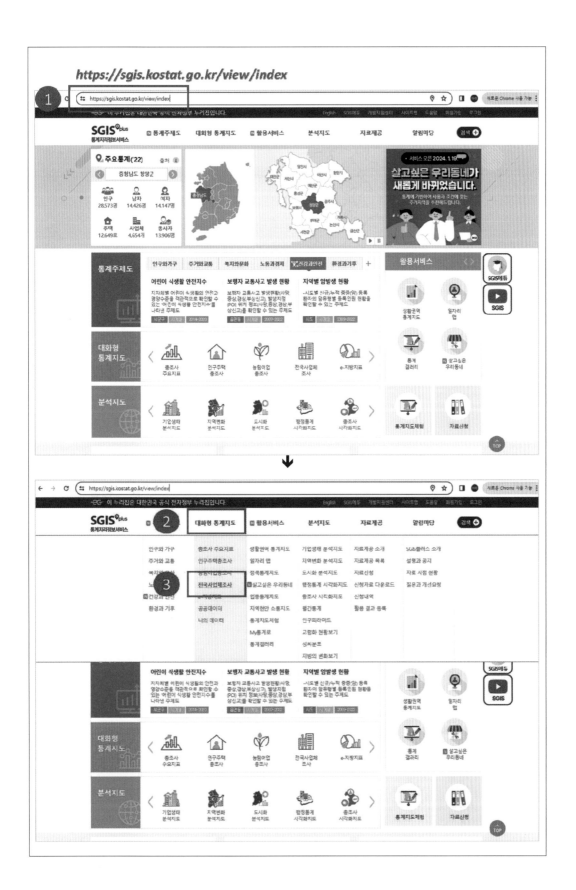

https://sgis.kostat.go.kr/view/map/interactiveMap/companyView

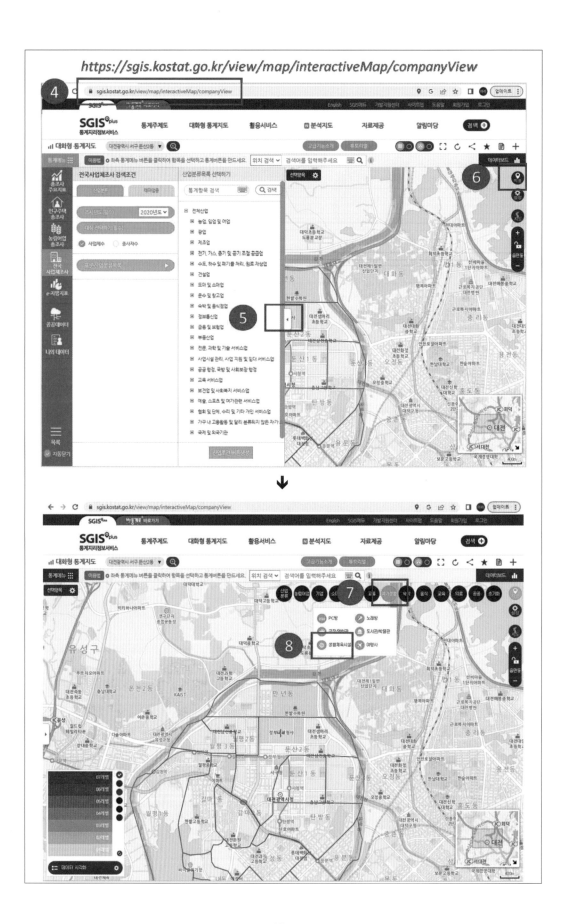

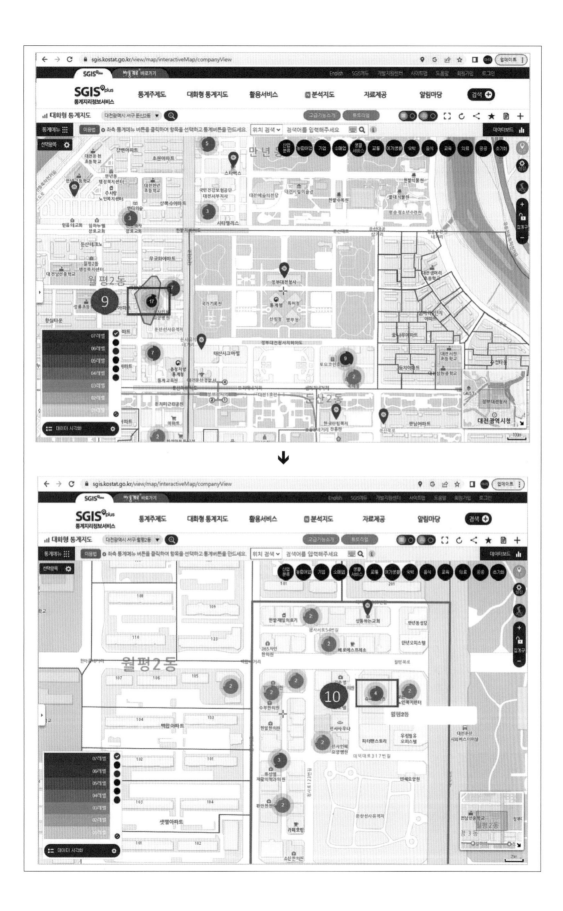

227

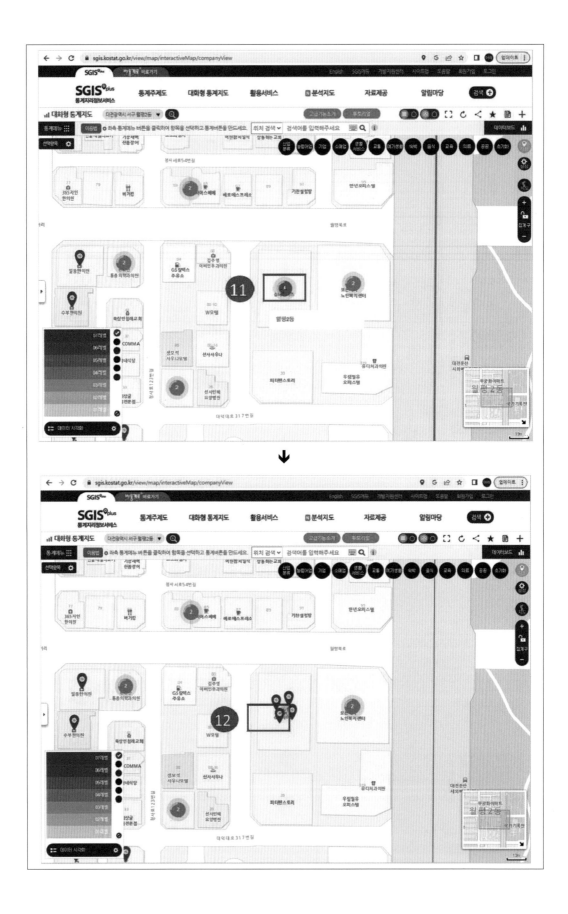

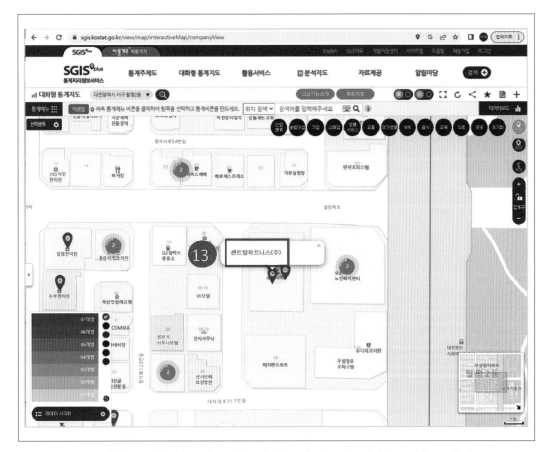

<그림 II-8> 고급기능 (3) - 사업체 및 시설 위치보기 활용 실습 과정 (2)

4

고급기능 (4)
2레벨 보기

4. 고급기능 (4) 2레벨 보기

대화형 통계지도는 기본적으로 선택한 경계보다 1레벨 아래의 경계를 기준으로 통계가 표시된다. 즉 시도 경계에서 통계를 조회하면 (1레벨 아래인) 시군구의 통계가 보이고, 시군구경계에서 통계를 조회하면 (1레벨 아래인) 읍면동의 통계가 보인다.

'2레벨 보기'는 기본 설정으로부터 2레벨 아래의 경계를 기준으로 통계지도를 만드는 기능이다. 즉 시도 레벨에서 (2레벨 아래인) 읍면동 통계를 보거나, 시군구 레벨에서 (2레벨 아래인) 집계구 레벨의 통계를 볼 수 있다.

대화형 통계지도 메인화면의 오른쪽 상단 톱니바퀴 모양 버튼을 클릭하고, 왼쪽에서 첫 번째 동그라미를 클릭하여, 2레벨을 선택하면 된다.

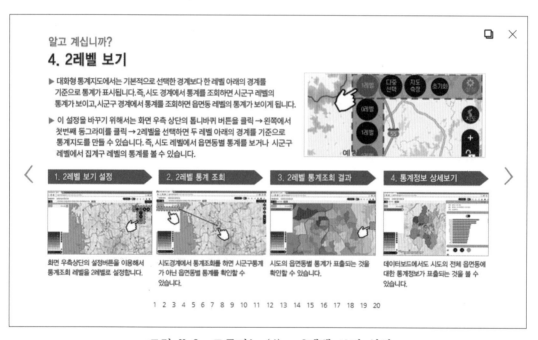

<그림 II-9> 고급기능 (4) - 2레벨 보기 설명
(그림 출처: SGIS플러스 공식 웹사이트 고급기능 설명페이지)

번호	내용
①	SGIS플러스 통계지리정보서비스 '**웹사이트**'접속
②	SGIS플러스 상단 메인 메뉴에서 '**대화형 통계지도**'선택
③	대화형 통계지도 서브 메뉴에서 '**인구주택총조사**'선택
④	인구주택총조사 대화형 통계지도 페이지로 이동
⑤	(화면 왼쪽 위) 대화형 통계지도 '**지역 선택 창**'클릭
⑥	(서울특별시 관악구 낙성대동) 지역 변경 확인
⑦	(인구주택총조사 조건설정하기 메뉴에서) '**인구조건**'선택
⑧	조사년도(필수) '**2021년**'선택, (성별) '**여자**'선택
⑨	(화면 왼쪽 아래) '인구조건버튼생성'버튼 클릭
⑩	(화면 왼쪽 위) 생성된 항목 '여자(명)-2021년'확인
⑪	통계표출 'OFF → ON'변경
⑫	생성된 항목 (지도화면 경계지역 안으로) 끌어놓기
⑬	(화면 오른쪽 위) '설정'아이콘 클릭
⑭	설정 서브 메뉴에서 레벨 '1레벨'확인
⑮	(낙성대동 17 집계구) '인구'확인
⑯	(낙성대동 1 집계구) '인구'확인
⑰	(설정 서브 메뉴 레벨에서) '**2레벨**'선택
⑱	(화면 왼쪽 위) '선택항목'클릭해서 창 닫기
⑲	설정 서브 메뉴에서 레벨 '2레벨'확인
⑳	(-) 클릭하여 지도 확대 (레벨: 집계구) 변경 확인
㉑	(-) 클릭하여 지도 확대 (레벨: 집계구) 유지 확인
㉒	(-) 클릭하여 지도 확대 (레벨: 집계구 → 읍면동) 변경 확인
㉓	(-) 클릭하여 지도 확대 (레벨: 읍면동 → 읍면동) 유지 확인
㉔	(-) 클릭하여 지도 확대 (레벨: 읍면동 → 읍면동) 유지 확인
㉕	(-) 클릭하여 지도 확대 (레벨: 읍면동 → 시군구) 변경 확인
㉖	(확대된 지도 화면에서 시군구 2레벨 아래) 집계구 통계 확인
㉗	(-) 클릭하여 지도 확대 (레벨: 시군구 → 시군구) 유지 확인
㉘	(확대된 지도 화면에서 시군구 2레벨 아래) 집계구 통계 확인
㉙	(-) 클릭하여 지도 축소 (레벨: 시군구 → 시도) 변경 확인
㉚	(확대된 지도 화면에서) 시도 경계 확인

<표 II-5> 고급기능 (4) - 2레벨 보기 실습 순서

https://sgis.kostat.go.kr/view/index

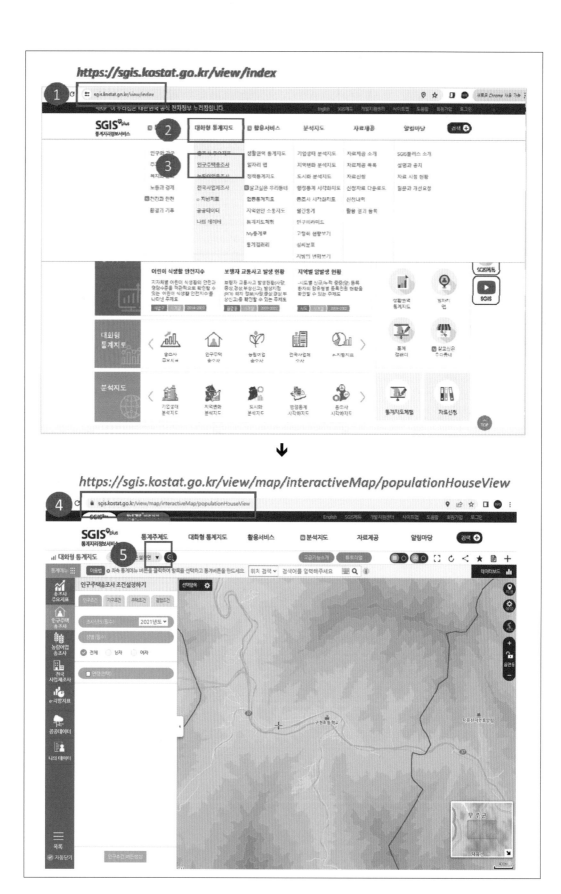

https://sgis.kostat.go.kr/view/map/interactiveMap/populationHouseView

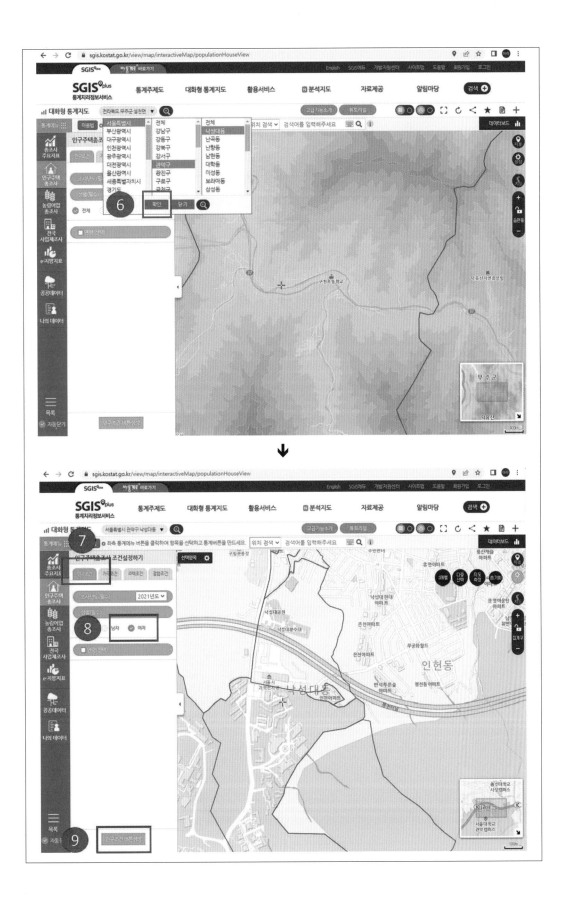

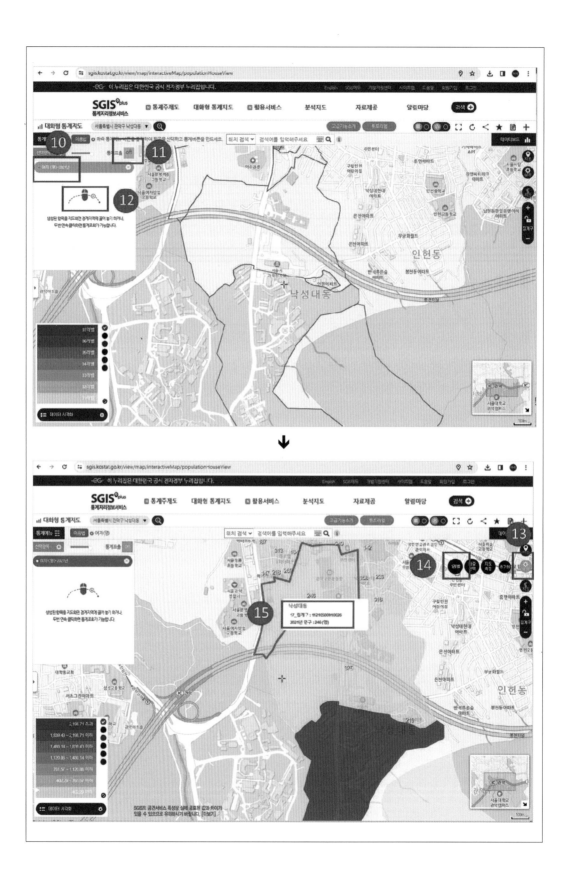

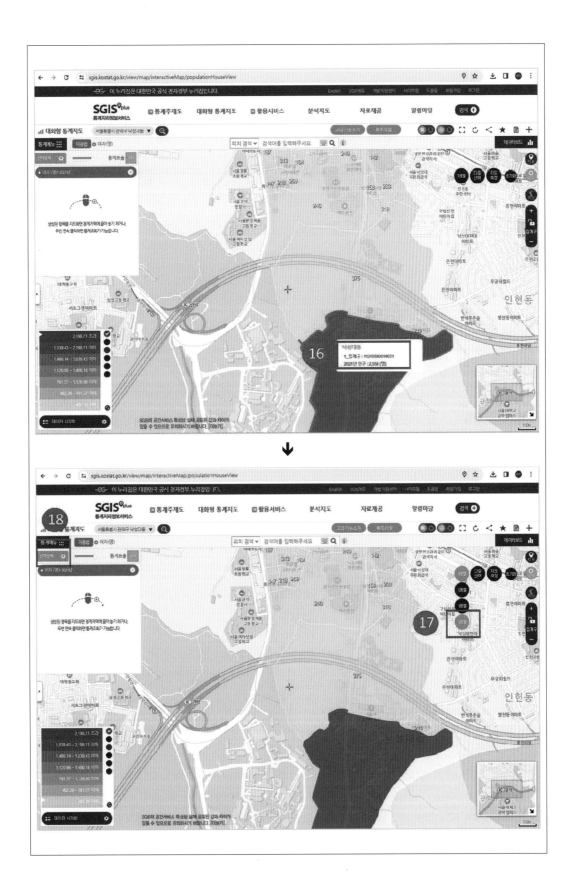

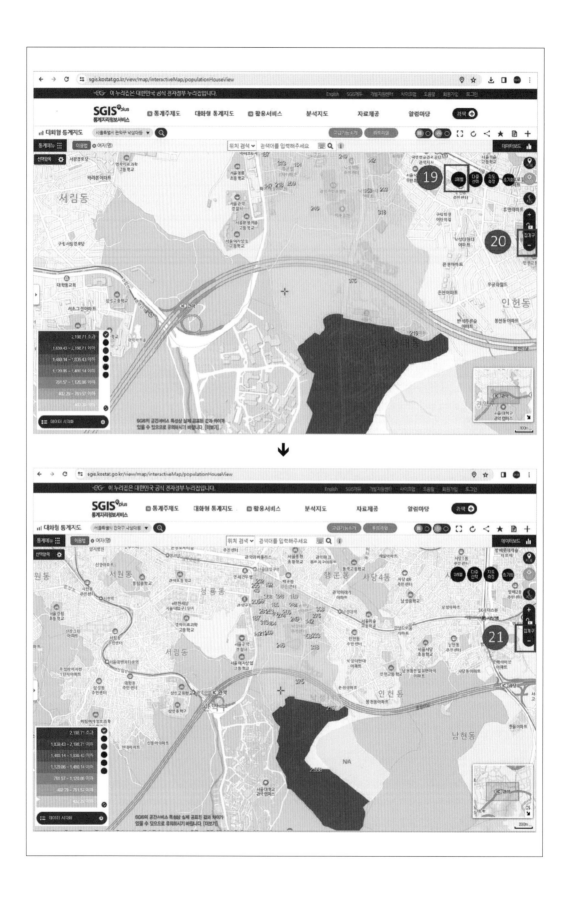

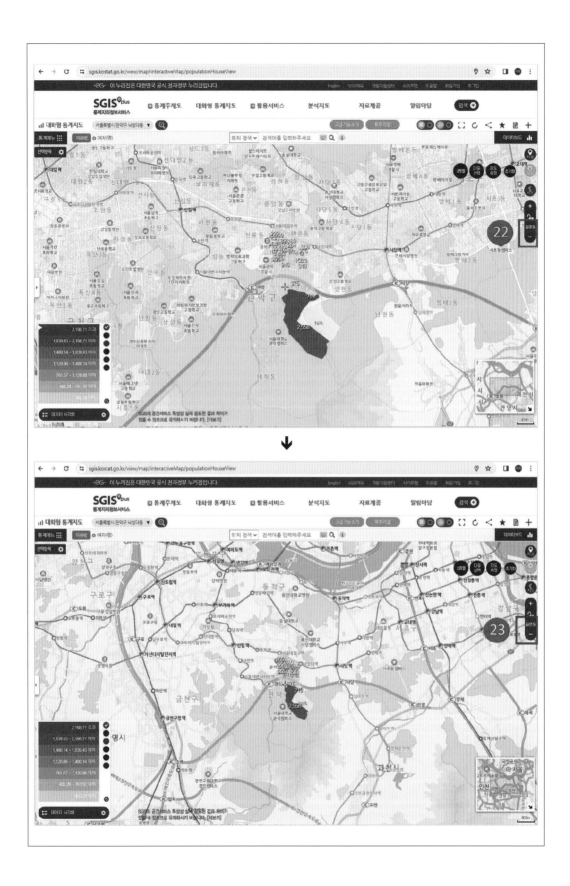

239

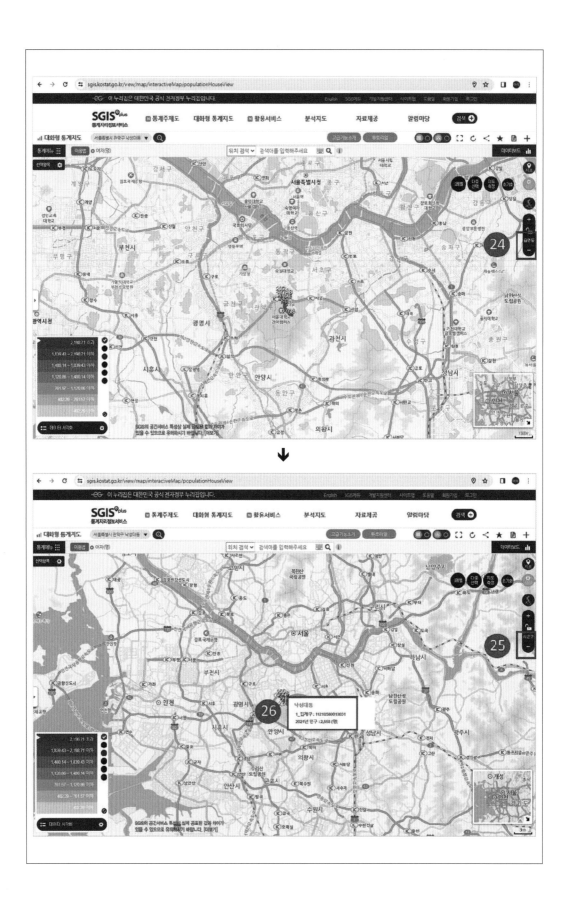

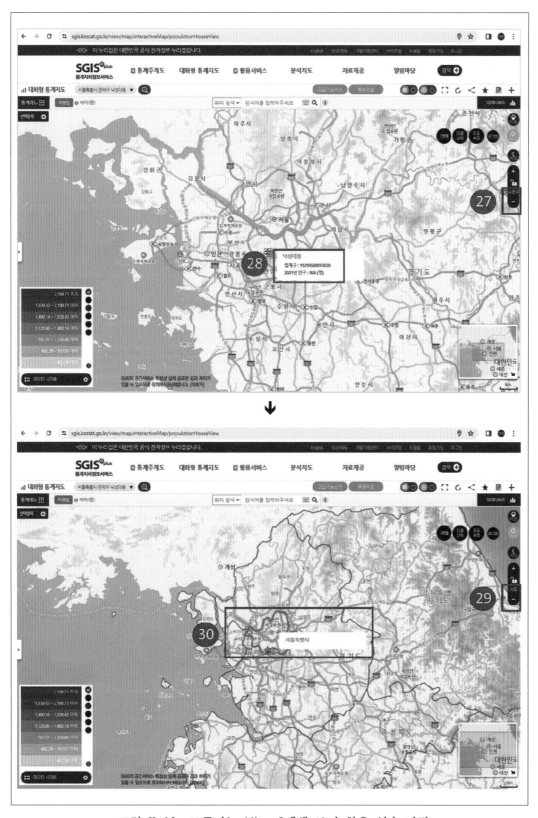

<그림 Ⅱ-10> 고급기능 (4) - 2레벨 보기 활용 실습 과정

5

고급기능 (5)
지역다중선택

5. 고급기능 (5) 지역다중선택

'**지역다중선택**'은 여러 개의 통계 구역을 한 번에 묶어 통계 조회를 하고 싶을 때 사용하는 메뉴이다. 대화형 통계지도 화면의 오른쪽 위쪽에 있는 톱니바퀴 버튼을 클릭하고 왼쪽에서 두 번째 '**지역다중선택**' 버튼을 클릭하면 통계 구역을 선택할 수 있는 다양한 옵션이 나타난다.

대화형 통계지도에서는 개별정보보호를 이유로 집계구[7]보다 작은 공간 단위의 통계정보는 제공하지 않는다. 원형 또는 사각형으로 통계구역을 설정하면 해당 도형에 걸치는 모든 집계구(또는 행정구역)가 선택된다.

<그림 II-11> 고급기능 (5) - 지역다중선택
(그림 출처: SGIS플러스 공식 웹사이트 고급기능 설명페이지)

---

7) 집계구(output area): 기초단위구를 기반으로 인구규모(최적 500명), 사회경제적 동질성(주택유형, 지가), 집계구 형상을 고려하여 구축한 최소 통계 집계구역
- 개인정보보호 및 통계적 유의성 확보를 위하여 최소인구 300명, 최적인구 500명, 최대인구 1,000명을 설정
- 건물을 단독, 아파트, 비거주용으로 분류, 기초단위구별 주택유형 분석하여 이를 기반으로 집계구가 유사한 주택유형을 가지도록 함
- 필지별 지가를 기반으로 기초단위구의 평균지가 산정, 이를 기반으로 집계구가 유사한 평균지가를 가지도록 함
- 집계구 형상은 가시적 측면에서 단순한 형태를 유지하는 것이 좋으며, 정방형이 가장 이상적임
  ※ 통계청의 전수조사 자료를 읍면동보다 더 작은 소지역단위(집계구)로 집계하여 서비스
  (출처: https://sgis.kostat.go.kr/view/board/expAndNoticeStatsWord)

번호	내용
①	SGIS플러스 통계지리정보서비스 '**웹사이트**' 접속
②	SGIS플러스 상단 메인 메뉴에서 '**대화형 통계지도**' 선택
③	대화형 통계지도 서브 메뉴에서 '**농림어업총조사**' 선택
④	농림어업총조사 대화형 통계지도 페이지로 이동
⑤	(화면 왼쪽 위) 대화형 통계지도 지역 선택창 클릭
⑥	(전라남도 나주시 남평읍) 지역 변경 확인
⑦	(농림어업총조사 검색조건에서) 가구원 성별 선택
⑧	성별에서 '**남성**' 선택
⑨	(화면 왼쪽 아래) 검색조건생성 버튼 클릭
⑩	(화면 왼쪽 위) 생성된 항목 '농가+남자(명)-2020년' 확인
⑪	통계표출 'OFF → ON' 변경
⑫	생성된 항목 (지도화면 경계지역 안으로) 끌어놓기
⑬	(-) 네 번 클릭, 지도 확대 (레벨: 집계구 → 읍면동) 변경 확인
⑭	선택항목 클릭 창 닫기
⑮	(화면 오른쪽 위) '설정' 아이콘 클릭
⑯	설정 서브 메뉴에서 '다중선택' 클릭
⑰	다중선택 서브 메뉴에서 '다각' 클릭
⑱	마우스 왼쪽 버튼 클릭, 지역 선택
⑲	마우스 오른쪽 버튼 클릭, 지역 선택 마침
⑳	(화면 오른쪽 위) '데이터보드' 클릭
㉑	데이터 표 보기 확인
㉒	(스크롤 바 조정) 하단 데이터 보기 내용 확인
㉓	상위지역 비교 데이터 내용 확인
㉔	상위지역 비교 데이터 표 보기 클릭
㉕	상위지역 비교 데이터 내용 확인
㉖	(화면 오른쪽 아래) 지도 비교하기 아이콘 클릭
㉗	지도비교하기 창 내용 확인

<표 II-6> 고급기능 (5) - 지역다중선택 실습 순서

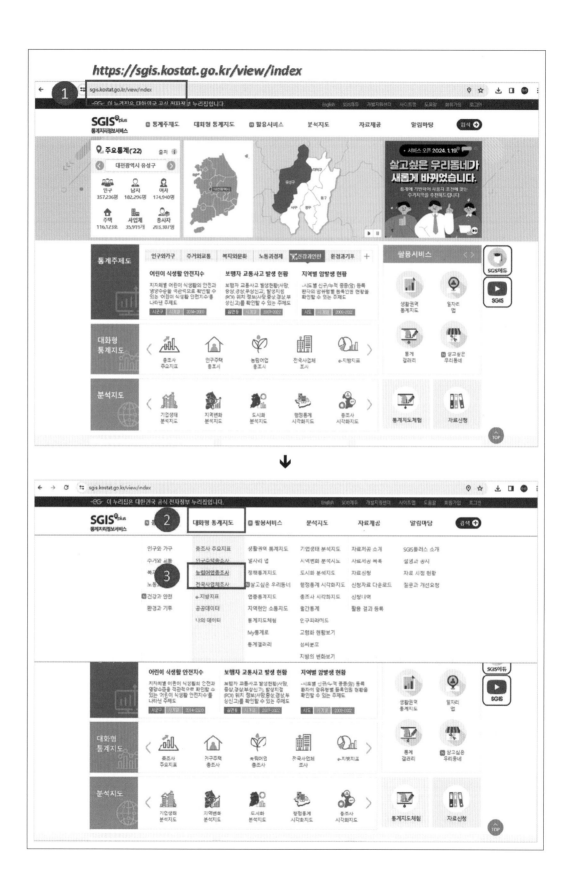

https://sgis.kostat.go.kr/view/index

https://sgis.kostat.go.kr/view/map/interactiveMap/3fView

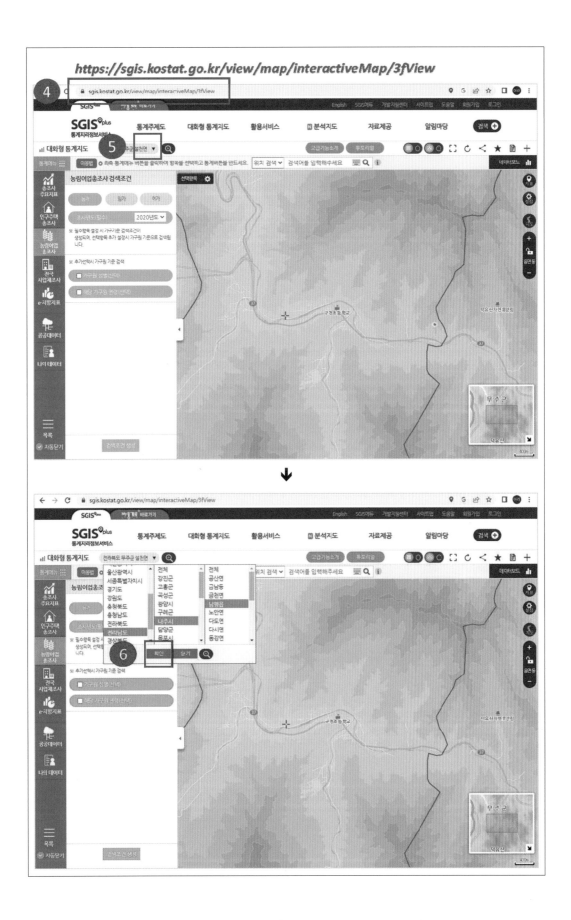

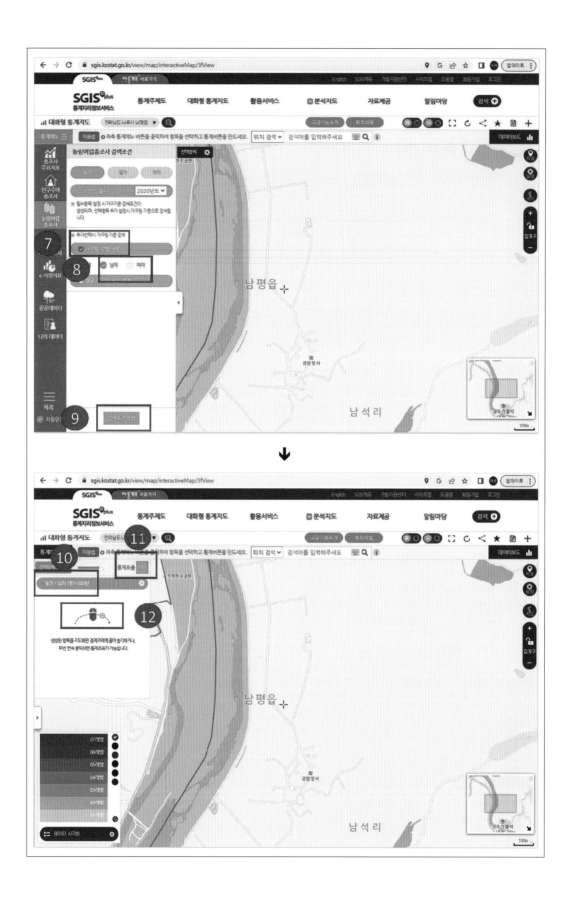

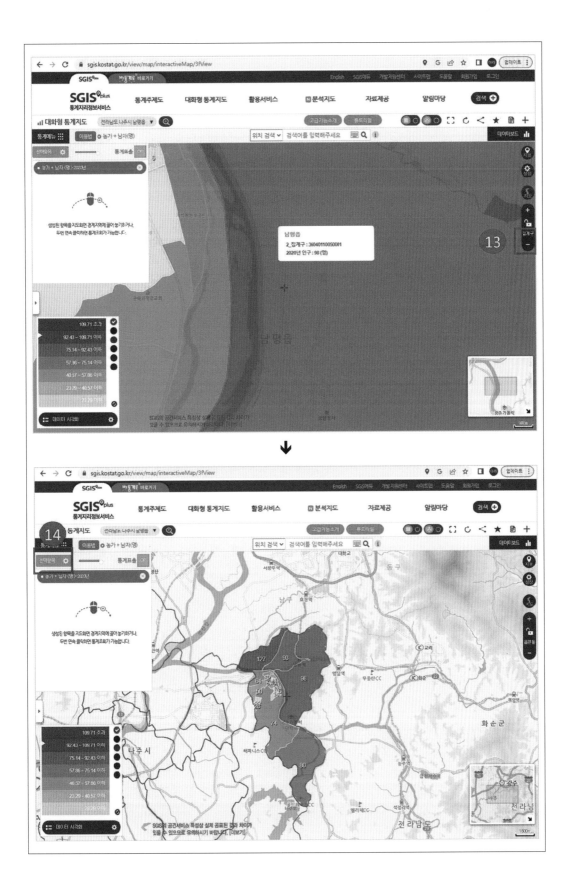

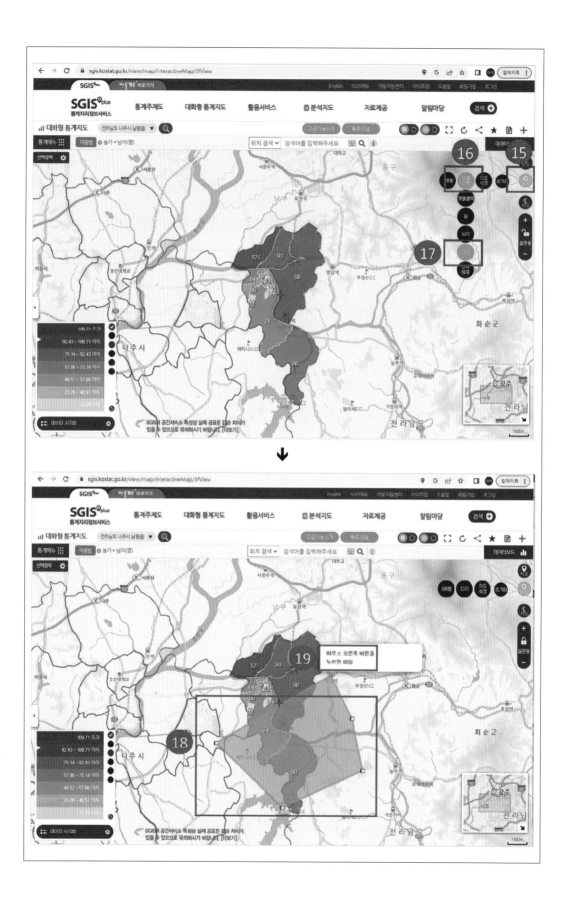

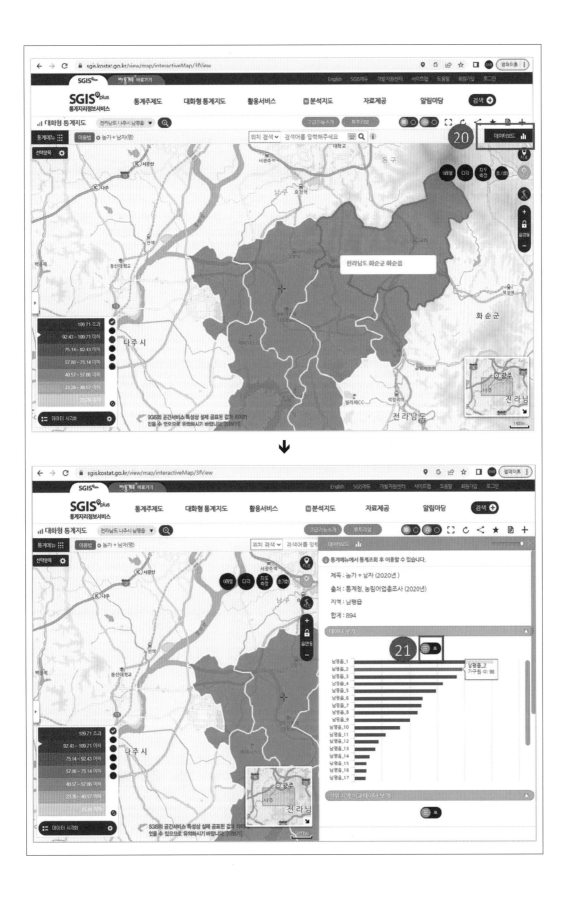

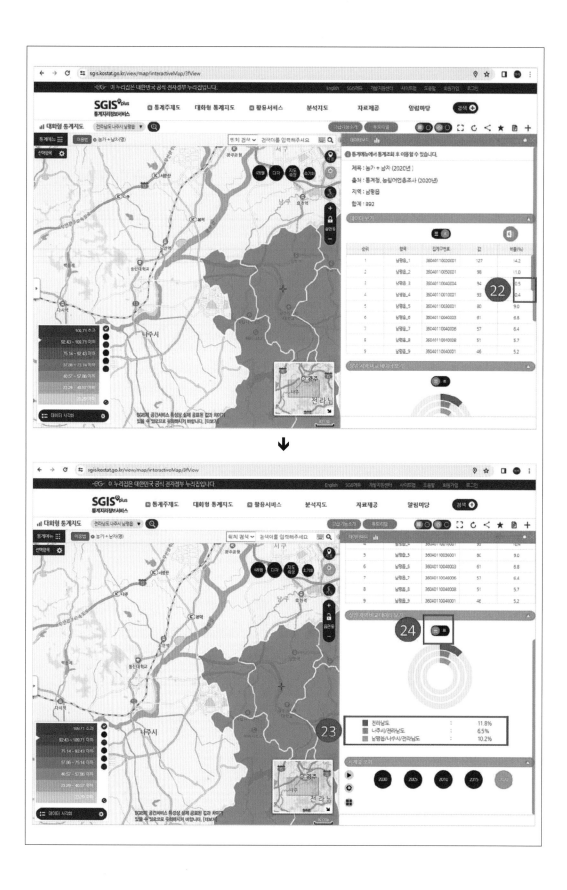

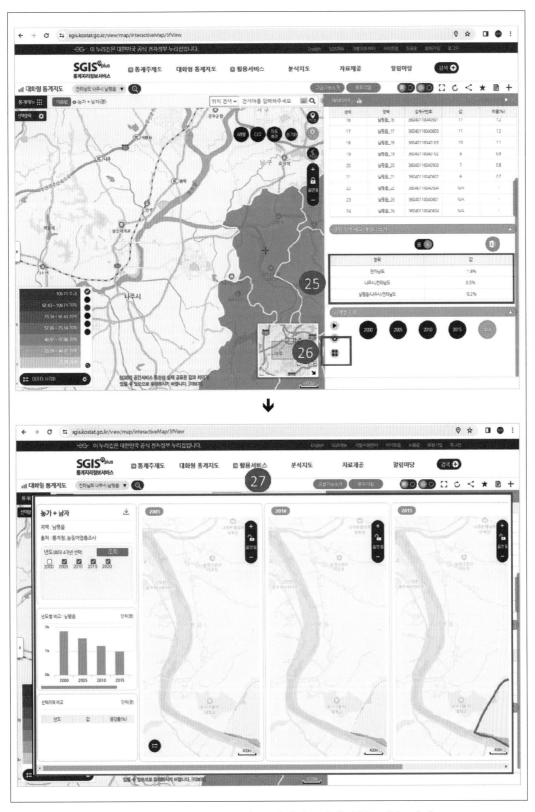

<그림 II-12> 고급기능 (5) - 지역다중선택 활용 실습 과정

대화형 통계지도 화면 오른쪽 위에 있는 설정(톱니바퀴 모양) 버튼을 클릭하고 왼쪽에서 두 번째 **'다중선택'** 버튼을 클릭하면 통계구역을 선택할 수 있는 다양한 옵션이 나타난다. 옵션 가운데 **'개별선택'**을 클릭하면 통계구역을 개별적으로 선택할 수 있다. 레벨('시도', '시군구', '읍면동' 등)에 따라 선택할 수 있는 통계구역이 달라진다. 예를 들어, 레벨이 **'시도'**인 경우에는 특별시, 광역시, 자치도만 선택해서 비교 통계지도를 만들 수 있다.

다음은 레벨을 '시도'로 고정 후, 다중선택 메뉴에서 '개별선택'을 이용하여 통계지도를 만드는 과정이며, 각 과정의 결과는 <그림 II-13>과 같다.

① '설정' 버튼 클릭
→ ② 설정 서브 메뉴에서 '다중선택' 버튼 클릭
→ ③ 다중선택 서브 메뉴에서 '개별선택' 클릭
→ ④ 다중선택 메뉴가 개별선택으로 변경된 것 확인
→ ⑤ 시도 레벨에서 '충청남도' 지역경계 클릭
→ ⑥ 충청남도만 대상으로 통계지도 작성 확인
→ ⑦, ⑧, ⑨, ⑩ 여러 지역 동시 '개별선택' 결과 확인

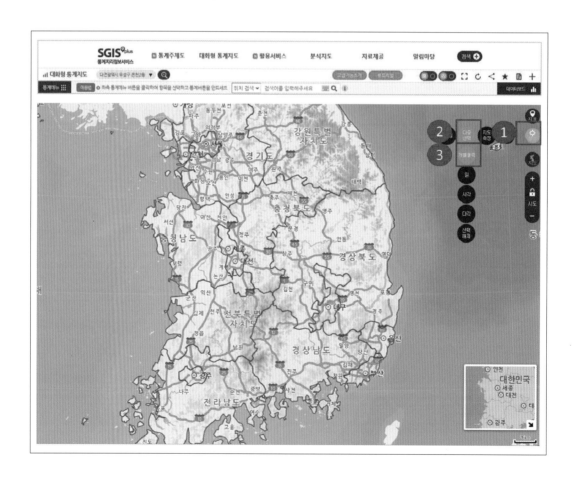

(1개 지역 선택)

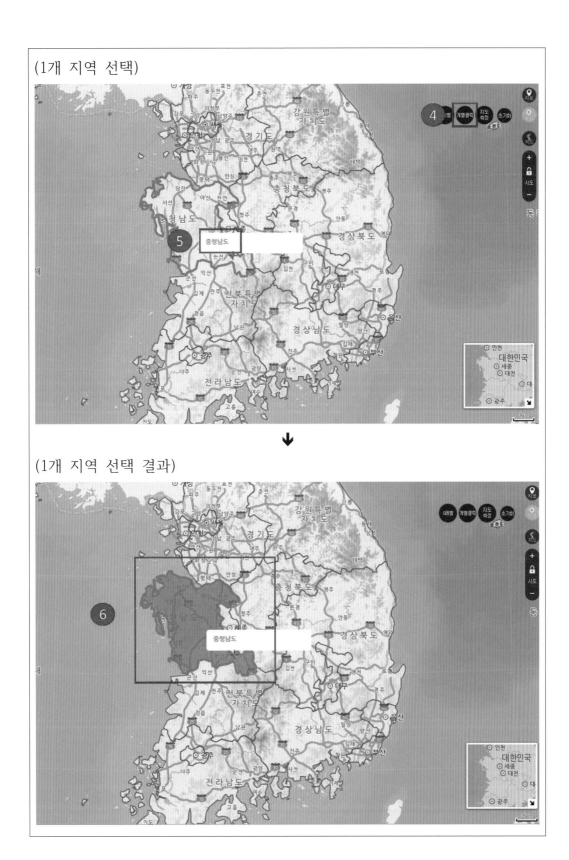

↓

(1개 지역 선택 결과)

(2개 지역 선택 결과)

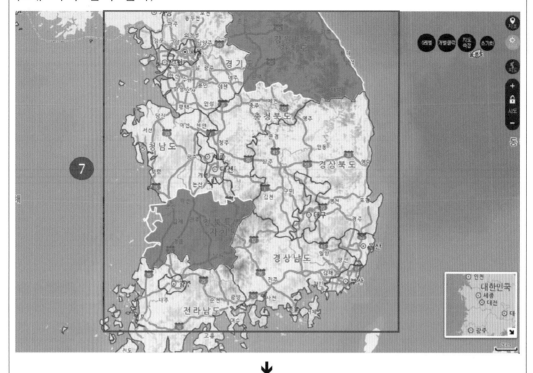

↓

(3개 지역 선택 결과)

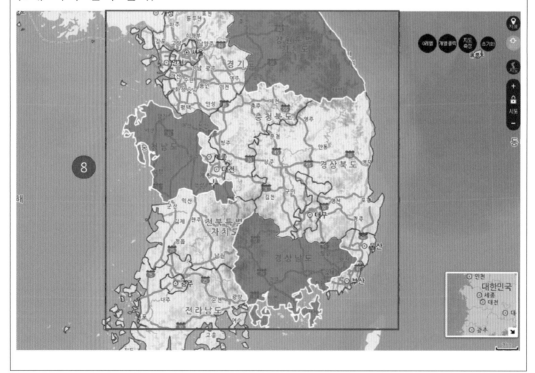

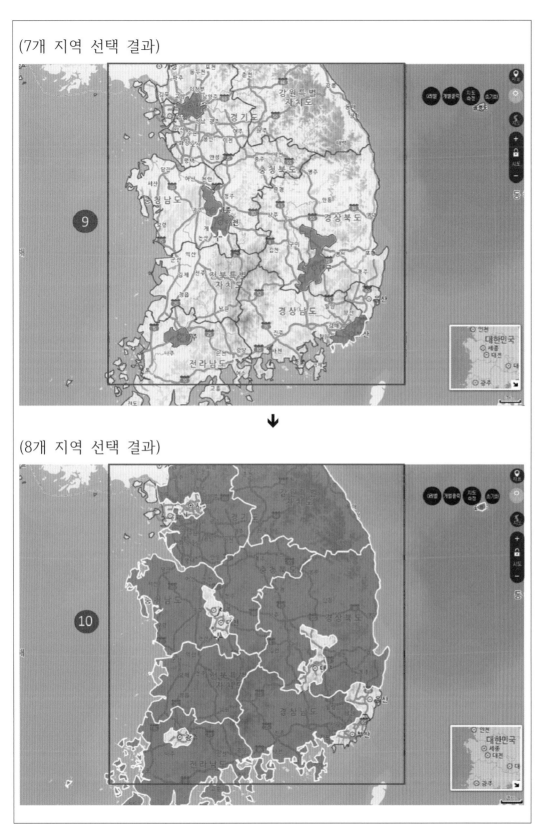

(7개 지역 선택 결과)

(8개 지역 선택 결과)

<그림 II-13> 지역다중선택 (개별선택) 실습 과정

257

대화형 통계지도 화면 오른쪽 위에 있는 설정(톱니바퀴 모양) 버튼을 클릭하고 왼쪽에서 두 번째 '**다중선택**' 버튼을 클릭하면 통계구역을 선택할 수 있는 다양한 옵션이 나타난다. 옵션 가운데 '**원**'을 클릭하면 원이 접하는 통계구역을 한 번에 선택할 수 있다. 지정한 레벨('시도', '시군구', '읍면동' 등)에 따라 선택할 수 있는 통계구역이 달라진다.

다음은 레벨을 '시도'로 고정 후, 다중선택 메뉴에서 '원'을 이용하여 통계지도를 만드는 과정이며, 각 과정의 결과는 <그림 II-14>와 같다. '원'을 이용하여 통계지도를 작성한 다음에 '개별선택'을 이용하여 선택 구역을 변경할 수 있다.

① '설정' 버튼 클릭
→ ② 설정 서브 메뉴에서 '다중선택' 버튼 클릭
→ ③ 다중선택 서브 메뉴에서 '원' 클릭
→ ④ 다중선택 메뉴가 원으로 변경된 것 확인
→ ⑤ 시도 레벨에서 중심 반경 60.86km 원 생성
→ ⑥ 원이 걸쳐지는 시도만 대상으로 통계지도 작성 확인

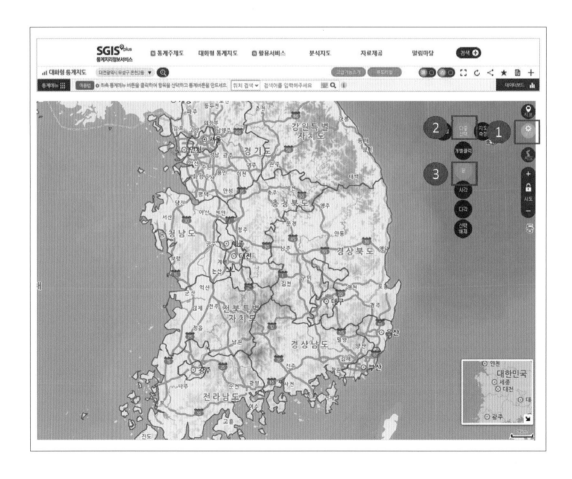

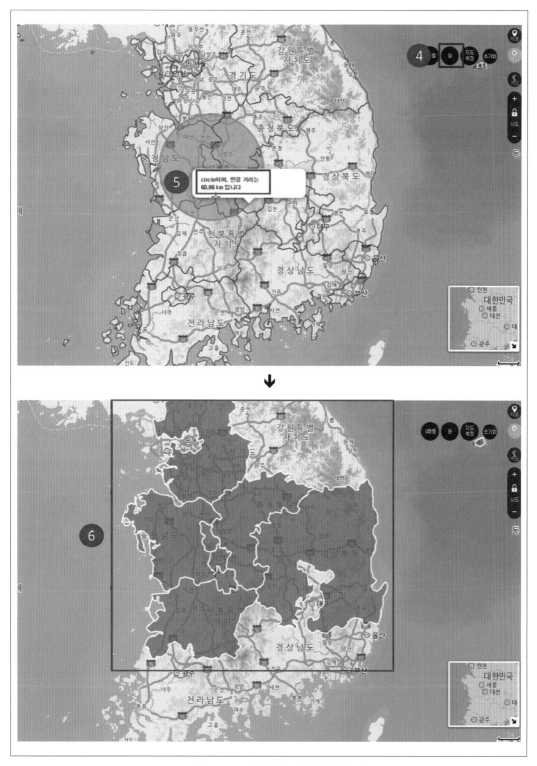

<그림 II-14> 지역다중선택 (원선택)

대화형 통계지도 화면 오른쪽 위에 있는 설정(톱니바퀴 모양) 버튼을 클릭하고 왼쪽에서 두 번째 **'다중선택'** 버튼을 클릭하면 통계구역을 선택할 수 있는 다양한 옵션이 나타난다. 옵션 가운데 **'사각'**을 클릭하면 사각형이 접하는 통계구역을 한 번에 선택할 수 있다. 지정한 레벨('시도', '시군구', '읍면동' 등)에 따라 선택할 수 있는 통계구역이 달라진다.

다음은 레벨을 '시도'로 고정 후, 다중선택 메뉴에서 '사각'을 이용하여 통계지도를 만드는 과정이며, 각 과정의 결과는 <그림 II-15>와 같다. '사각'을 이용하여 통계지도를 작성한 다음에 '개별선택'을 이용하여 선택 구역을 변경할 수 있다.

① '설정' 버튼 클릭
→ ② 설정 서브 메뉴에서 '다중선택' 버튼 클릭
→ ③ 다중선택 서브 메뉴에서 '사각' 클릭
→ ④ 다중선택 메뉴가 사각으로 변경된 것 확인
→ ⑤ 시노 레벨에서 사각형 생성
→ ⑥ 사각형이 걸쳐지는 시도만 대상으로 통계지도 작성 확인

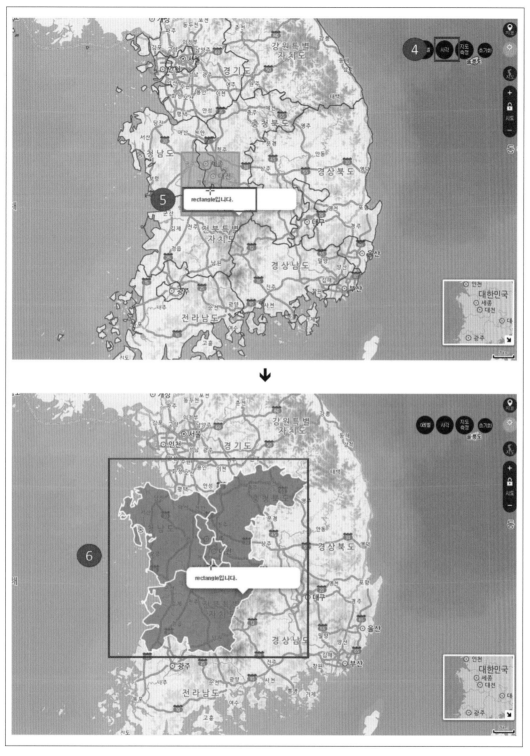

<그림 II-15> 지역다중선택 (사각선택)

6

고급기능 (6)
위성지도

6. 고급기능 (6) 위성지도

지도는 지구 표면의 상태를 일정한 비율로 줄여서 약속된 기호로 평면에 나타낸 그림이다. 대화형 통계지도는 화면 오른쪽 아래에 지도에서 축척[8]에 대응하는 기준값을 제공한다. 화면 오른쪽 슬라이더에서 (+) 버튼을 클릭하면, 400m→200m→100m→50m→25m→13m로 값이 감소하고, 좁은 지역이 조금 축소된 지도가 나타난다. 반대로 (-) 버튼을 클릭하면, 400m→800m→1600m →3km→6km→13km→26km→51km→102km로 값이 증가하고, 넓은 지역이 많이 축소된 지도가 나타난다.

대화형 통계지도는 '**바탕지도**'를 변경할 수 있는 기능을 제공한다. 대화형 통계지도가 기본적으로 제공하는 서비스 지도는 '**도로명주소지도**'를 기반으로 통계청에서 제작한 지도이나, 설정 서브 메뉴에서 '**위성지도**'를 선택하면 해당 지역의 위성지도로 변경된다.

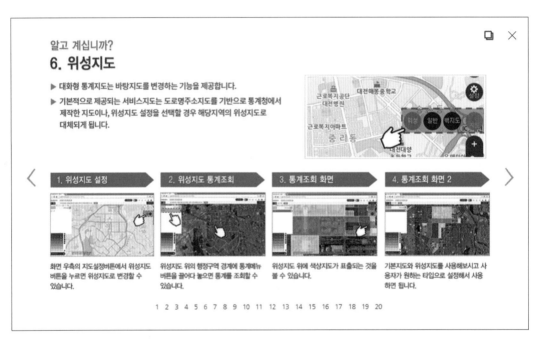

<그림 II-16> 고급기능 (6) - 위성지도
(그림 출처: SGIS플러스 공식 웹사이트 고급기능 설명페이지)

---

8) 축척은 지표상의 실제 거리와 지도상에 표시한 거리의 비율이다. 축척을 나타내는 분수가 클수록, 즉 분모의 수가 작을수록 대축척이다. 일반적으로 지도는 축척에 따라 '**소축척지 도**'와 '**대축척지도**'로 나누는데, '**소축척지도**'는 넓은 지역을 많이 축소한 지도, '**대축척지 도**'는 좁은 지역을 조금 축소한 지도이다. 소축척과 대축척은 상대적인 개념이기 때문에 명 확한 구분은 어렵지만, 축척이 1:100,000보다 작으면 소축척지도, 1:50,000보다 크면 대축 척 지도로 구분한다.

번호	내용
①	SGIS플러스 통계지리정보서비스 '**웹사이트**'접속
②	SGIS플러스 상단 메인 메뉴에서 '**대화형 통계지도**'선택
③	대화형 통계지도 서브 메뉴에서 '**e-지방지표**'선택
④	e-지방지표 대화형 통계지도 페이지로 이동
⑤	지역 선택 창에서 (대전광역시/유성구/전체 선택) 지역 변경
⑥	e-지방지표 목록보기에서 '**교육**'선택
⑦	지역 (대전광역시 유성구 노은1동) 확인
⑧	지도화면에서 (대전광역시) 경계지역 표시 확인
⑨	교육 서브 메뉴에서 '**초등학교수**'선택
⑩	e-지방지표 세부항목선택 메뉴에서 '2023'선택
⑪	(화면 아래) '**검색조건 버튼생성**'클릭
⑫	생성된 항목 '**초등학교 수(시도/시/군/구)**'선택
⑬	(지도화면 경계지역으로) 끌어놓기
⑭	알림창 안내문 확인
⑮	(대전광역시 초등학교 수) 시각화 결과 확인
⑯	통계표출 'OFF → ON'변경
⑰	(지도화면 경계지역에 초등학교 수) 통계값 표출 확인
⑱	(화면 왼쪽 위) 선택항목 창 닫기
⑲~⑳	(화면 오른쪽 위) '지도'아이콘 클릭, '위성'선택
㉑	(화면 오른쪽 위) '지도 추가(+)' 버튼 클릭
㉒	(VIEW1 화면 왼쪽 위) 선택항목 창 열기
㉓~㉔	(VIEW2 화면 오른쪽 위) '지도'아이콘 클릭, '백지도'선택
㉕	(VIEW1) 생성된 항목 '**초등학교 수(시도/시/군/구)**'선택
㉖	(VIEW2) (지도화면 경계지역으로) 끌어놓기
㉗	알림창 안내문 확인
㉘	(VIEW1) 선택항목 창 닫기
㉙~㉚	(VIEW1) 지도 서브 메뉴에서 '백지도', '숨기기'선택
㉛~㉜	(VIEW1) (+) 한 번 클릭, (VIEW2)(-) 한 번 클릭
㉝~㊱	(VIEW1) (VIEW2) 시각화 옵션 선택 및 지도 보기 창 닫기
㊲~㊳	(VIEW1) (-) 두 번 클릭, (VIEW2) (-) 한 번 클릭
㊴	(VIEW1) 백지도-숨기기, (VIEW2) 백지도 선택 결과 비교

<표 II-7> 위성지도 실습 순서

https://sgis.kostat.go.kr/view/index

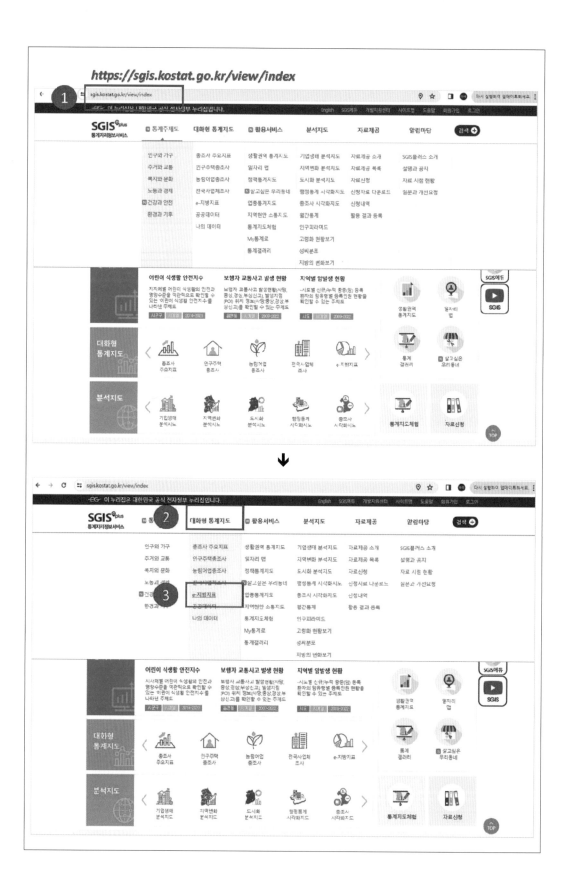

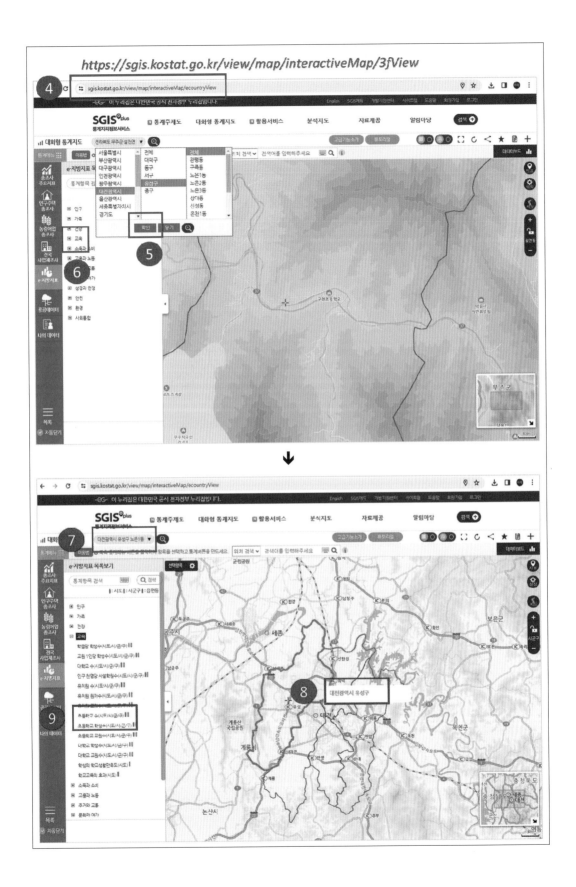

https://sgis.kostat.go.kr/view/map/interactiveMap/3fView

267

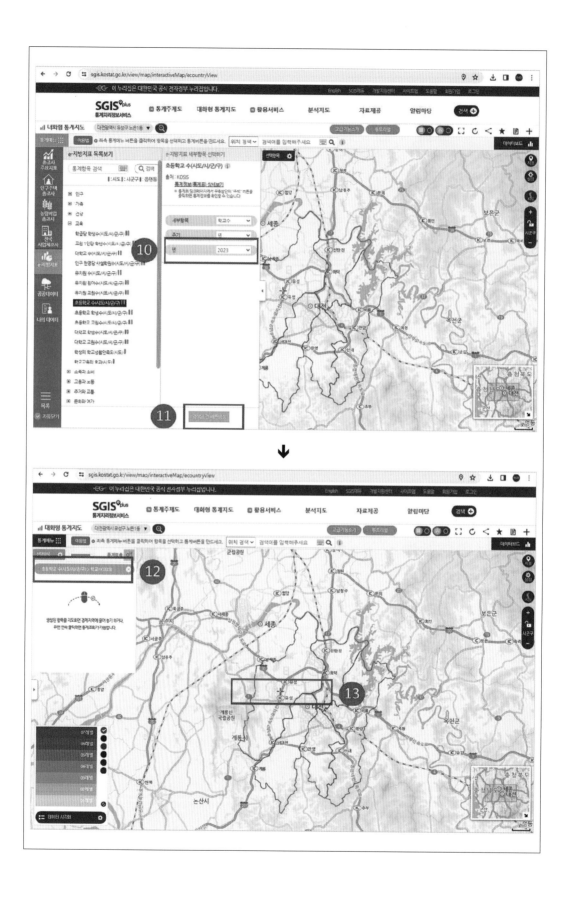

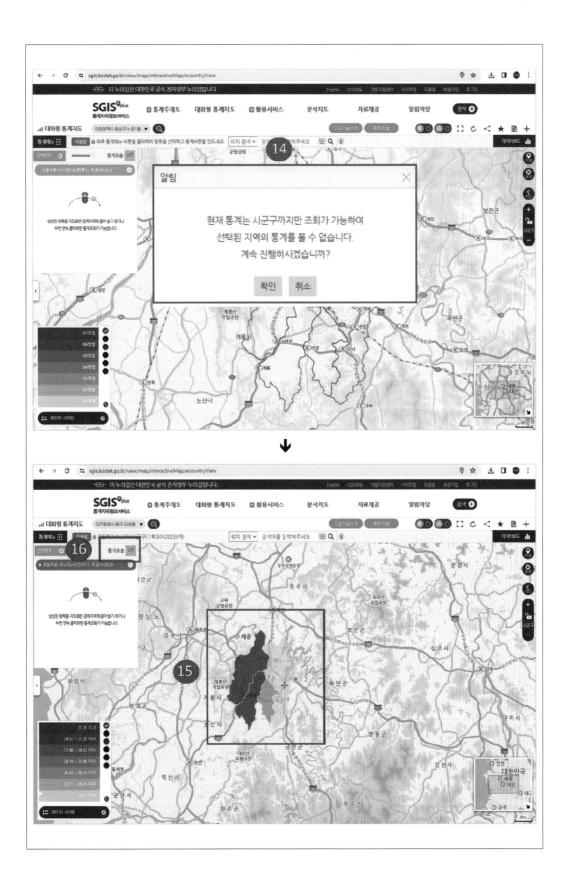

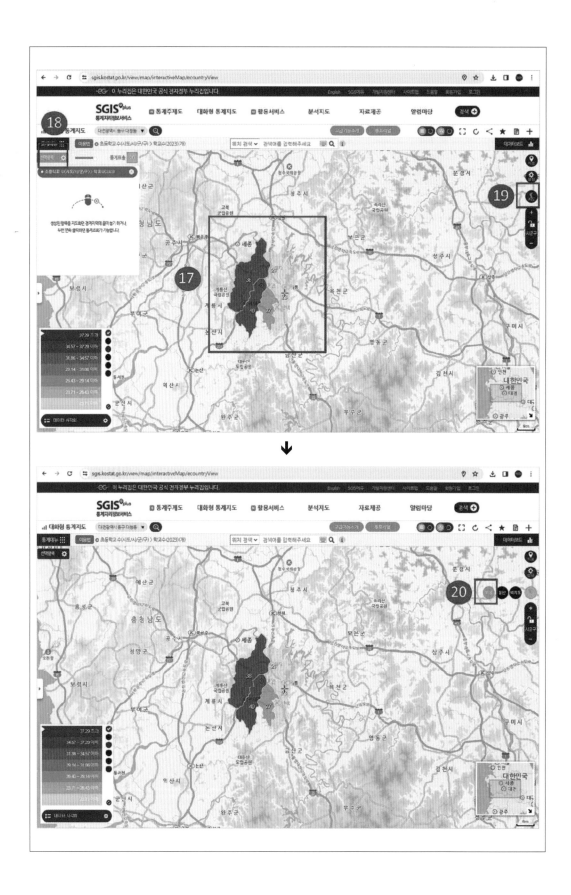

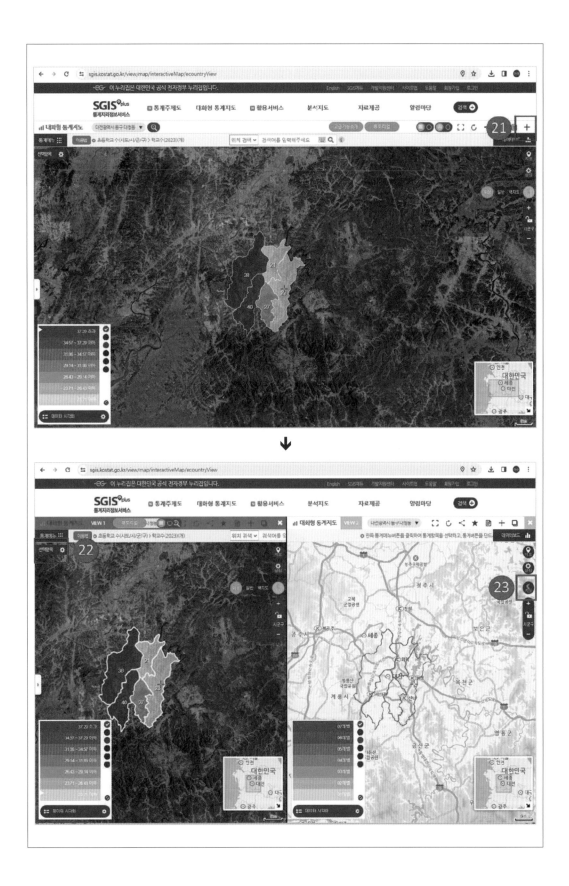

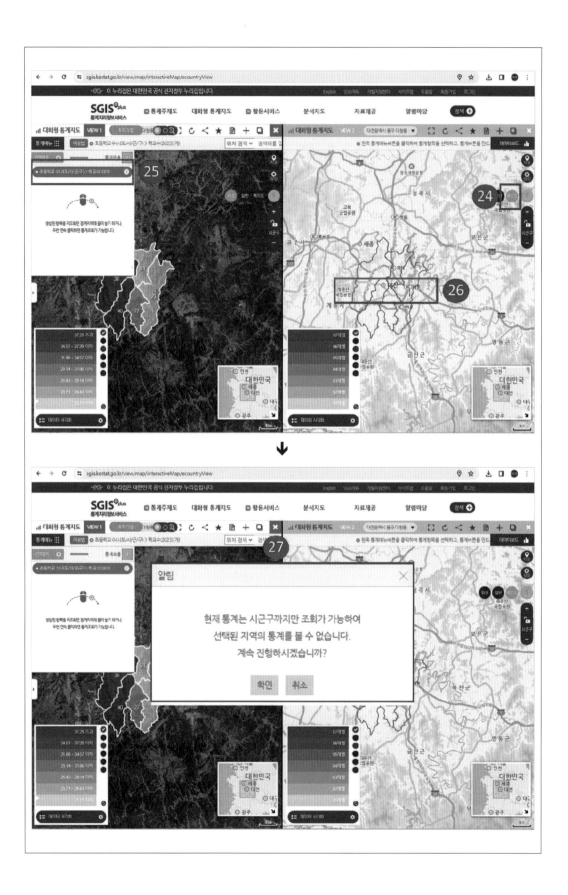

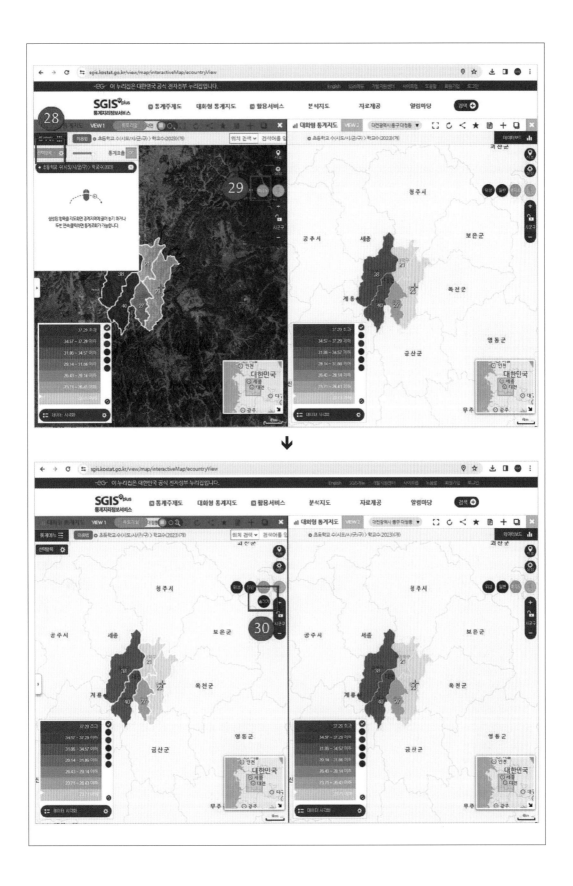

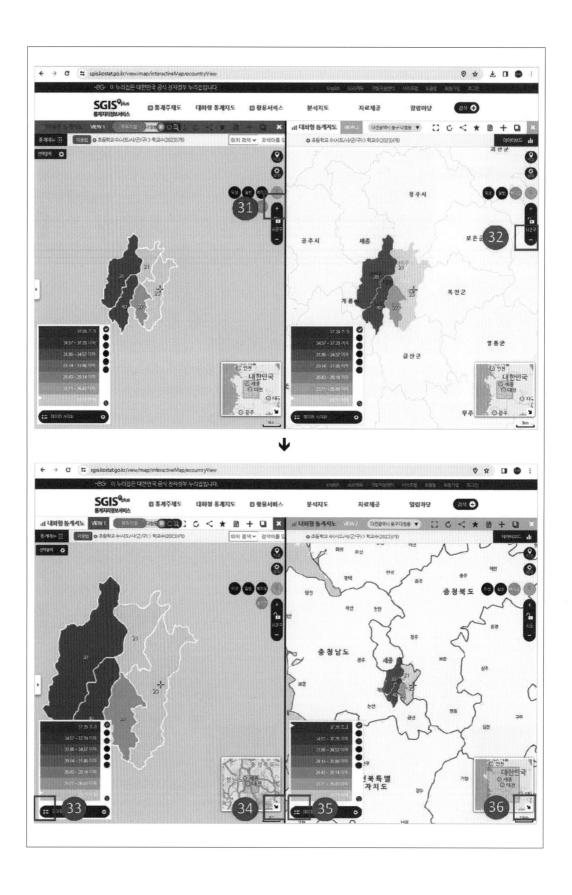

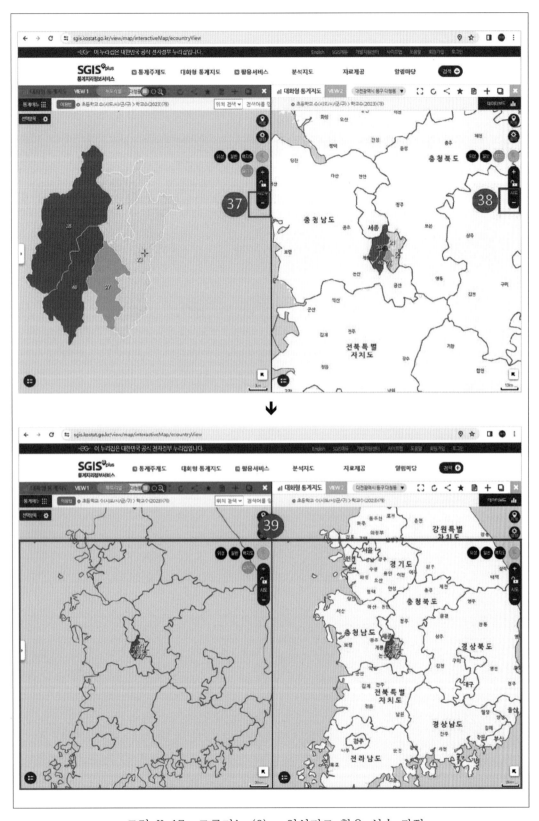

<그림 II-17> 고급기능 (6) - 위성지도 활용 실습 과정

7

고급기능 (7)
시계열 보기

7. 고급기능 (7) 시계열 보기

'시계열 보기'는 통계메뉴에서 통계버튼을 만들 때 연도를 선택할 수 있는 기능이다. 특정 연도 간 자료 비교, 과거와 현재 자료 비교, 시간에 따른 변화 비교 등에 유용한 기능이며, '다중뷰모드'와 함께 사용하면 한 화면에서 비교할 수 있다.

'다중뷰모드'는 대화형 통계지도에서 지도화면을 여러 개 동시에 사용해서 통계정보를 비교하는 기능이다. 지도화면 추가(+) 버튼을 누르면 첫 번째 지도화면과 동일 지역의 추가된 두 번째 지도화면을 볼 수 있다. 두 번째 지도화면에서 새로운 통계정보를 조회하면 2개의 지도화면을 동시에 비교해서 볼 수 있다. '시계열 보기' 기능과 함께 사용할 때에는 연도를 다르게 선택하여 동일 지역에서 선택한 항목의 시간에 따른 변화를 비교할 수 있다.

'시계열 보기' 기능을 사용할 때, 시계열⁹⁾ 자료는 통계검색하여 통계지도를 만든 다음에 데이터보드를 활성화하여 1개 또는 동시에 여러 개를 선택할 수 있다. 동시 선택은 최대 4개까지 가능하다.

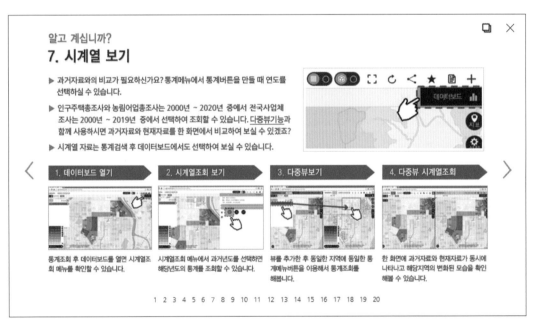

<그림 II-18> 고급기능 (7) - 시계열 보기
(그림 출처: SGIS플러스 공식 웹사이트 고급기능 설명페이지)

---

9) 시계열 데이터(time-series data)란 동일한 대상을 여러 시점에 걸쳐서 모아진 데이터를 말한다. 일정 시간 간격으로 모아진 데이터가 아니더라도, 시간에 종속적으로 측정된 모든 데이터는 시계열로 볼 수 있다.

번호	내용
①	SGIS플러스 통계지리정보서비스 '**웹사이트**' 접속
②	SGIS플러스 상단 메인 메뉴에서 '**대화형 통계지도**' 선택
③	대화형 통계지도 서브 메뉴에서 '**인구주택총조사**' 선택
④	인구주택총조사 대화형 통계지도 페이지로 이동
⑤	(화면 위) 지역 선택 창 클릭
⑥	지역 '**대광역시/유성구/노은1동**' 변경
⑦	(조건설정하기) 조사년도(필수) '**2022년**' 선택
⑧	(조건설정하기) 성별 '**남자**', 연령(선택) '**10세~65세**' 선택
⑨	(화면 아래) '**검색조건 버튼생성**' 클릭
⑩	통계표출 'OFF → ON' 변경
⑪	생성된 항목 '**10세~64세_남자(명)-2022년**' 클릭
⑫	(지도화면 경계지역으로) 끌어놓기
⑬	(화면 오른쪽) 지도 축소 (-) 버튼 클릭
⑭	(화면 오른쪽 위) 데이터보드 클릭
⑮	(데이터보드) 슬라이더 아래로 이동
⑯	(데이터보드) 시계열 조회 2022년 선택
⑰	(데이터보드) 상위지역비교 창 닫기
⑱	(데이터보드) 슬라이더 위로 이동
⑲	지도 축소(-) 버튼 클릭
⑳	(화면 왼쪽 위) 선택항목 창 닫기
㉑	(화면 중간) 지도 화면 클릭해서 왼쪽으로 이동
㉒~㉓	데이터 시각화 창 닫기, 지도 보기 창 닫기
㉔~㉖	(데이터보드) 시계열 조회 2000년, 2005년, 2020년 선택
㉗	여러 개 시계열 보기 아이콘 클릭
㉘	선택한 연도 확인 (최대 4개 선택 가능)
㉙~㉚	슬라이더 조정하여 연도별 비교 막대그래프 확인
㉛	슬라이더 조정하여 선택한 전체 연도(2019~2022) 통계지도 확인
㉜	보고서 보기 아이콘 클릭
㉝	범례 창 닫기
㉞	보고서 PDF 파일로 저장하기 버튼 클릭
㉟~㊲	지도 시각화 화면, 지역별 그래프, 지역특성 그래프 보기
㊳	집계구 단위 인구(명) 확인
㊴	자료 이용 시 유의사항 내용 확인

<표 II-8> 시계열 보기 실습 순서

https://sgis.kostat.go.kr/view/index

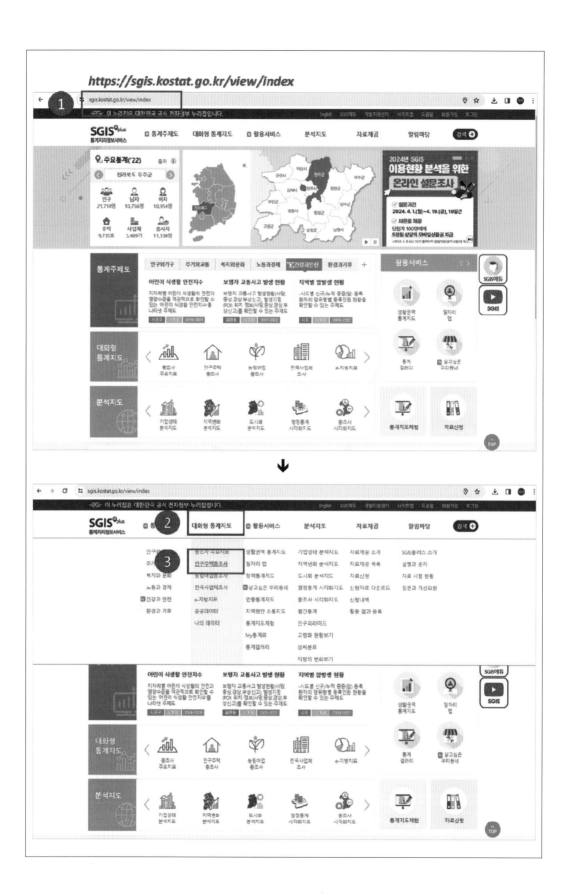

https://sgis.kostat.go.kr/view/map/interactiveMap/populationHouseView

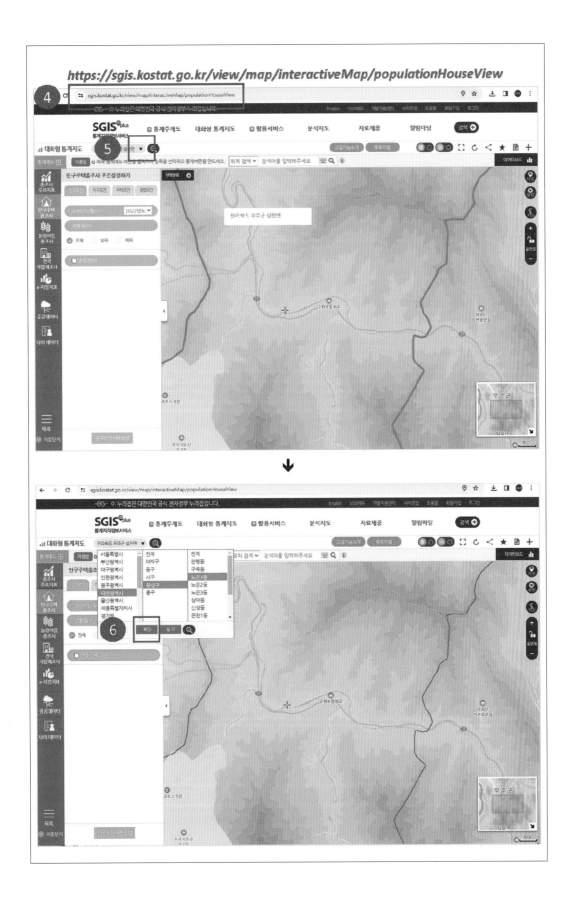

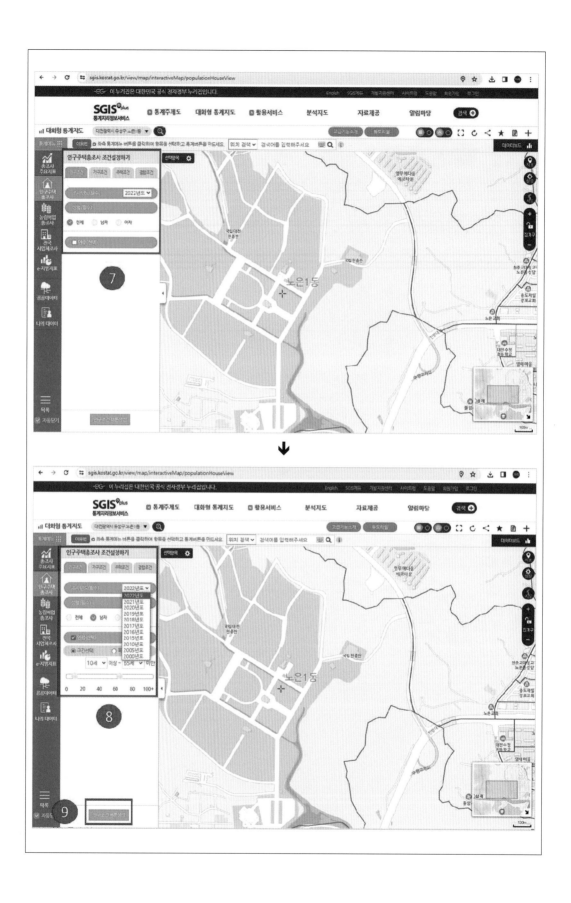

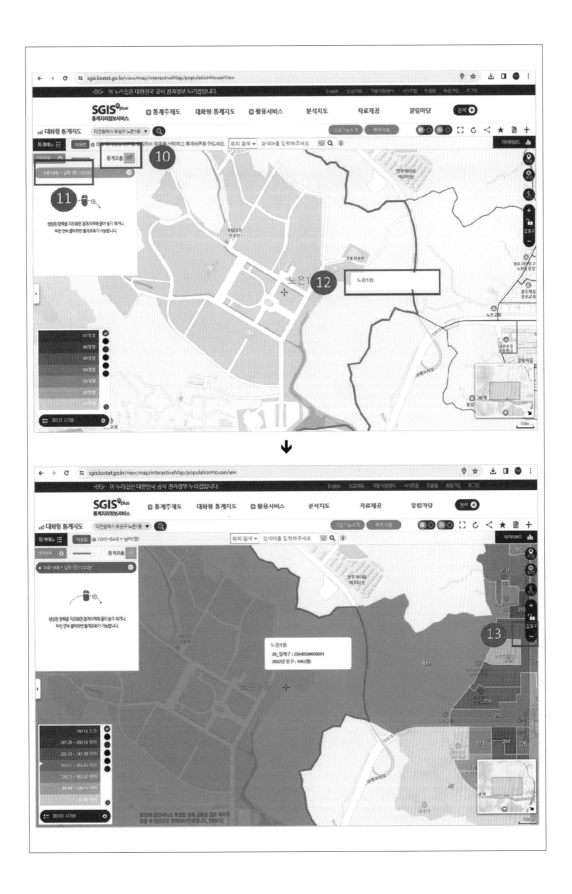

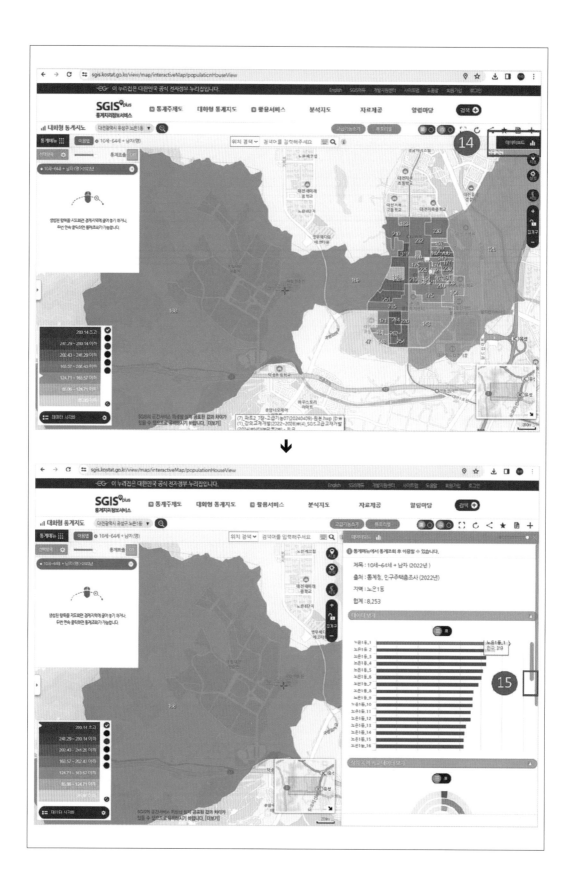

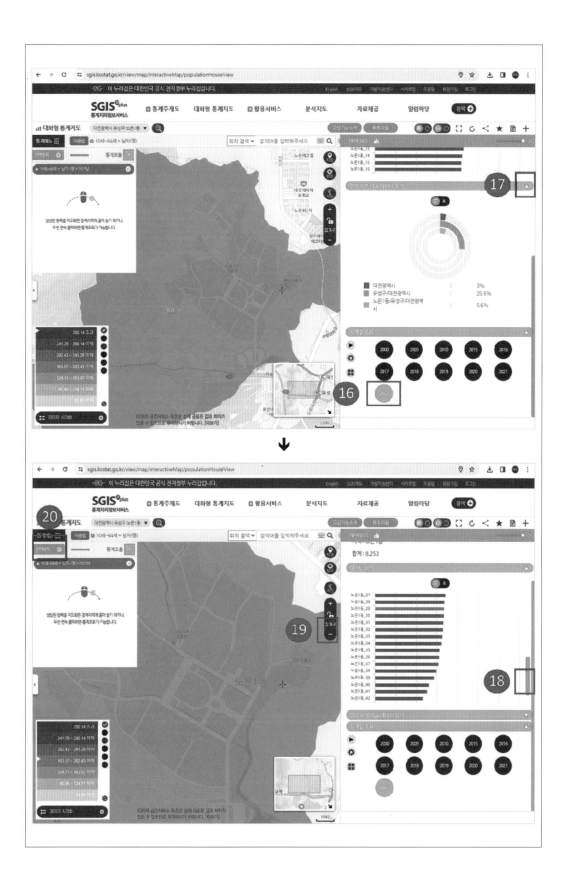

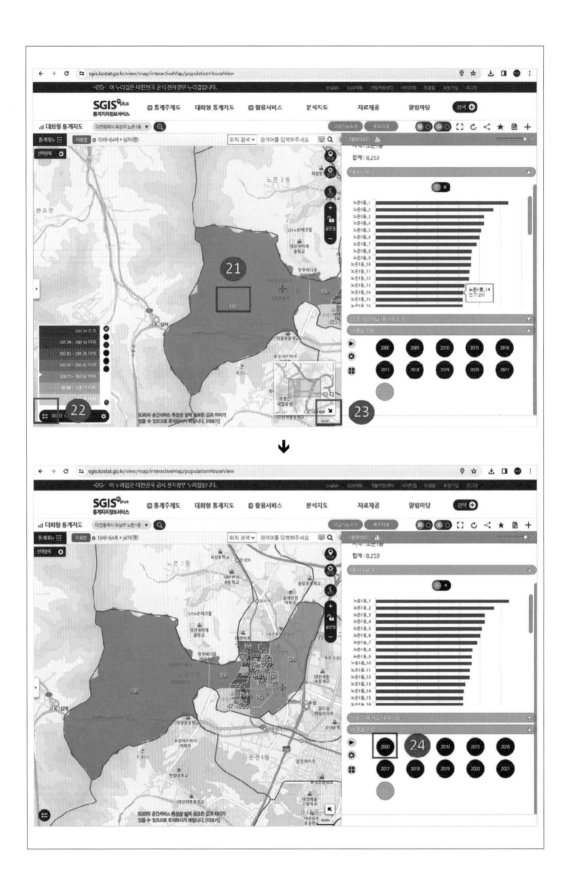

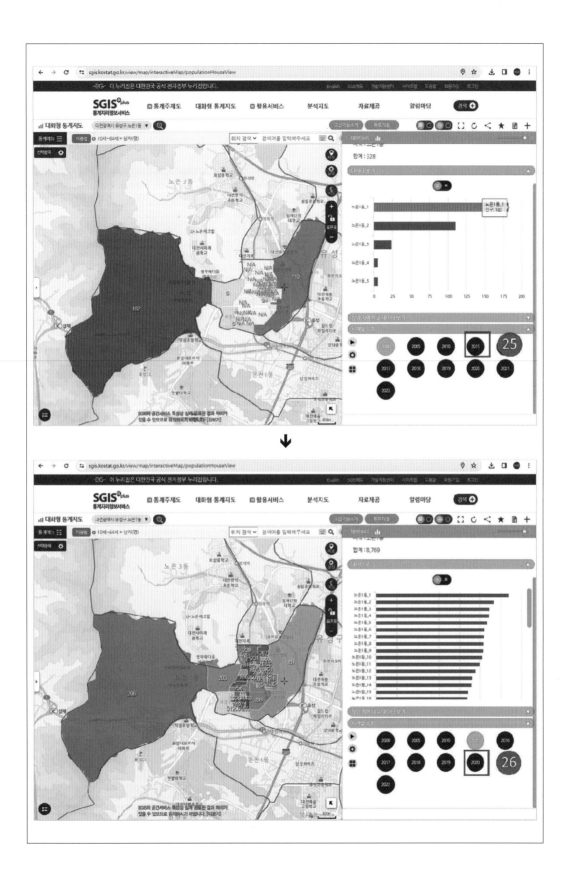

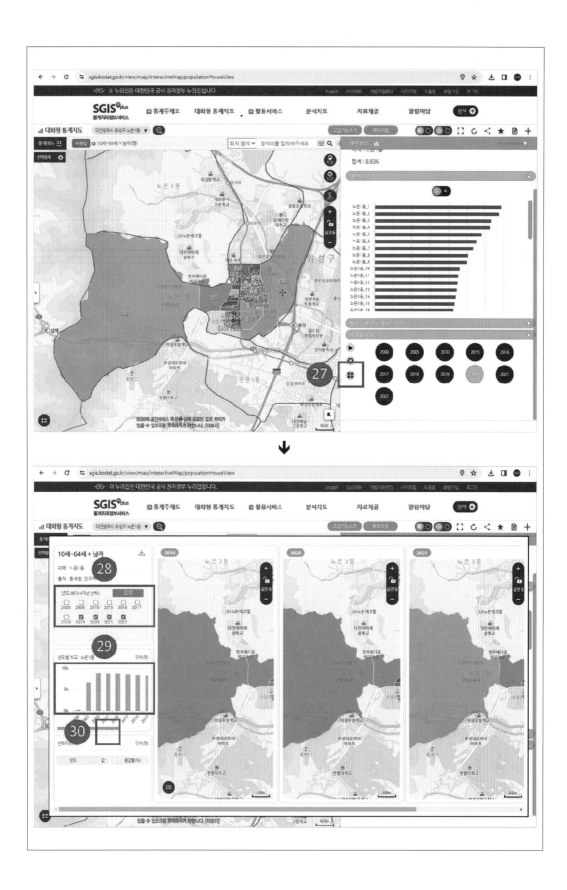

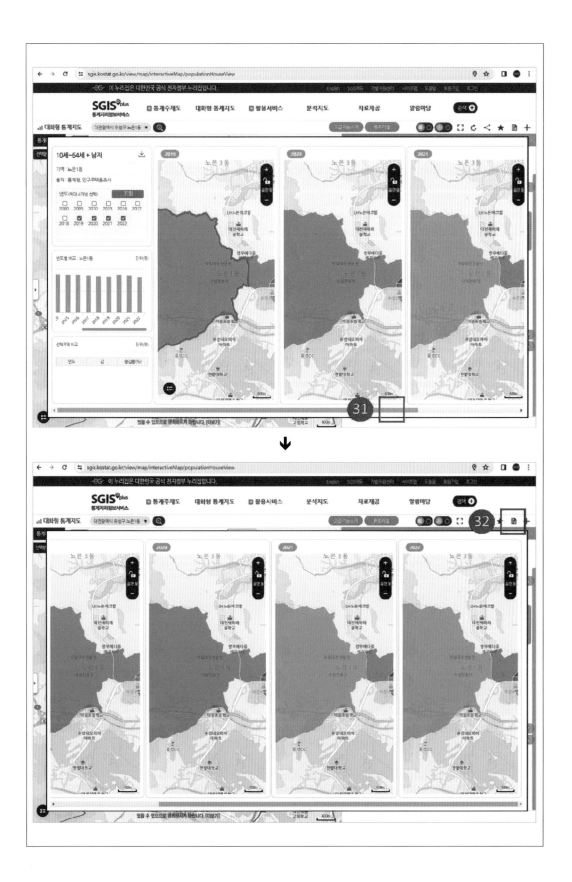

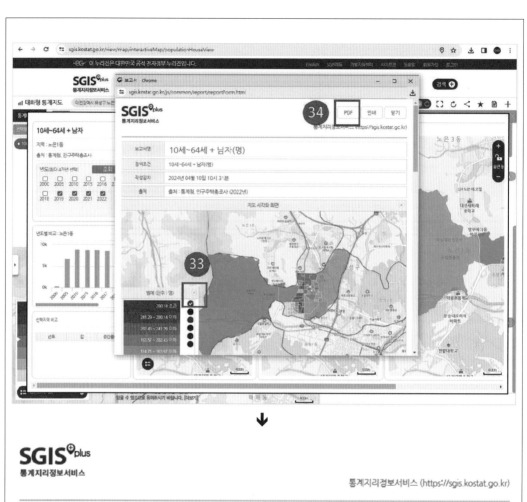

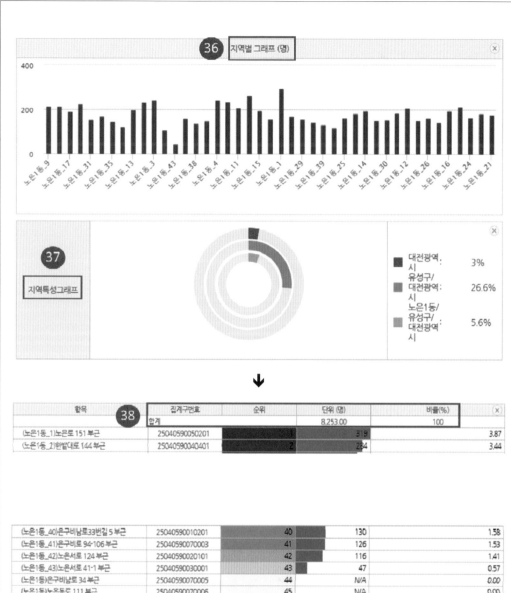

<그림 II-19> 시계열 보기 활용 실습 과정

'다중뷰모드'는 대화형 통계지도에서 지도화면을 여러 개 동시에 사용해서 통계정보를 비교하는 기능이다. 대화형 통계지도 오른쪽 위의 메뉴에서 추가 (+) 버튼을 누르면 새로운 지도화면이 나타나고, 각 지도화면에서 서로 다른 통계정보를 조회할 수 있다. '선택항목창'에는 어느 지도화면에서 통계정보가 조회되고 있는지 확인할 수 있도록 통계메뉴와 지도화면을 구분하는 색상이 나타난다. 지도화면은 최대 3개까지 사용할 수 있다.

'다중뷰모드' 기능을 이용하여 지도화면 2개를 만든 다음에 **'시계열 보기'** 기능을 이용하여 서로 다른 연도를 선택하여 과거(2010년)와 현재(2022년)의 변화를 비교하는 방법은 다음과 같다. 아래 (VIEW1) 통계지도는 앞서 설명한 **'시계열 보기'** 실습 과정을 참고하여 준비한다.

(VIEW1) 통계지도 준비

→ ① 지도 추가 (+) 버튼 클릭

→ ② (VIEW2) 창 클릭 (녹색으로 바뀜)

→ ③ 인구조건버튼생성 클릭

→ ④ 생성항목 (10~64세+남자(명)-2022년) 확인

→ ⑤ 경계지역 테두리 안으로 (생성항목) 끌어놓기

→ ⑥ (-) 클릭하여 지도 축소 (보이는 지역은 확대)

→ ⑦ (화면 왼쪽 위 통계메뉴 아래) 선택항목 창 닫기

→ ⑧ (VIEW2) 데이터보드 클릭

→ ⑨ (VIEW2) 데이터보드 슬라이더 아래로 이동

→ ⑩ (VIEW2) 시계열 조회 연도 2010년 선택

→ ⑪ (VIEW2) 데이터보드 창 닫기

→ ⑫ (VIEW2) 지도화면 클릭한 상태에서 왼쪽으로 이동

→ ⑬ (VIEW1) 시각화 창 닫기 → ⑭ (VIEW1) 지도보기 창 닫기

→ ⑮ (VIEW2) 시각화 창 닫기 → ⑯ (VIEW2) 지도보기 창 닫기

→ ⑰ (VIEW1) 2010년 (VIEW2) 2022년 통계지도 비교

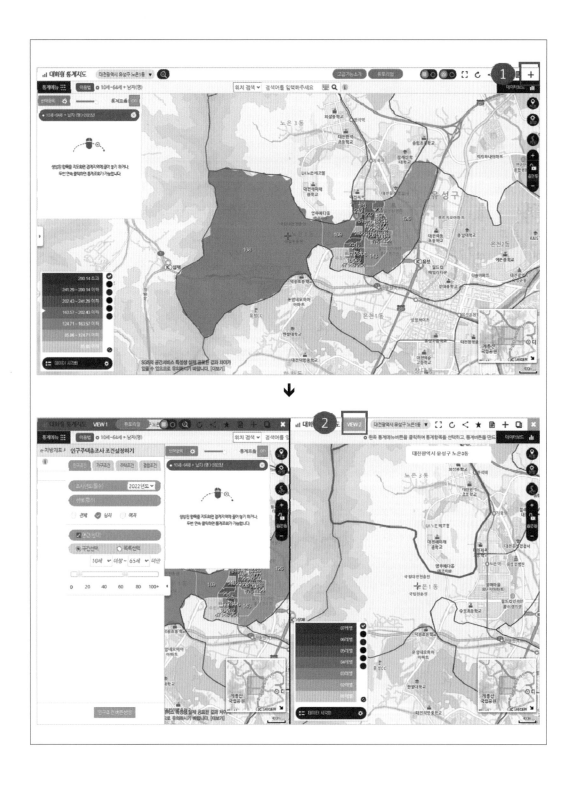

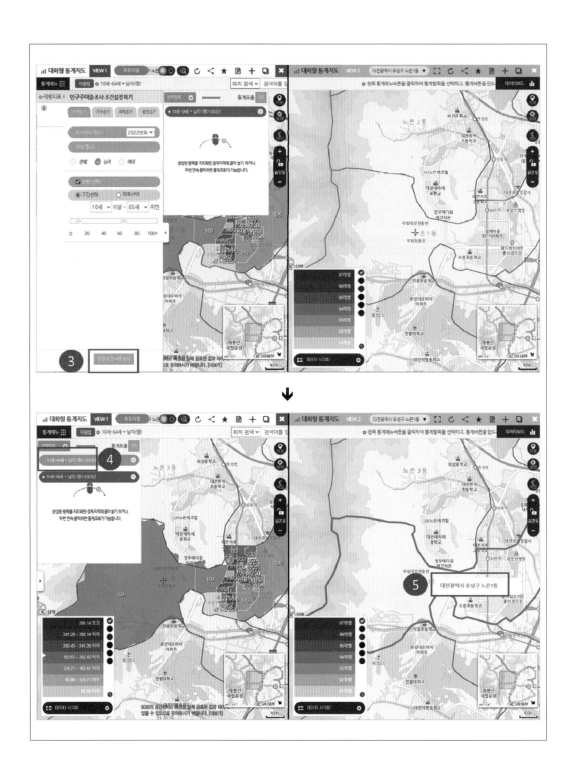

294

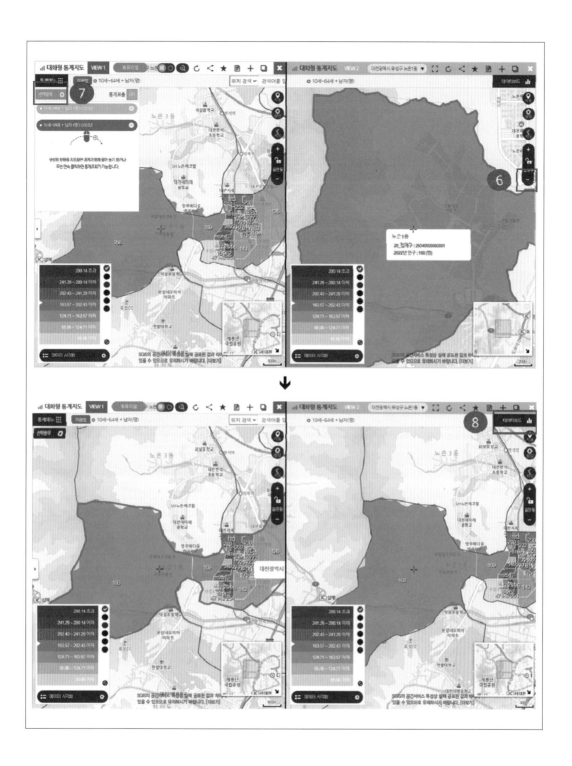

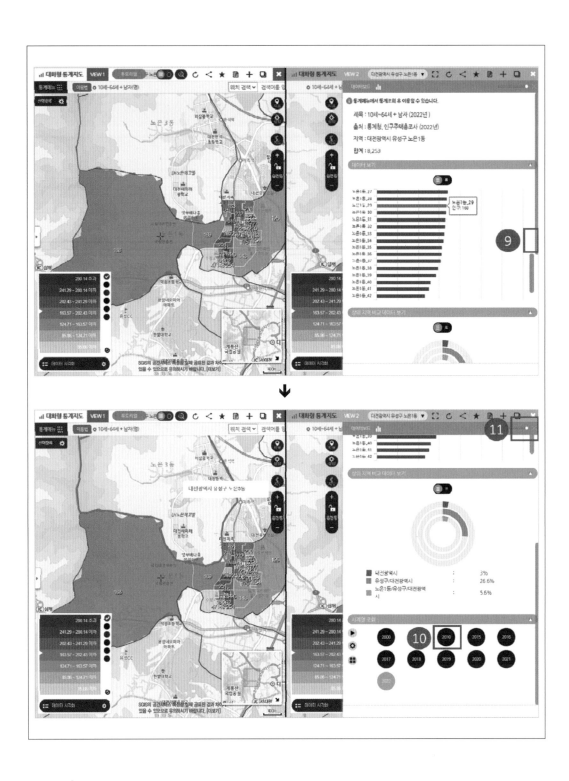

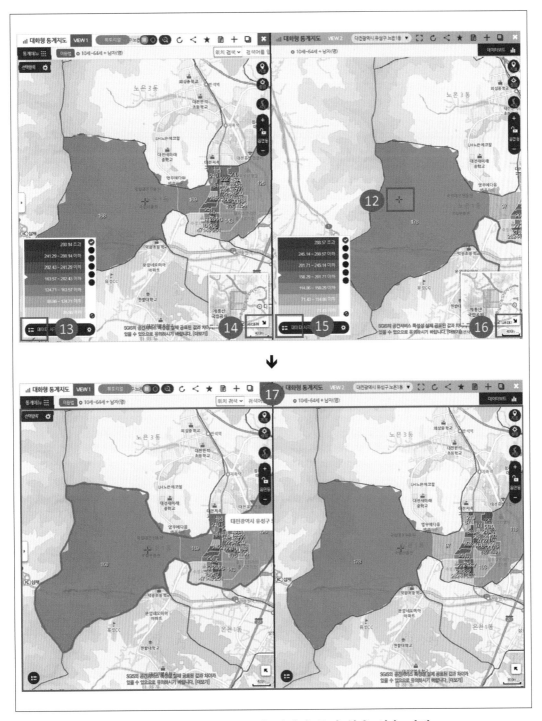

<그림 Ⅱ-20> 다중뷰모드와 시계열 동시 활용 실습 과정

8

고급기능 (8)
공공데이터

8. 고급기능 (8) 공공데이터

대화형 통계지도에서 '**공공데이터**'는 통계자료는 아니지만, 생활에 필요한 유용한 정보를 실제 위치와 연계하여 분석하도록 제공하고 있다. 2024년 4월 기준으로, '**지하철 승하차인구 정보**'와 '**버스정류장 정보**'를 사용할 수 있다. 지하철 또는 버스정류장 정보를 선택하면 위치정보가 지도에 마커로 찍히며, 마커를 클릭하면 데이터보드에 해당 위치와 연계된 상세 정보가 나타난다.

'**버스정류장**'을 선택하면, 임의의 반경 내 인구, 가구, 주택, 사업체, 주요 시설물에 대한 정보가 제공된다. 주요 시설물은 교육시설, 공공기관, 금융시설, 의료시설, 방범/방재, 백화점/중대형마트, 편의점, 극장/영화관, 도서관/박물관 으로 나뉜다. '**지하철 승하차인구**'를 선택하면, 추가로 일평균/승하차인구 정보 까지 알 수 있다.

'**공공데이터**'를 대화형 통계지도의 '**지도측정**' 기능과 함께 사용하면 유용한 정보를 얻을 수 있다. 대화형 통계지도 화면 왼쪽 상단에 있는 '**설정**'을 클릭 하여 서브 메뉴 중에서 '**지도측정**'을 선택하고, '**지도측정**'의 서브 메뉴 중에서 '**거리**'를 선택하면, 마우스를 이용하여 임의의 시작점(관심 지점)부터 마침점 (지하철 또는 버스정류장)까지의 거리를 지도 위에 표시할 수 있다.

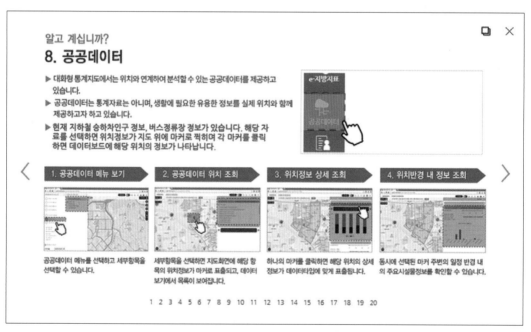

<그림 II-21> 고급기능 (8) - 공공데이터
(그림 출처: SGIS플러스 공식 웹사이트 고급기능 설명페이지)

번호	내용
①	SGIS플러스 통계지리정보서비스 '**웹사이트**' 접속
②	SGIS플러스 상단 메인 메뉴에서 '**대화형 통계지도**' 선택
③	대화형 통계지도 서브 메뉴에서 '**공공데이터**' 선택
④	공공데이터 대화형 통계지도 페이지로 이동
⑤	(화면 위) 지역 선택 창 클릭
⑥	지역 '**서울특별시/관악구/보라매동**' 변경
⑦	(공공데이터 목록 선택) '**버스정류장 정보**' 선택
⑧	(데이터보드에서) 버스정류장 목록 확인
⑨	(지도화면에서) 버스정류장 마커 클릭
⑩	(지도화면에서) 버스정류장 이름 확인
⑪	(데이터보드에서) 버스정류장 주변 정보 확인
⑫	(데이터보드에서) 버스정류장 선택
⑬	(지도화면에서) 버스정류장 이름 확인
⑭	(데이터보드에서) 주요 정보 확인
⑮	(지도화면에서) 버스정류장 마커 클릭
⑯	(지도화면에서) 버스정류장 이름 확인
⑰	(데이터보드에서) 반경 크기 변경
⑱	(데이터보드에서) 반경 내 주요 시설물 수 확인
⑲	(데이터보드에서) 주요 정보 변경 내용 확인
⑳	(데이터보드에서) 주요 시설물 수 변경 내용 확인
㉑	데이터보드 창 닫기
㉒	(화면 왼쪽 위) 통계메뉴 버튼 클릭
㉓	지역 '**서울특별시/관악구/보라매동**' 확인
㉔	(공공데이터 목록 선택) '**지하철 승하차인구 정보**' 선택
㉕	(데이터보드에서) 지하철역 이름 확인
㉖	(지도화면에서) 지하철 마커 클릭
㉗	(지도화면에서) 지하철역(신대방역) 이름 확인
㉘	(데이터보드에서) (신대방역) 일평균 승하차인원 정보 확인
㉙	(화면 왼쪽 아래) 시각화 창 닫기
㉚	(데이터보드에서) 신림역 선택
㉛	(지도화면에서) 지하철역 이름 확인
㉜	(데이터보드에서) (신림역) 일평균 승하차인원 정보 확인
㉝	데이터보드 창 닫기
㉞	(지도화면 오른쪽 위) 설정 클릭
㉟~㊱	(서브 메뉴에서) 지도측정 선택 후, (서브 메뉴에서) 거리 선택
㊲	(마우스 왼쪽 버튼 클릭) 시작점 선택
㊳	거리 측정 위치(지하철역)로 이동
㊴	(마우스 오른쪽 버튼 클릭) 마침점 선택
㊵	거리 확인

<표 II-9> 공공데이터 실습 순서

https://sgis.kostat.go.kr/view/index

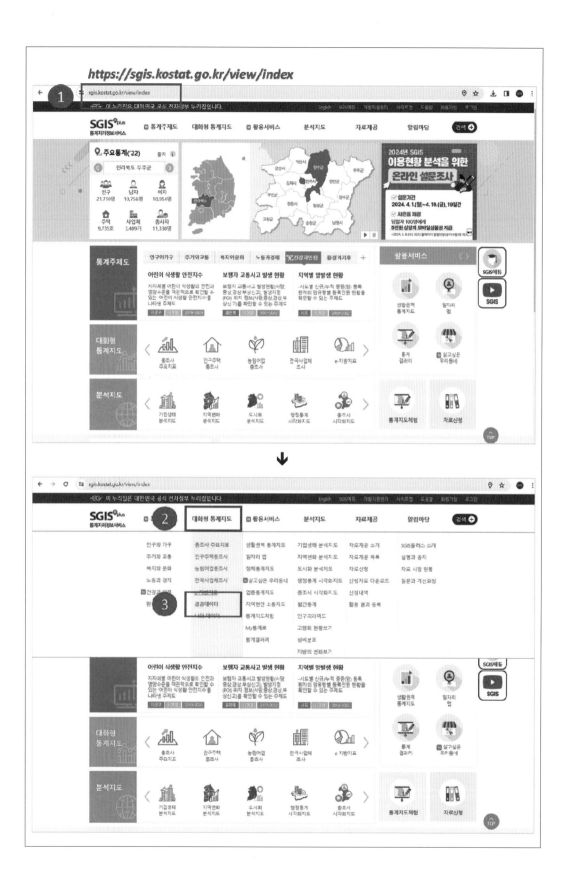

https://sgis.kostat.go.kr/view/map/interactiveMap/publicDataView

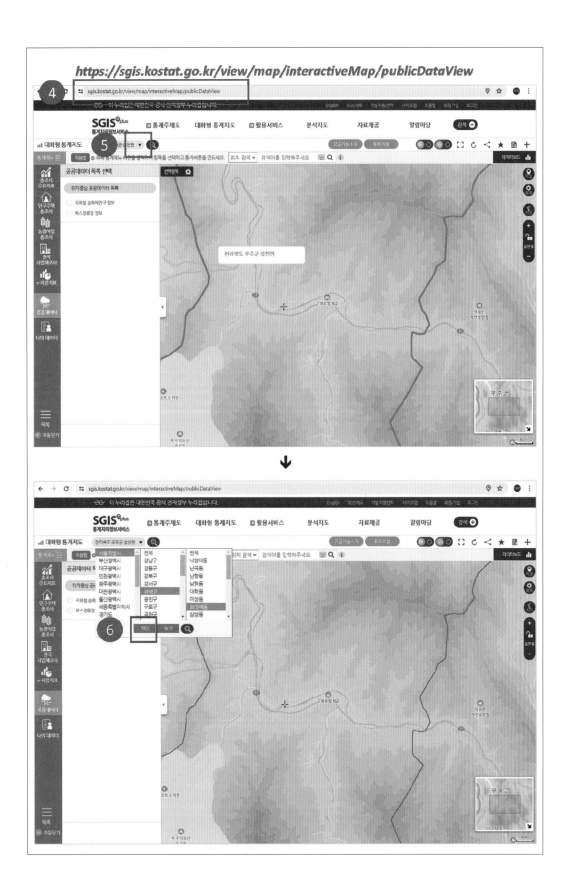

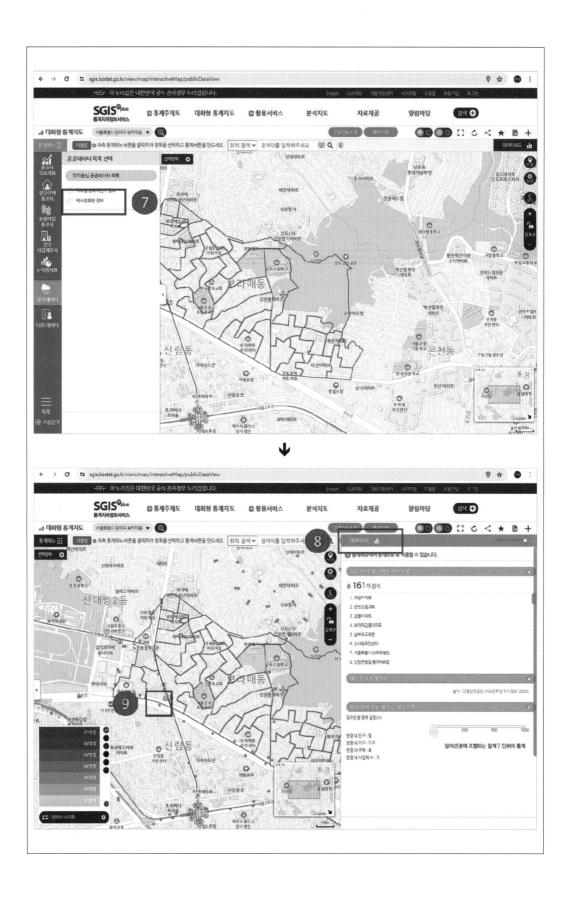

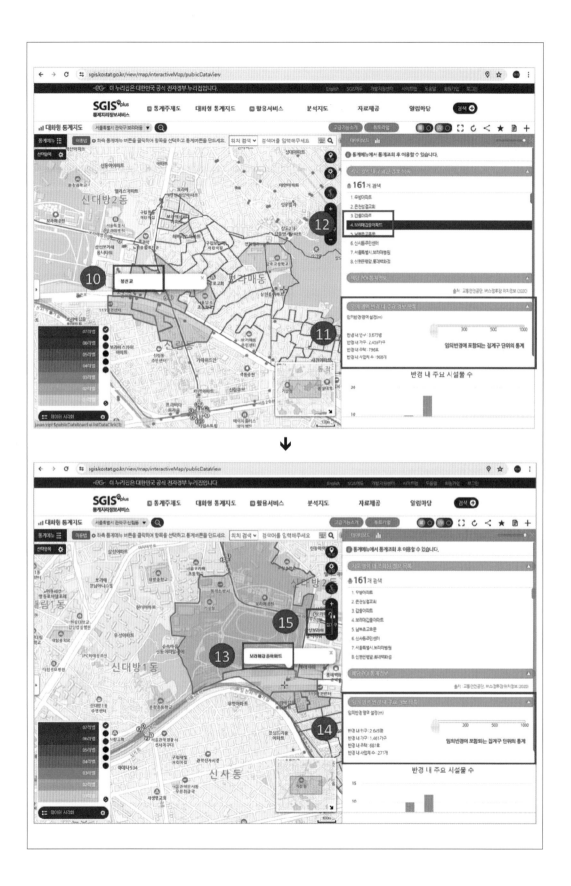

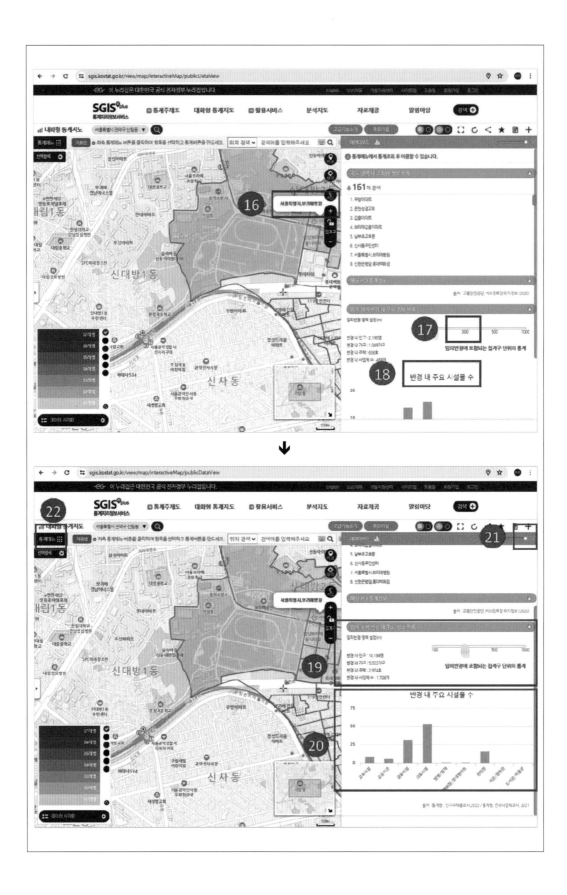

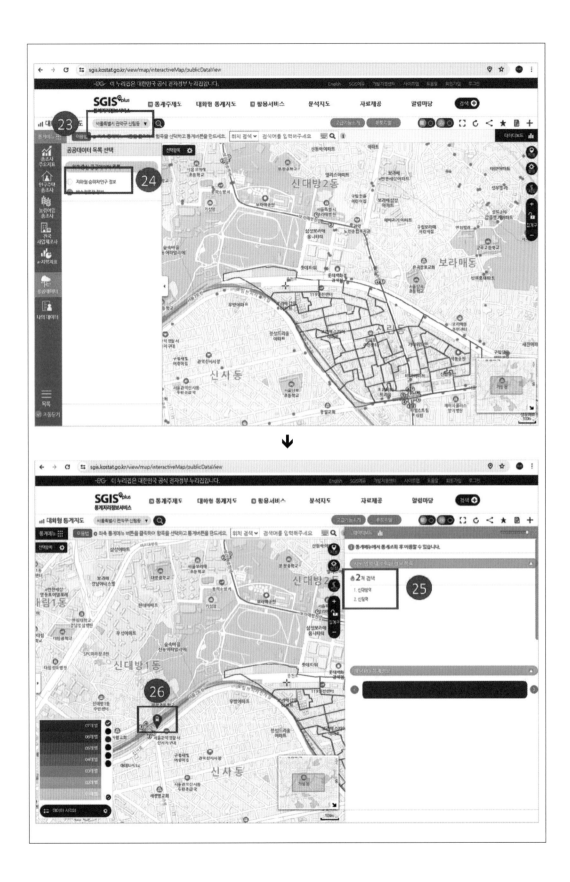

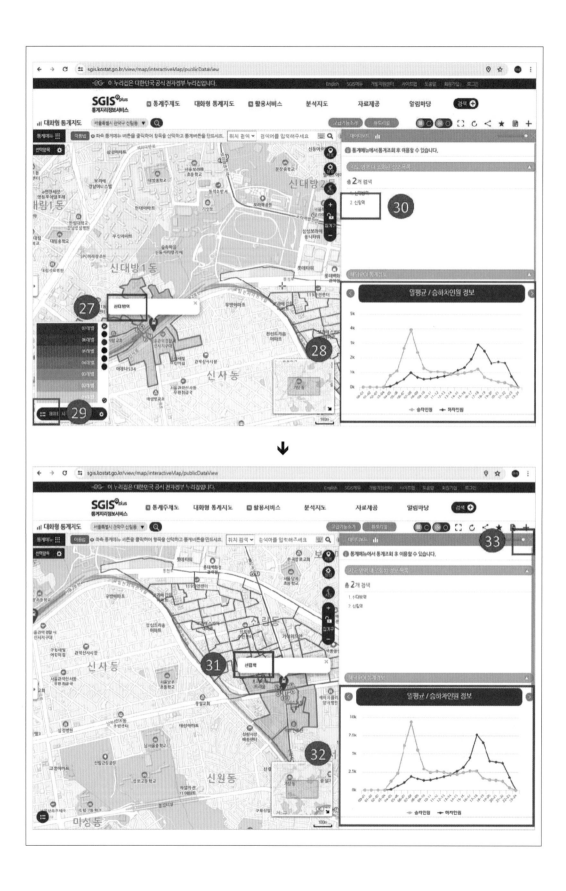

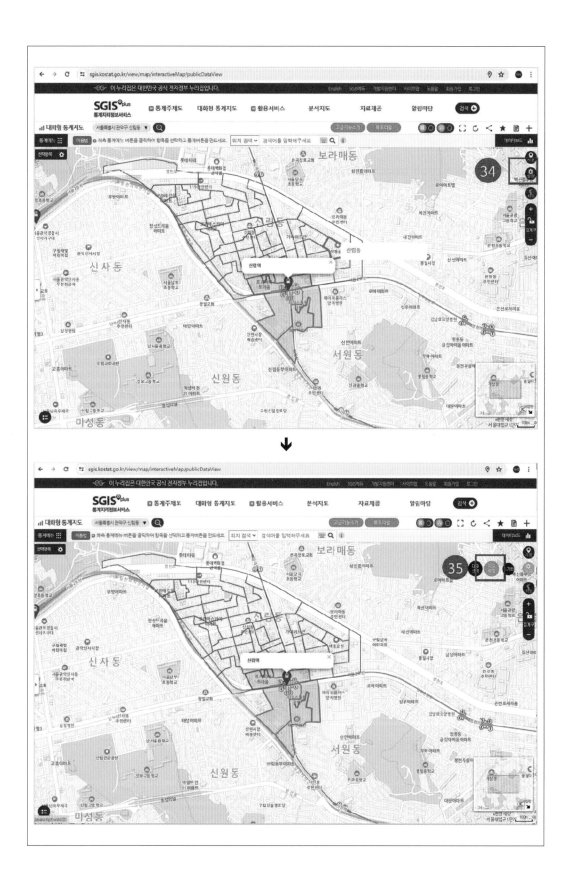

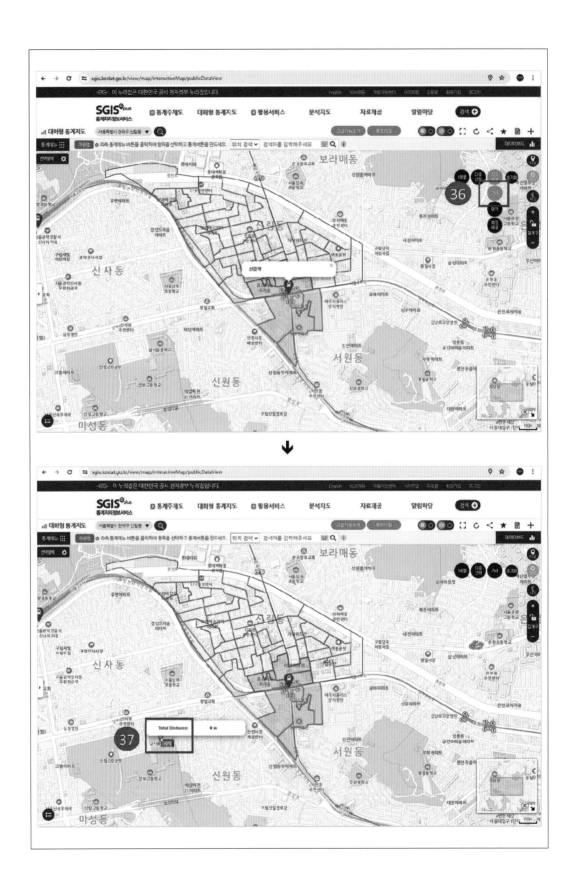

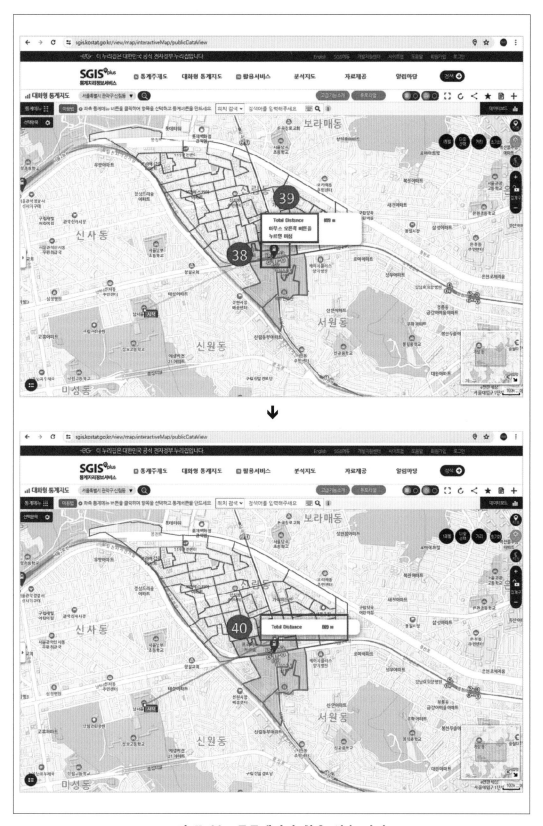

<그림 II-22> 공공데이터 활용 실습 과정

9

고급기능 (9)
나의 데이터(데이터 업로드)

9. 고급기능 (9) 나의 데이터(데이터 업로드)

'나의 데이터(데이터 업로드)' 기능은 대화형 통계지도에서 미리 업로드한 사용자 데이터를 나의 데이터 메뉴에서 볼 수 있는 기능이다. 이 기능을 사용하려면 회원 가입을 먼저 해야 하며, 로그인 후에 마이페이지의 '나의 데이터'에서 데이터를 업로드할 수 있다. 회원 가입 또는 로그인을 하지 않아도 사용자 데이터를 업로드하고 지도를 표출할 수 있지만, 저장하는 기능은 사용할 수 없다.

데이터 업로드는 EXCEL, CSV,[10] TXT, KML[11] 등 다양한 포맷으로 할 수 있으며, 샘플 양식을 다운로드하여 값을 채워 넣을 수 있다. '나의 데이터'로 대화형 통계지도에 업로드한 데이터는 위치표시 또는 열지도 형태로 지도를 만드는 데 사용할 수 있다.

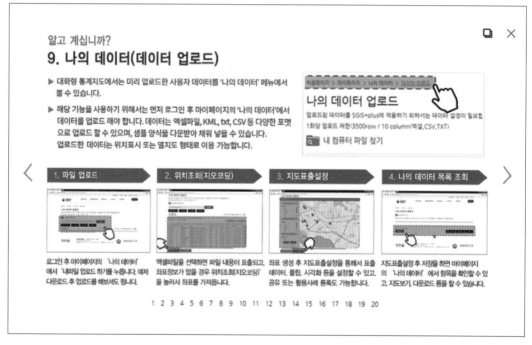

<그림 II-23> 고급기능 (9) - 나의 데이터(데이터 업로드)
(그림 출처: SGIS플러스 공식 웹사이트 고급기능 설명페이지)

---

10) CSV(Comma-Separated Values)는 몇 가지 필드를 쉼표(,)로 구분한 텍스트 데이터 및 텍스트 파일임. 확장자는 .csv(임.)
11) KML(Keyhole Markup Language)은 Google Earth, Google Map 및 Google 모바일 지도 등에서 지리 데이터를 표시하는 데 사용되는 파일 형식임. KML은 중첩된 요소 및 속성과 함께 태그 기반 구조를 사용하며 XML(Extensible Markup Language) 표준을 기반으로 함. 확장자는 .kml임.

번호	내용
①	SGIS플러스 통계지리정보서비스 '**웹사이트**' 접속
②	SGIS플러스 상단 메인 메뉴에서 '**대화형 통계지도**' 선택
③	대화형 통계지도 서브 메뉴에서 '**나의 데이터**' 선택
④	나의 데이터 대화형 통계지도 페이지로 이동
⑤	(화면 왼쪽 위) '**나의 데이터 체험하기**' 클릭
⑥	나의 데이터 체험하기 페이지로 이동
⑦	(화면 오른쪽 위) 이용가이드 클릭
⑧	(화면 왼쪽 위) (이용가이드 파일) 아이콘 클릭
⑨	(화면 오른쪽 위) (이용가이드 파일) '**guide.pdf**' 다운로드 확인
⑩	(이용가이드 파일) 나의데이터 상세이용가이드 내용 확인
⑪	(나의 데이터 체험하기에서) '**엑셀양식다운로드**' 클릭
⑫	(화면 오른쪽 위) 다운로드 기록 조회 버튼 클릭
⑬	최근 다운로드 기록 창에서 sample.xlsx 확인 후 클릭
⑭	(sample.xlsx) 내용 확인
⑮	(나의 데이터 체험하기에서) '**시도집계예제보기**' 클릭
⑯	(화면 오른쪽 위) 다운로드 기록 조회 버튼 클릭
⑰	최근 다운로드 기록 창에서 sample_sido.xlsx 확인 후 클릭
⑱	(sample_sido.xlsx) 내용 확인
⑲	(나의 데이터 체험하기에서) '**시군구집계예제보기**' 클릭
⑳	(화면 오른쪽 위) 다운로드 기록 조회 버튼 클릭
㉑	최근 다운로드 기록 창에서 sample_sigungu.xlsx 확인 후 클릭
㉒	(sample_sigungu.xlsx) 내용 확인
㉓	(나의 데이터 체험하기에서) '**파일찾기**' 클릭
㉔	(내 PC에서) sample_sigungu.xlxs 파일 찾아 열기
㉕~㉖	(나의 데이터 체험하기에서) 파일 이름 확인, 파일 내용 확인
㉗	(화면 왼쪽 아래) '**나의 데이터를 POI로 표출하기**' 클릭
㉘~㉙	(화면 중간) '**주소 필드 선택**' 클릭, 주소 필드 '**D**' 선택
㉚	(나의 데이터 체험하기에서) 지오코딩 결과 확인
㉛	(나의 데이터 체험하기에서) 지도표출설정 클릭
㉜~㉝	(지도표출설정에서) 1, 2, 3 설정 후, 미리보기 클릭
㉞	지점 선택 후 툴팁에 표출된 내용 확인
㉟~㊱	(파일저장을 위해) 회원가입 후 로그인
㊲~㊳	나의 데이터 목록 페이지로 이동, '**지도보기**' 클릭
㊴~㊵	저장된 지도 확인, 지도보기 창 닫기
㊶~㊷	(나의 데이터 목록에서) '**데이터편집**' 클릭, 편집 항목 확인
㊸	(나의 데이터 목록에서) '**파일명(시군구집계예제)**' 클릭
㊹~㊺	대화형 통계지도 페이지로 이동, (-) 클릭 (지도표출 지역 확대)
㊻~㊼	(지도화면에서) 클러스터 확인, (데이터보드에서) 열지도 선택
㊽	(지도화면에서) 열지도 확인

<표 II-10> 공공데이터 실습 순서

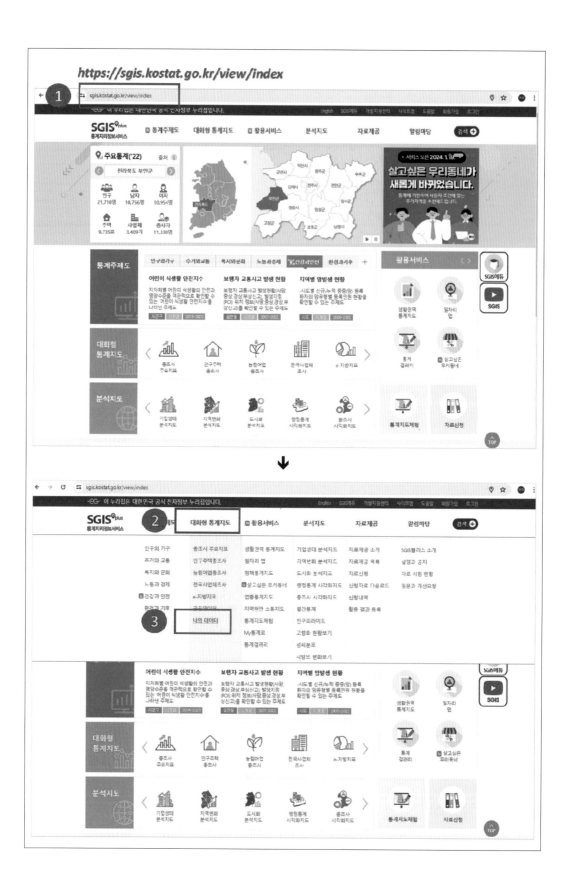

https://sgis.kostat.go.kr/view/index

https://sgis.kostat.go.kr/view/map/interactiveMap/userDataView

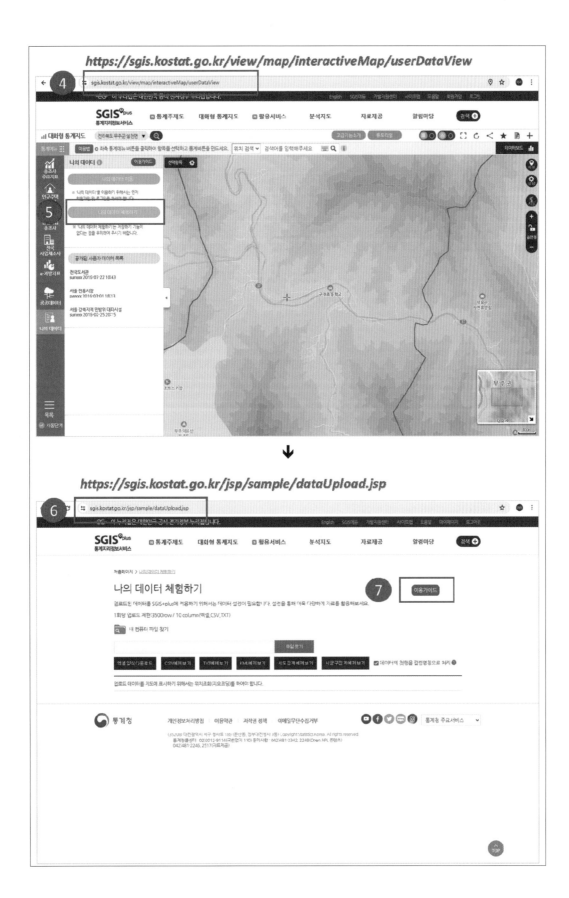

https://sgis.kostat.go.kr/jsp/sample/dataUpload.jsp

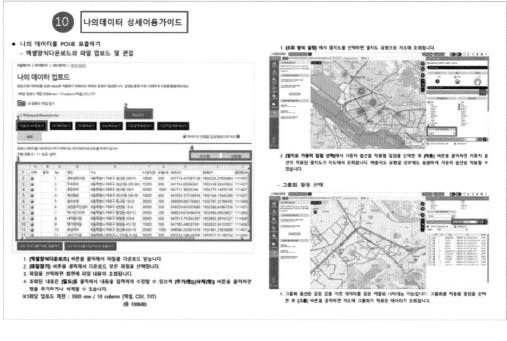

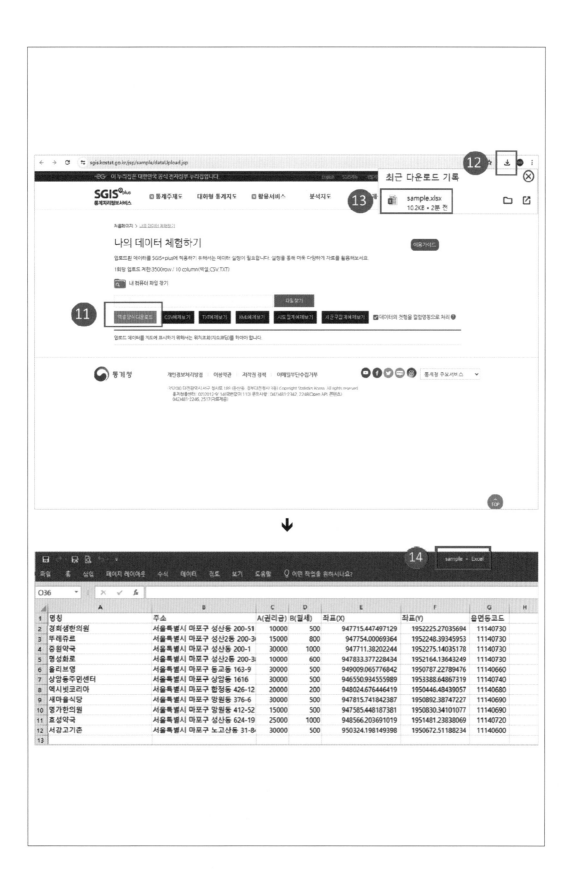

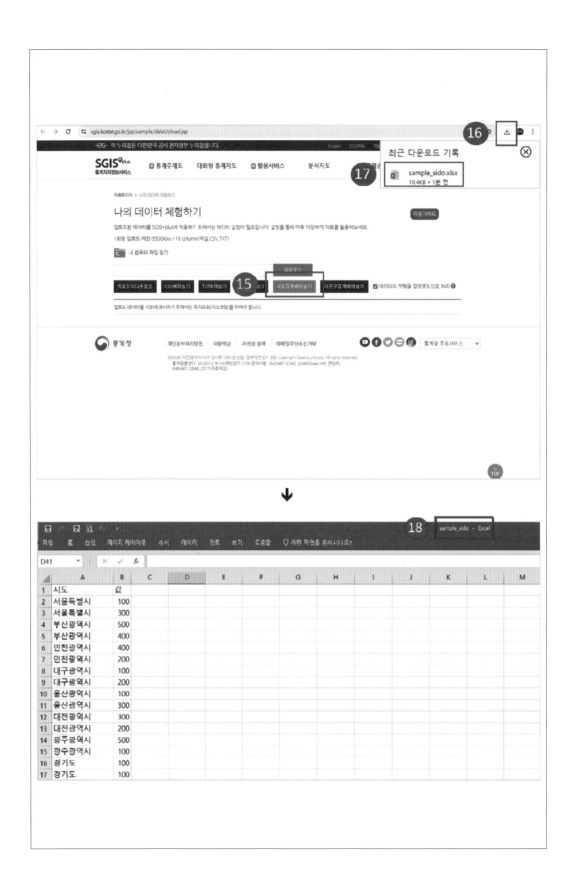

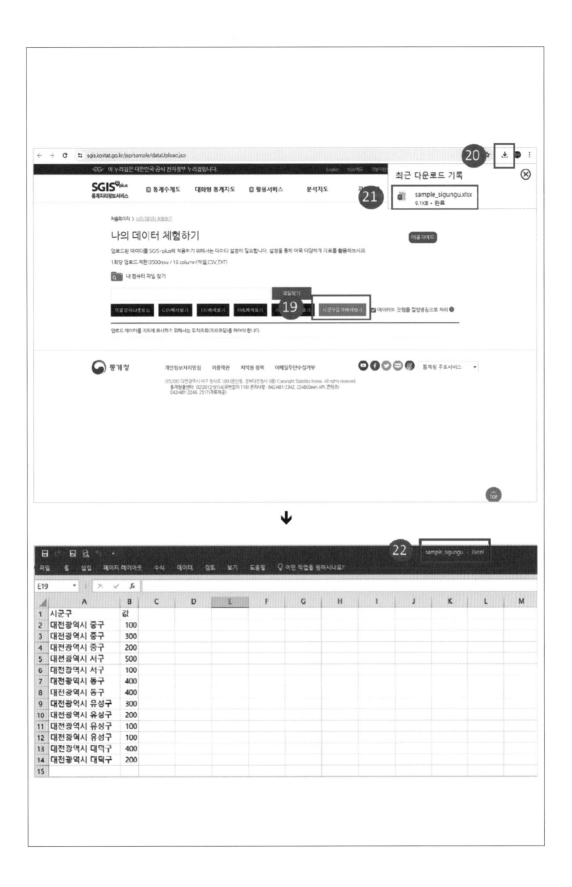

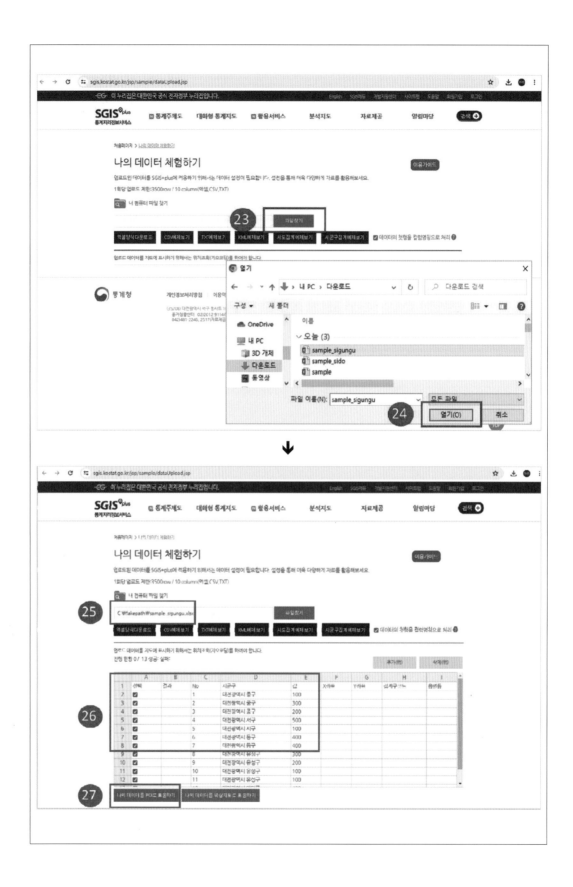

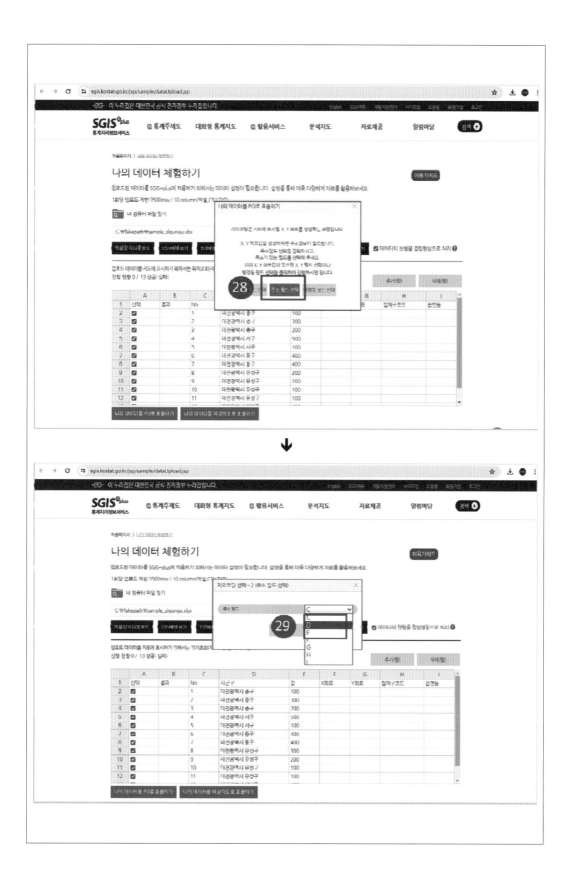

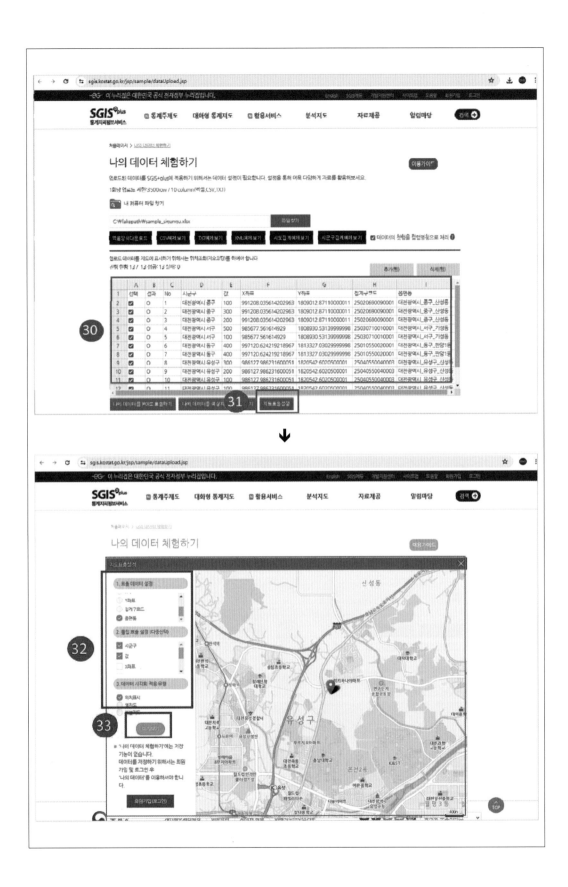

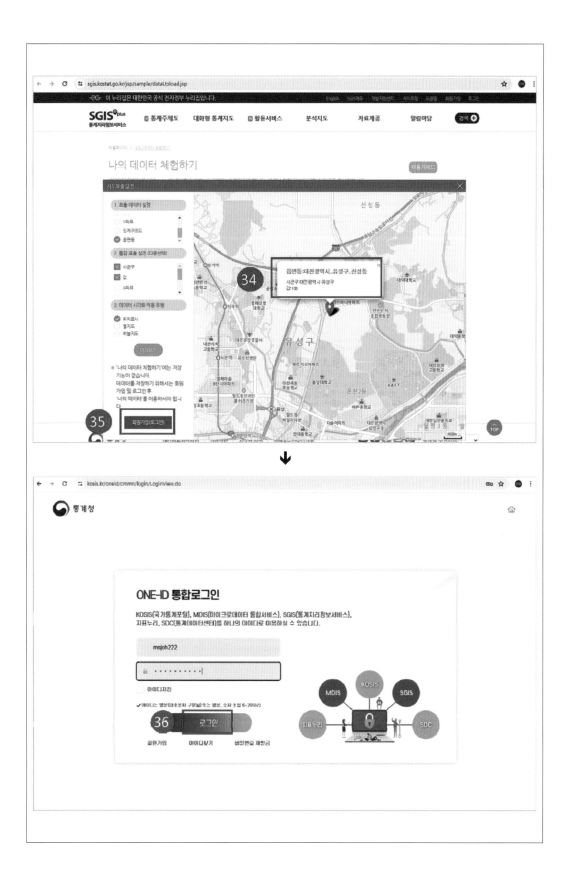

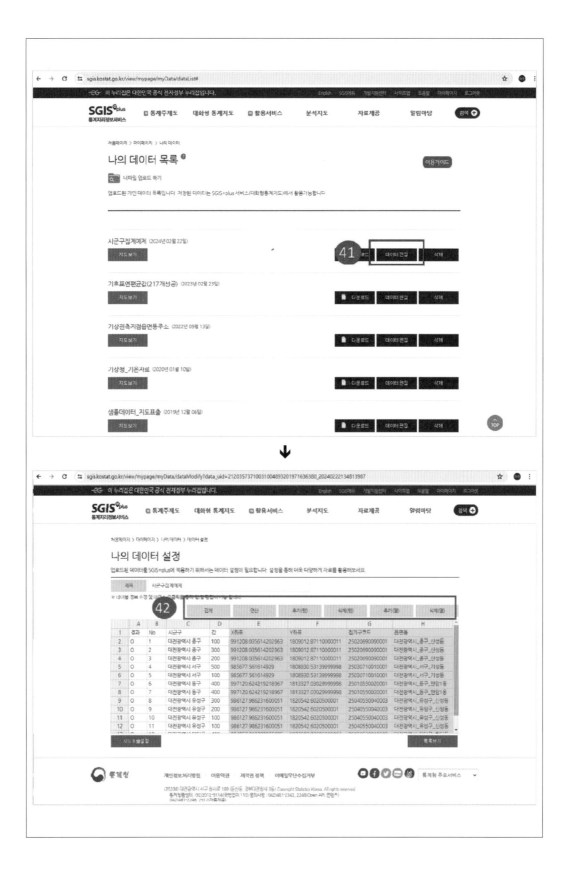

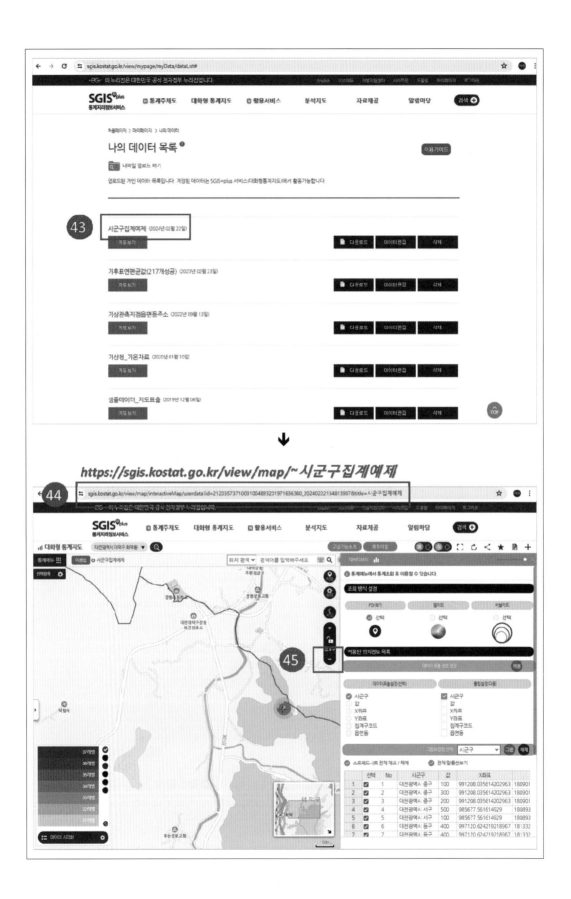

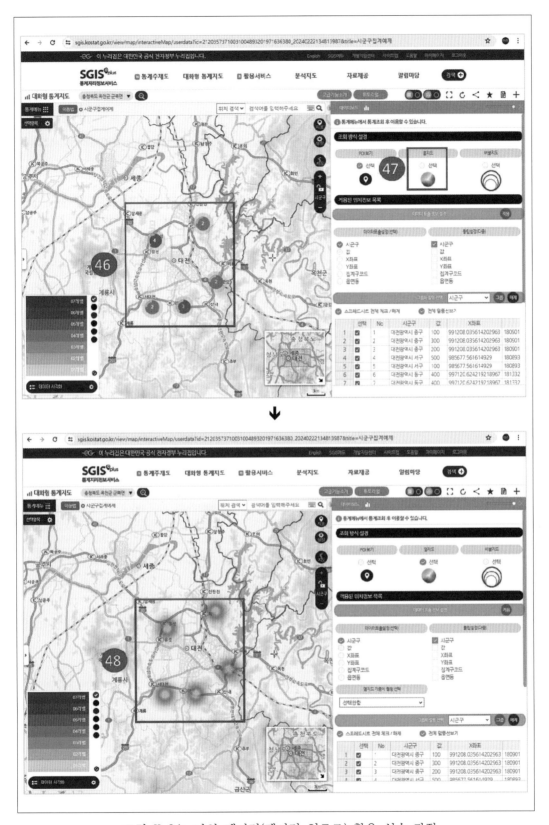

<그림 II-24> 나의 데이터(데이터 업로드) 활용 실습 과정

10

고급기능 (10)
사업체 전개도

10. 고급기능 (10) 사업체 전개도

'**사업체 전개도**'는 전국의 사업체 조사 때 조사된 건물 내 사업체 전개도를 조회할 수 있는 기능이다. 선택한 건물의 층별 전개도, 업종별 사업체 정보를 볼 수 있다. 평면도를 확대하면 더욱 상세하게 사업체 정보를 확인할 수 있다.

'**전국사업체조사**'는 '**산업분류**' 및 '**테마업종**'에 따른 사업체 통계 조회가 가능하다. 2024년 4월 기준으로 '**산업분류**'는 2000년~2021년, '**테마업종**'은 2006년~2021년 기간에 대해 조회가 가능하다.

'**산업분류**'[12]는 8차(2005년 이전), 9차(2006년 이후), 10차(2017년 이후)로 세 번 바뀌었다. '**테마업종**'은 농림어업, 기업, 소매업, 생활서비스, 교통, 여가생활, 숙박, 음식, 교육, 의료, 공공으로 나누어져 있다.

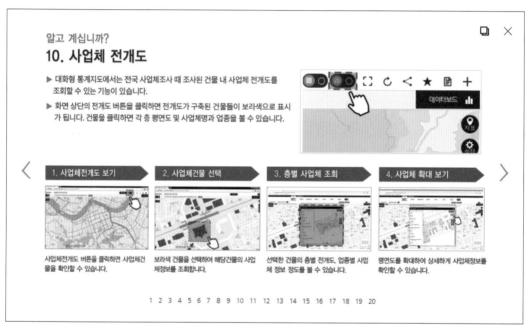

<그림 II-25> 고급기능 (10) - 사업체 전개도
(그림 출처: SGIS플러스 공식 웹사이트 고급기능 설명페이지)

---

12) 2017년 이후 산업분류는 ① 농업, 임업 및 어업, ② 광업, ③ 제조업, ④ 전기, 가스, 증기 및 공기 조절 공급업, ⑤ 수도, 하수 및 폐기물 처리, 원료 재생업, ⑥ 건설업, ⑦ 도매 및 소매업, ⑧ 운수 및 창고업, ⑨ 숙박 및 음식점업, ⑩ 정보통신업, ⑪ 금융 및 보험업, ⑫ 부동산업, ⑬ 전문, 과학 및 기술 서비스업, ⑭ 사업시설 관리, 사업 지원 및 임대 서비스업, ⑮ 공공 행정, 국방 및 사회보장 행정, ⑯ 교육 서비스업, ⑰ 보건업 및 사회복지 서비스업, ⑱ 예술, 스포츠 및 여가관련 서비스업, ⑲ 협회 및 단체, 수리 및 기타 개인 서비스업, ⑳ 가구 내 고용활동 및 달리 분류되지 않은 자가 소비 생산활동, ㉑ 국제 및 외국기관으로 분류하고 있다.

번호	내용
①	SGIS플러스 통계지리정보서비스 '**웹사이트**' 접속
②	SGIS플러스 상단 메인 메뉴에서 '**대화형 통계지도**' 선택
③	대화형 통계지도 서브 메뉴에서 '**전국사업체조사**' 선택
④	전국사업체조사 대화형 통계지도 페이지로 이동
⑤	(화면 위) 지역 선택 창 클릭
⑥	지역 '**인천광역시/연수구/송도1동**' 변경
⑦	산업분류, 테마업종 각각 '**조건설정 팁**' 내용 확인
⑧	(산업분류목록 선택하기 창) '**금융 및 보험업**' 선택
⑨	(화면 아래) '**산업조건 버튼생성**' 버튼 클릭
⑩	통계표출 OFF → ON으로 변경
⑪	생성된 항목 (금융 및 보험업 + 사업체수(개)-2021) 확인
⑫	생성된 항목을 경계지역으로 끌어놓기
⑬	(송도1동) 2021년 사업체수 (18개) 확인
⑭	(화면 오른쪽 위) 사업체 전개도 보기 아이콘 클릭
⑮	(화면 왼쪽 위) 선택항목 창 닫기
⑯	(화면 왼쪽 아래) 범례 서식 창 닫기
⑰	(화면 오른쪽) (-) 클릭, 화면에 보이는 지역 범위 확대
⑱	(보라색 건물) 클릭, 팝업창 내용(사업체 이름/주소) 확인
⑲~⑳	사업체 전개도 1층 보기 후, 2층 선택
㉑~㉒	사업체 전개도 2층 보기 후, 사업체 선택
㉓~㉕	사업체 이름과 업종 확인 후 창 닫기
㉖	(화면 오른쪽 위) 데이터보드 열기
㉗~㉘	(데이터보드) 데이터 보기 확인
㉙~㉚	(데이터보드) 슬라이더 이동, 상위지역 비교 데이터 보기 확인
㉛	(화면 오른쪽 아래) 시계열 동시 보기 아이콘 클릭
㉜~㉝	2018년 선택 해제 후, 조회 버튼 클릭
㉞	(2019년 창) 집계구 선택
㉟	(화면 왼쪽 아래) 선택지역 연도별 사업체수 확인
㊱	(2021년 창) 집계구 선택
㊲	(화면 왼쪽 아래) 선택지역 연도별 사업체수 확인
㊳	(2019년 창) (+) 한 번 클릭 후, 잠금장치 클릭
㊴	(2020년 창) (-) 한 번 클릭, 화면에 보이는 지도(범위) 확대
㊵	(2021년 창) (-) 두 번 클릭, 화면에 보이는 지도(범위) 확대
㊶	(화면 왼쪽 위) 파일로 저장(다운로드) 아이콘 클릭
㊷	(화면 오른쪽 위) 시계열 동시 보기 창 닫기
㊸~㊹	(데이터보드) 표로 보기 클릭
㊺~㊻	(데이터보드) 표 내용 확인

<표 II-11> 사업체 전개도 실습 순서

https://sgis.kostat.go.kr/view/index

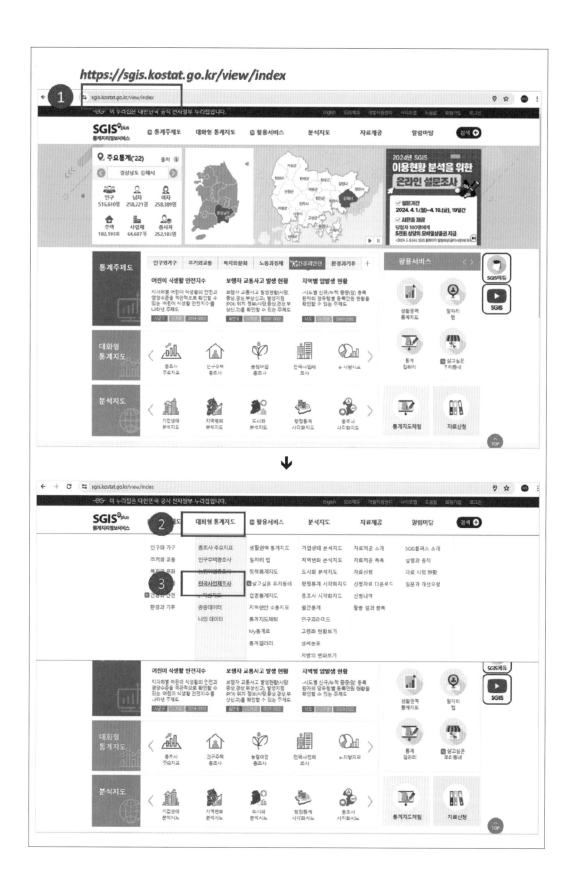

https://sgis.kostat.go.kr/view/map/interactiveMap/companyView

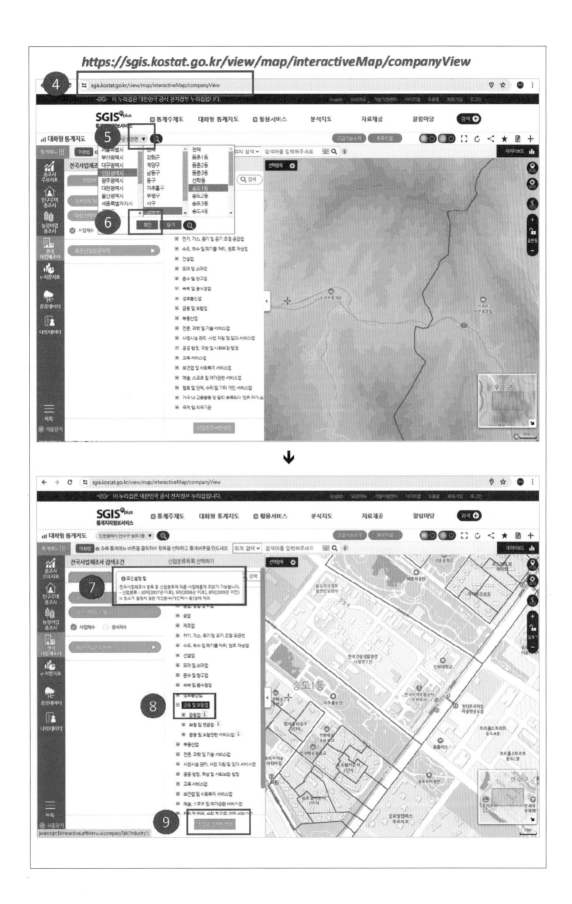

335

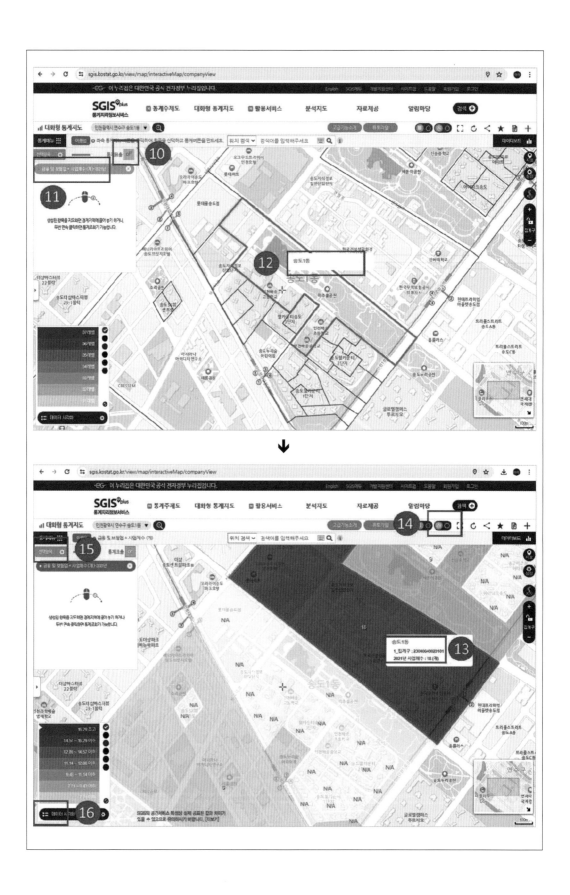

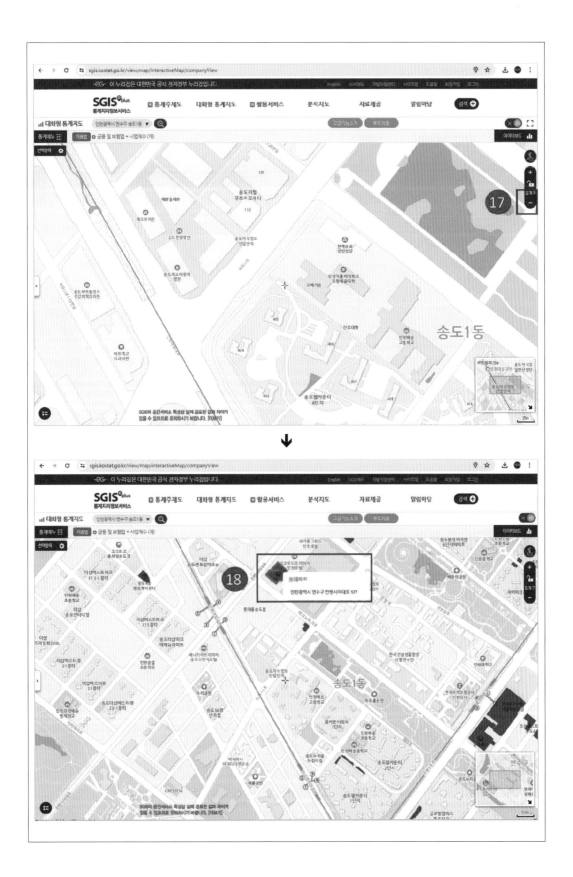

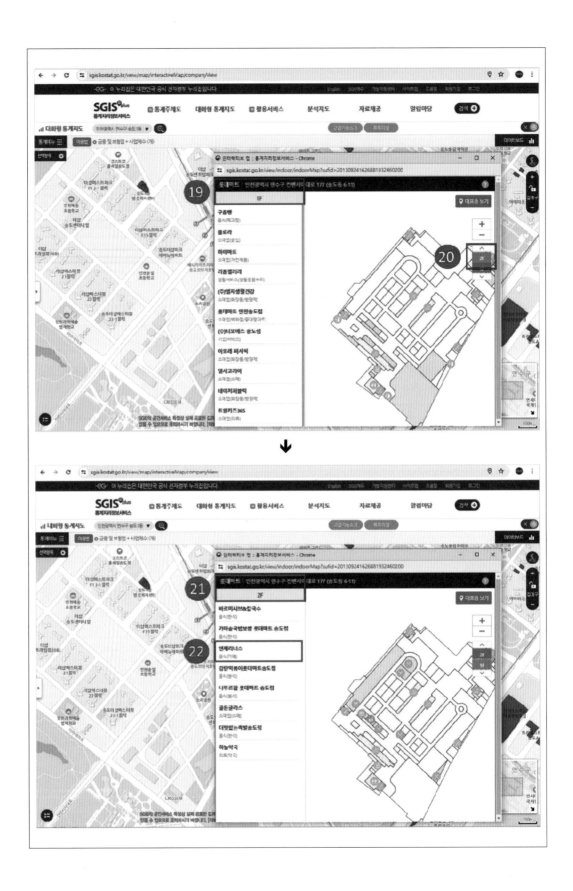

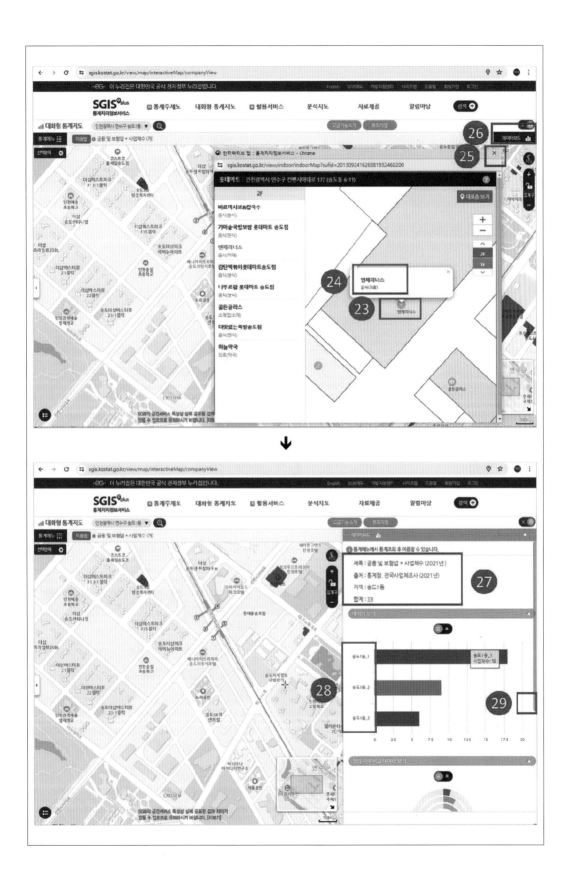

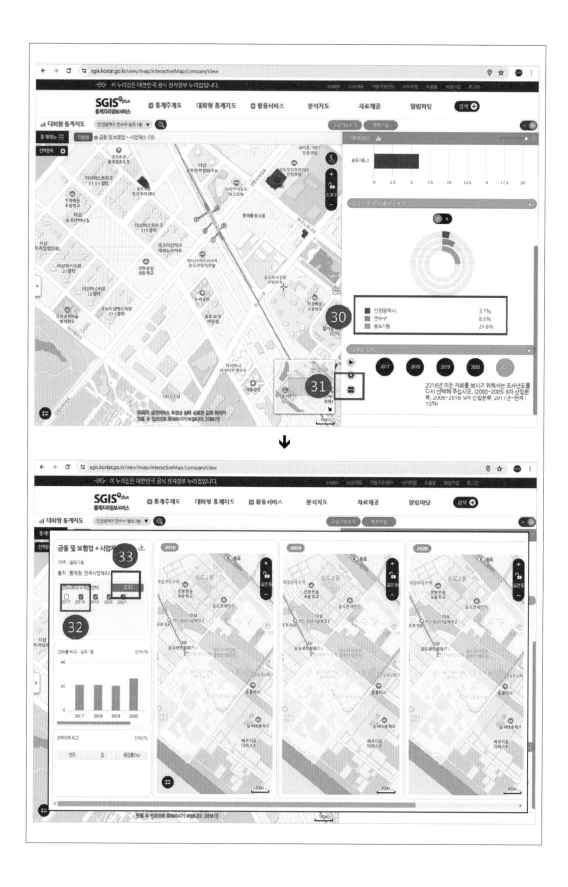

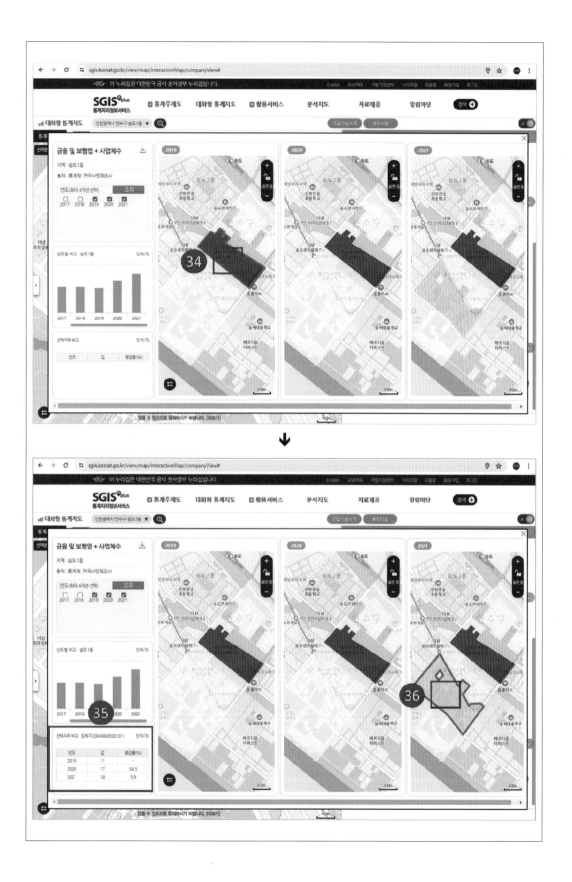

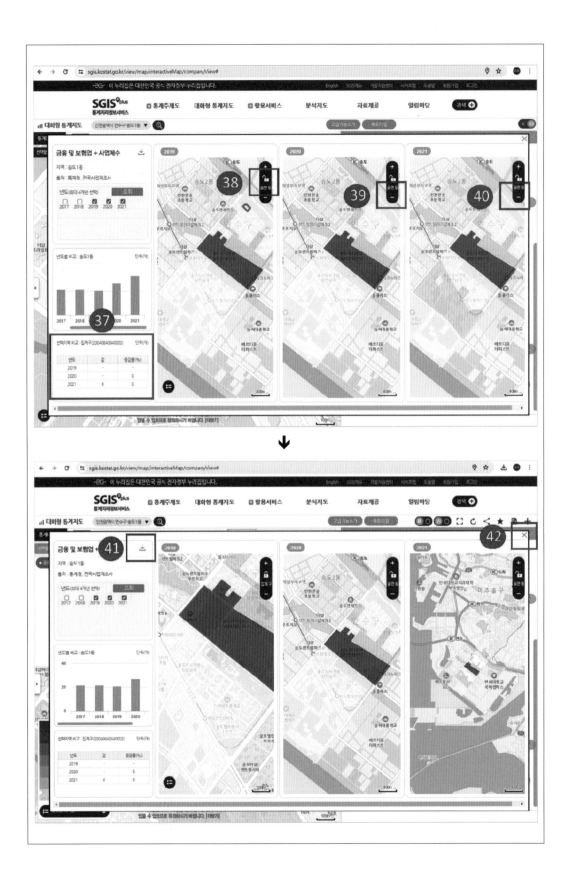

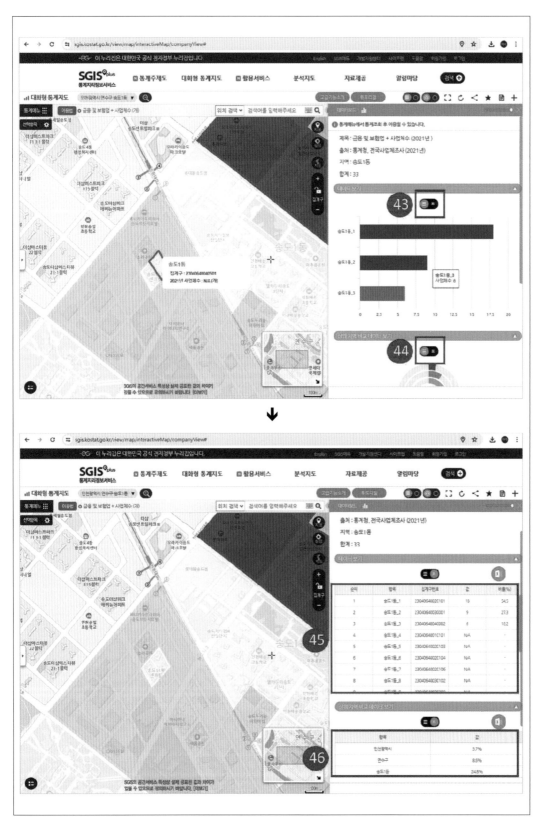

<그림 II-26> 사업체 전개도 활용 실습 과정

부록

부록 A. SGIS플러스 서비스 자료 시점 현황

번호	자료명	산출자료 시점	업데이트 주기	원데이터 출처	비 고 (활용 서비스)
1	행정구역경계(시도)				
2	행정구역경계(시군구)				
3	행정구역경계(읍면동)	2022.6.	연간	통계청	공통 활용
4	행정구역경계(집계구)				
5	인구주택 총조사결과 (등록센서스)	2021.11.	연간		
6	인구주택 총조사결과 (표본항목)	2020.11.	연간		
7	전국사업체 조사결과	2020.12.	연간	통계청	공통 활용
8	농림어업 총조사결과	2020.12.	연간		
9	주택실거래가	2021.1.1. ~ 2021.12.31.	연간	국토교통부	살고싶은 우리동네, 우리동네 생활업종
10	공시지가	2021	연간	국토교통부	살고싶은 우리동네, 우리동네 생활업종
11	버스정류장 위치 정보	2021.7.	연간	교통안전 공단	대화형 통계지도, 우리동네 생활업종
12	지하철 승하차 현황	2021.1.1. ~ 2021.12.31.	연간	철도 노선별 관리 기관	
13	상권정보	2021년	미정	중소벤처 기업부	우리동네 생활업종
14	대기오염도	2020.1. ~ 2020.12.	연간	국립환경 과학원	살고싶은 우리동네, 통계주제도
15	화재안전지수(등급)	2021년	연간	행정안전부	살고싶은 우리동네
16	교통안전지수(등급)	2021년			
17	녹지비율	2022.02.	미정	환경부	

번호	자료명	산출자료 시점	업데이트 주기	원데이터 출처	비 고 (활용 서비스)
18	학구도 (교원1인당 학생수)	2021.9.	반기	교육시설환경 연구센터	살고싶은 우리동네
19	체감온도	2018.11.~ 2019.3.	연간	기상청	살고싶은 우리동네
20	불쾌지수	2019.6.~ 2019.9.			
21	학교 기본 정보	2021	연간	학교알리미	살고싶은 우리동네
22	아파트 관리비 정보	2019	연간	국토교통부	살고싶은 우리동네
23	교통사고	2021년	연간	도로교통 공단	통계주제도
24	기초생활수급자	2021.12.		보건복지부	
25	문화재분포 현황	2021.12.		문화재청	
26	주민등록인구	2021.12.	연간	행정안전부	살고싶은 우리동네, 통계주제도
27	인구이동 통계	2021.12.	연간	통계청	통계주제도 소방청통계주제도 행정안전부통계주제도 통계청통계주제도
28	시군구별 외국인 주민 현황	2021.12.		행정안전부	
29	자동차 등록대수	2021.12.		국토교통부	
30	의료기관 병상수, 의사수	2021.12.		행정안전부	
31	65세 이상 장기요양 급여자 현황	2021.12.		국민건강 관리공단	
32	등록 장애인수	2021.12.		보건복지부	
33	평생교육기관	2021.12.		한국교육 개발원	
34	도서관 분포현황	2020.12.		문화체육 관광부	
35	교원 1인당 학생수	2021.12.		한국교육 개발원	

번호	자료명	산출자료 시점	업데이트 주기	원데이터 출처	비 고 (활용 서비스)
36	어린이집/ 직장어린이집 현황	2021.12.		보건복지부	
37	요양기관수 현황	2020.12.		국민건강 보험공단	
38	인구천명당 사설학원 수	2021.12.		행정안전부	
39	취업자 수	2021.12.		통계청	
40	고용률	2021.12.			
41	실업률	2021.12.			
42	재정자립도 현황	2021.12.		행정안전부	
43	폐기물 배출량	2020.12.	연간	통계청 (e지방)	통계주제도 소방청통계주제도 행정안전부통계주제도 통계청통계주제도
44	화재사고 발생건수	2021.12.		행정안전부	
45	범죄 발생건수	2021.12.		경찰청	
46	음주율, 흡연율	2021.12.		보건복지부	
47	화학물질 배출량	2020.12.		환경부	
48	119안전센터 1개당 담당주민 수	2021.12.		행정안전부	
49	재배면적 변화	2021.		통계청	
50	지진발생 분포 지역			기상청	
51	미세먼지 대기오염도	2020.08.		국립환경 과학원	
52	일산화탄소 대기오염도				
53	귀농어 귀촌인 통계	2021.11.			

번호	자료명	산출자료 시점	업데이트 주기	원데이터 출처	비 고 (활용 서비스)
54	소방관서 접근 현황	2022년	연간		통계주제도 소방청통계주제도 행정안전부통계주제도 통계청통계주제도
55	생활안전사고 출동건수	2021.12.			
56	무더위 쉼터 현황	2022.8.	연간	행정안전부	통계주제도
57	응급의료시설 현황	2022년	연간	응급의료 포털	통계주제도
58	개인 카드 사용 금액 현황	2022.12	분기	통계청,KCB	통계주제도
59	전통시장 현황	2021.10.	연간	소상공인 시장진흥공단	통계주제도
60	경찰관서 접근 현황	2022년	연간	행정안전부	통계주제도
61	전기차 충전소 현황	2020.9.	연간	한국환경 공단	통계주제도
62	고용 동향	매월	매월	통계청	분석지도
63	산업 활동 동향				
64	소비자 물가 동향				
65	인구 동향	매월	매월	통계청	분석지도
		2021.12.	연간		통계주제도
66	어린이집 분포 현황	2021.12.	연간	보건복지부	정책통계지도
67	민방위 대피시설 분포 현황	2022.09.	미정	행정안전부	정책통계지도
68	어린이 보호구역 분포 현황	2021.12.	연간	경찰청	
69	도서관 운영 현황	2021	비정기	지자체, 공공데이터 포털	
70	도서관별 도서보유 현황				

번호	자료명	산출자료 시점	업데이트 주기	원데이터 출처	비 고 (활용 서비스)
71	자전거 보관소 분포 현황	2021	비정기	지자체, 공공데이터 포털	정책통계지도
72	공공자전거 분포 현황				
73	박물관 미술관 분포 현황				
74	도시공원 분포 현황				
75	무인민원발급기 설치 현황				
76	CCTV 분포 현황				
77	재해위험지구 분포 현황	2022.6.30	연간	행정안전부 국민재난안전포털	
78	장래인구 추계	2020.07.01	1년	통계청	인구피라미드
79	지역간 고 령화 현황	2021.11.	1년	통계청	고령화 현황보기
80	거처의 종류별 가구	2021.11.			
81	국민기초일반 수급자수	2021			
82	생활비 마련 방법	2021.12.			
83	산업별 종사 현황	2015.11.1.			
84	복지시설 위치	2020.12.			
85	노인 주거 복지시설 노인 의료 복지시설 노인 여가 복지시설 재가 노인 복지시설	2022.06.	1년	보건복지부	
86	향후 자녀와 동거 의향	2021.12.	1년	통계청	
87	인구/가구/사회/주택 /종교/사업체 비율	2021.12.	1년, 5년, 15년	통계청	지방의 변화보기

번호	자료명	산출자료 시점	업데이트 주기	원데이터 출처	비 고 (활용 서비스)
88	성씨 및 본관 인구	2015.12.	15년	통계청	성씨분포
89	지자체 인허가 통계	2022	분기	한국지역 정보개발원	우리동네 생활업종
90	코로나19 발생 현황	매일	매일	질병관리청	통계주제도
91	지역별 암 발생 현황	2021.12.	1년	국민건강 보험공단	통계주제도
92	지역별 감염병 발생 현황	2019.12.	1년	질병관리청	통계주제도
93	지역별 기온 및 강수량 현황	2021.12.	1년	기상청	통계주제도
94	공영자전거 운영 현황	2021.12.	1년	행정안전부	통계주제도

부록 B. SGIS 활용 우수사례 공모전

○ 'SGIS 활용 우수사례 공모전'은 2019년~2023년 총 5회 개최되었음.

○ 공모전 당선작은 SGIS플러스의 '통계갤러리'에서 확인할 수 있음.
 https://sgis.kostat.go.kr/view/gallery/resultGallery

○ 통계갤러리 검색창에 '**우수사례**'를 입력하면 **총 37건**을 확인할 수 있음.

○ 제5차(2023) 공모전에서는 최우수상작 1점, 우수상 2점, 장려상 2점이 선정 되었음. 최우수상은 '**교통량에 따른 보행자 사고 발생 분석**' 사례임.

○ 제4차(2022) 공모전에서는 최우수상작 1점, 우수상 5점, 장려상 2점이 선정 되었음. 저자는 '**SGIS 기반 기상·기후 통계지리정보 분석 전문가 양성**'을 위한 교재 개발과 강의 계획으로 최우수상을 받았음.

○ 2022년, '제4회 SGIS 활용 우수사례 공모전' 내용은 다음과 같음.

○ 2023년, '**제5회 SGIS 활용 우수사례 공모전**' 내용은 다음과 같음.